Zu diesem Buch

Improvisationstheater ist eine Theaterform, die wie keine andere Einfälle, Witz und Phantasie der Spieler zur Entfaltung bringen kann. Eine kompetente Spielanleitung ist entscheidend für das Gelingen von komischen, spannenden Spielgeschichten. Als Einstiegshilfe und Praxisbegleiter ist dieses Buch zu benutzen, in dem die Autoren das Handwerkszeug für eine erfolgreiche Anleitung von Kindern und Jugendlichen vermitteln. Ein ausführlicher Praxisteil verdeutlicht, wie Spielgeschichten und Anleitungsmethoden den darstellerischen Möglichkeiten unterschiedlicher Altersgruppen angepaßt werden können, und ermöglicht den konkreten Einstieg in die Theaterarbeit.

Volkhard Paris / Monika Bunse

Improvisationstheater
mit Kindern und Jugendlichen

Organisation, Spielgeschichten, Spielanleitung

Mit Fotos von Thomas Kersten

Rowohlt

Lektorat Bernd Gottwald und Katrin Helmstedt

Originalausgabe
Veröffentlicht im Rowohlt Taschenbuch Verlag GmbH,
Reinbek bei Hamburg, Dezember 1994
Copyright © 1994 by Rowohlt Taschenbuch Verlag GmbH,
Reinbek bei Hamburg
Umschlaggestaltung Peter Wippermann
Satz Sabon PostScript, QuarkXPress 3.2 (Dolev 800)
Gesamtherstellung Clausen & Bosse, Leck
Printed in Germany
1990-ISBN 3 499 19553 4

Inhaltsverzeichnis

Verbeugung

Mit diesem Buch fassen wir mehrjährige theaterpädagogische Erfahrungen zusammen, an denen verschiedene Personen aktiv beteiligt waren. Unser Dank für ihre tatkräftige Unterstützung gilt den Kolleginnen und Kollegen der «Jugendkunstschule Unna» (JKSU), der «Landesarbeitsgemeinschaft Kulturpädagogische Dienste und Jugendkunstschulen e. V»., den Kindern und Jugendlichen unserer Theatergruppen und deren Eltern sowie den Verantwortlichen in der Verwaltung der Stadt Unna, und dort besonders dem Dezernenten *Helmut Eichhorst*.

Besondere Anerkennung dafür, daß wir einen *praktischen Leitfaden* für Theaterpädagogen(innen) zusammenstellen konnten, verdienen *Helme Paris*, als Leiterin des Fachbereichs Theater an der JKSU, und *Karin Beher*, als aktiver Spielleiterin. Beide haben mit ihren fachkundigen, kritischen Korrekturen und Ergänzungen wesentlich zur endgültigen Fassung des Buches beigetragen.

Für seine technischen Hilfestellungen am Computer bedanken wir uns bei *Joachim Thiele*, für die fotografische Dokumentation unserer Theaterarbeit bei *Thomas Kersten*.

Volkhard Paris / Monika Bunse

1. Warum ein Anleitungsbuch für Improvisationstheater?

Handbücher für das Theaterspielen mit Kindern und Jugendlichen haben neben unbestrittenen Vorzügen einen entscheidenden Mangel: sie verraten nichts oder zu wenig über *die Aufgaben der Spielanleitung in einer Theatergruppe*.

Dies ist um so unverständlicher, als jede(r) Theaterpädagoge(in) weiß, daß Aufgaben, wie z. B. das Theaterstück der Gruppe vorgestellt wird, wie unterschiedlich spielfähige Teilnehmer(innen) in die Figuren und Szenen «gelockt werden», wie deren Spiel begleitet und korrigiert wird und wie schließlich eine Aufführung vor Publikum zustande kommt, nicht ohne ein ausgebildetes Anleitungsinstrumentarium gelöst werden können.

Die hierfür *erforderlichen Fähigkeiten*, die ohne besondere «Begabung» von jedem zu erwerben sind, *vermitteln wir in diesem Buch*, das damit die oben festgestellte Lücke in der Theatergruppenarbeit schließen hilft. Einen zweiten Anlaß für dieses Buch sahen wir in der dominierenden Stellung von Textvorlagen für das Theater mit Kindern und Jugendlichen. Ohne auf deren Vor- und Nachteile hier näher einzugehen, halten wir es für überfällig, Pädagogen(innen) und Theaterinteressierte zu motivieren, ihre Theaterstücke zukünftig mehr an den *Spielbedürfnissen von Kindern und Jugendlichen* zu orientieren. Sind die einmal von ihren medienbedingten Schädigungen befreit, steht mit dem Improvisationstheater eine Theaterform zur Verfügung, die, wie keine andere, *Einfälle, Witz und Phantasie der Spieler in komischen, spannenden Spielgeschichten zur Entfaltung bringen kann*.

Wie das mit unterschiedlichen Altersgruppen zu erreichen ist, zeigen wir anhand einer *Gebrauchsanweisung*, die sich seit vielen Jahren *als Einstiegshilfe und Praxisbegleiter* für theaterpädagogische Arbeit bewährt hat.

Verzichtet haben wir auf theoretische Abhandlungen, weil die unseres Erachtens in einem Anleitungsbuch überflüssig sind. Auch nach Literaturangaben werden die Leser (von vier Ausnahmen abgesehen) vergebens suchen. Die hätten sich auf Übungen und Spiele bezogen, die inzwischen jedes andere Theaterbuch enthält und darum als bekannt vorausgesetzt werden können. Unser Konzept der Theatergruppenarbeit kann in jedem Falle ohne Literaturbegleitung angewandt werden.

Die Frage der angemessenen, beide Geschlechter berücksichtigenden Schreibweise haben wir wie folgt beantwortet: Weil gegenwärtig Spielanleitung in Theatergruppen zu über 70 % von Frauen ausgeübt wird, sprechen wir im folgenden ausschließlich von Spielleiter*innen*. Alle männlichen Kollegen sind dabei selbstverständlich mit angesprochen. Zum Ausgleich nennen wir theaterspielende Kinder und Jugendliche dann Spiel*er*, Darstell*er*, Teilnehm*er* und Gruppenmitglied*er*, wohl wissend, daß Theatergruppen mindestens zur Hälfte von Mädchen besucht werden.

1.1 An wen richtet sich dieses Buch?

Wer zum ersten Mal mit Kindern und Jugendlichen Theaterspielen will und sich über das Vorgehen noch nicht recht im klaren ist, wird eine *Einstiegshilfe* finden, die alle erforderlichen organisatorischen und theaterpädagogischen Voraussetzungen nennt. Das Buch richtet sich an die, die Texttheater ohne ermutigenden Erfolg ausprobierten und deshalb nach einer *neuen* Theaterform mit *alternativen* Vermittlungsmethoden suchen, und an jene, die vielversprechende Theaterspielversuche aufgaben, weil einschränkende Arbeitsbedingungen alle Phantasie und Eigeninitiative «austrieben», so daß es an der Zeit ist, neue Perspektiven aufzuzeigen. Konkret angesprochen sind Erzieherinnen, Lehrerinnen, Sozial- und Kulturpädagoginnen, Theatermacherinnen und all jene, die ihre eigene Lust am Theaterspielen mit Kindern und Jugendlichen zusammen gestalten und genießen wollen.

Ihnen allen stellen wir unser *Konzept «bedürfnisorientierter Theaterarbeit»* als «praktischen Leitfaden» vor.

Wie kam es dazu?

1.2 Erfahrungshintergrund der Autoren

Unser Konzept faßt über zwanzigjährige Erfahrungen mit Improvisationstheater in Kinder- und Jugendtheatergruppen in so unterschiedlichen Praxisfeldern wie Kindergarten, Schule, Freizeitheim, Kulturhaus und Jugendkunstschule zusammen. Sie begannen 1969 in Berlins Trabantenstadt Märkisches Viertel, einer damals unwohnlichen Betonschlafstadt mit einem überdurchschnittlich hohen Anteil von «Problemfamilien im sozialen Brennpunkt» und deren entsprechend verhaltensauffälligen Kindern. Im Zuge der pädagogischen Aufbruchstimmung der 68er Studentenbewegung gründete Volkhard Paris (zusammen mit anderen) ein Kinder- und Jugendtheater, in dem in drei Gruppen 7- bis 17jährige ihre sozialen Probleme in spannenden Spielgeschichten aufarbeiten sollten. Die Hoffnung, daß die Betroffenen beim Theaterspielen ein gesellschaftliches Bewußtsein entwickeln würden, das ihnen Antrieb zur realen, politischen Veränderung ihrer Lebenssituation geben würde, erfüllte sich nicht (vgl. 1.4.1).

Die enttäuschten Erwartungen der Anleiter führten zur Korrektur des «Problemtheateransatzes» (nachzulesen in Ebert / Paris: Warum ist bei Schulzes Krach?, Berlin 1976) hin zu einem Konzept, das den *Spaß* am Theaterspiel in den Mittelpunkt der inhaltlichen Arbeit stellte (vgl. 1.4.2).

Seit 1979 wird an der Jugendkunstschule der Stadt Unna (JKSU) nach diesem Konzept Theater gespielt. Etwa 150 Kinder und Jugendliche, aufgeteilt in 14 Gruppen der Altersstufen 4–6, 6–9, 10–13, 14–17 und 18–20, entwickeln dort unter Anleitung von Spielleiterinnen eigene Spielgeschichten, die regelmäßig zur Aufführung kommen.

Die Anforderungen, denen sich die Spielleiterinnen in ihren Theatergruppen ausgesetzt sehen, bilden die Grundlage für dieses Buch.

Seit 1982 fließen die Erfahrungen aus den Theatergruppen in das Programm der *Spielleiterausbildung* ein, die wir seitdem in zwei parallelen Jahreskursen den unter 1.1 genannten Berufsgruppen als Fortbildung anbieten. *Die fünf Ausbildungsphasen dieses Programms* («Spielfähig werden!», «Spielideen finden!», «Spielgeschichten entwickeln!», «Improvisieren lernen!» und «Altersgemäß anleiten!») *bilden den Orientierungsrahmen dieses Buches.*

1.3 Was kann dieses Buch bieten?

Dem Leser wird das handwerkliche Rüstzeug für Theatergruppenarbeit nach dem Improvisationstheaterkonzept vermittelt, dessen Grundlagen autodidaktisch erlernbar sind.

Auch wenn wir (im 2. Kapitel) alle erforderlichen Fähigkeiten für die Spielleitung nennen, die organisatorischen Voraussetzungen (im 3. Kapitel) klären und unser Konzept schließlich (im 4. Kapitel) altersspezifisch modifizieren, ist niemand nach der Lektüre dieses Buches fertige Spielleiterin. Nach unseren Erfahrungen sind dazu fünf Jahre regelmäßige Praxis erforderlich.

Wie kann eine angehende Spielleiterin die Erkenntnisse und Anregungen aus diesem Buch *anwenden*?

Sie findet eine Einstiegshilfe, wie sie mit ihrer neuen Theatergruppe anfangen kann. Dabei werden ihr trotz guter Vorbereitung eine Menge Fehler unterlaufen, weil die harte Praxis Anfängerinnen keine Schonung gewährt. Entscheidend für den Beginn ihrer Arbeit wird darum sein, ob sie mit ihren Fehlern produktiv umgehen lernt (vgl. 2.8.5). Kommt sie nach einer nüchternen Analyse des Gruppen- wie ihres Spielleiterinnenverhaltens zu einer schnellen Korrektur ihrer Spielanleitung, wird sie Fortschritte erzielen. Viel Zeit zum Ausprobieren verschiedener Alternativen bleibt ihr allerdings nicht, denn die Geduld einer auf Spielerfolge bedachten Theatergruppe ist nicht unerschöpflich.

Sie muß daher zu einer Form der Anleitung finden, die relativ sicher zum Ziel, dem Aufführungserfolg, führt. Einen solchen Weg beschreiben wir in diesem Buch, unter bewußter Auslassung unserer eigenen Irrtümer und Umwege, weil wir meinen, daß bestimmte Fehler kein zweites Mal begangen werden müssen. Eine Erfolgsgarantie können wir damit nicht abgeben, dazu sind die persönlichen Neigungen und die einzelnen Praxisfelder zu unterschiedlich. Wir empfehlen darum den *flexiblen, eigenschöpferischen Umgang mit diesem Konzept*, der mit dem souveränen Selbstverständnis der Spielleiterin beginnt (vgl. 2.1).

Hat sie ihren eigenen Stil bei der theaterpädagogischen Arbeit gefunden, wird ihr das Buch zum nützlichen Praxisbegleiter werden, der Anregungen für die Lösung auftretender Probleme gibt. Anfängerinnen möchten wir jedoch eindringlich davor warnen, dieses Buch als «schnelle Rezeptesammlung» zu benutzen. Ohne ausreichende Ursachenforschung werden unsere praktischen Tips zur Überwindung von Hindernissen eher schaden als helfen.

Dieses Buch will, neben seinen konkreten Arbeitshilfen, vor

allem Anstöße zur *Eigeninitiative* geben. Das setzt Leser voraus, die neben ihrem Wunsch nach solidem Handwerkszeug (den wir erfüllen werden) *Mut und Begeisterung* aufbringen, sich selbstbewußt auf das Improvisationstheater einzulassen.

1.4 Unser Theaterverständnis

Mit welchen Inhalten und Vermittlungsmethoden eine Spielleiterin ihre Gruppe zum Theaterspielen anleitet, wird wesentlich von ihren Ansprüchen bestimmt, die sie mit ihrer Arbeit verfolgt. Die treffen auf Bedürfnisse und Erwartungen der Kinder und Jugendlichen, die sie beim Theaterspielen erfüllt sehen möchten. Von diesem Spannungsverhältnis war auch unsere Theaterarbeit in den 70er Jahren bestimmt (vgl. 1.2), bevor wir zu unserem heutigen Selbstverständnis fanden.

1.4.1 Warum wir kein «Problemtheater» (mehr) machen

Angesichts aktueller gesellschaftlicher Probleme und nach der Erfahrung, daß Theaterspielen für die meisten Kinder und Jugendlichen ein «lustbesetztes» Medium ist, fragen uns immer wieder Pädagoginnen und Eltern, warum wir Theater nicht als Vermittlungsform für «vernünftige Inhalte» nutzten und damit mehr zur Lebensbewältigung von Kindern und Jugendlichen beitrügen. Unser Argument, daß es uns reicht, wenn Theater «nur» Spaß macht und gut unterhält, stößt bei den Leuten auf Unverständnis und soll darum an dieser Stelle noch einmal begründet werden.

In Berlin spielten wir mit den Kindern und Jugendlichen Theater, um die von ihnen täglich erfahrenen materiellen Einschränkungen in einen nachvollziehbaren politökonomischen Zusammenhang zu stellen. Mit den aus lustigen, spannenden Spielgeschichten gewonnenen Erkenntnissen sollten die Betroffenen ihre realen Auseinandersetzungen im Alltag erfolgreicher führen können. Dabei tat sich sehr bald ein Widerspruch auf (vgl. 1.2):

Folgten wir dem Bedürfnis der Spieler, mit lustigen Alltagsgeschichten Theaterspiel als Freizeitaktivität zu *genießen*, mußten die Kinder und Jugendlichen aus den Spielkonflikten mit Hausmeistern, Lehrern und Fabrikbesitzern als Sieger hervorgehen. Nur wenn sie am Ende Erfolg hatten, machte ihnen Theaterspielen Spaß! Die realen Machtverhältnisse wurden für die Spielgeschichten entsprechend so umgewandelt, daß ihre gesellschaftliche Umgestaltung zum Kinderspiel wurde. Wo das wirkliche Leben so verharmlost und auf Kinderniveau herabgedrückt wurde, konnten natürlich kaum Erkenntnisse für alltägliche Auseinandersetzungen gewonnen werden. Weil das aber unser damaliger Anspruch war, bauten wir in die folgenden Spielgeschichten «reale» Hindernisse ein, an denen die Spieler immer wieder scheiterten. Unsere Hoffnung war, daß die Erfahrung von Niederlagen ein Widerstandspotential wecken würde, mit dem die Kinder und Jugendlichen ihren einschränkenden Lebensbedingungen den Kampf ansagten, statt zu resignieren oder sich anzupassen. Aber statt mit Wut und Entschlossenheit reagierten die Spieler mit schlechter Laune (Zitat eines 11jährigen: «Ich erlebe draußen so viel Streß, da will ich hier nicht noch darüber spielen!»).

Ernüchtert stellten wir fest, daß unser Theater auf diesem Wege nicht zur «Realitätsbewältigung» beitragen konnte. Von diesem Anspruch, daß beim Theaterspielen «fürs Leben gelernt werden soll», mögen auch moderne Kindertheatermacher nicht lassen, wenn sie sich Themen wie «Umweltzerstörung», «Ausländerhaß» und «Drogenmißbrauch» annehmen. Damit es den Kindern und Jugendlichen Spaß macht, scheuen sie kein Zaubermittel und keine Bagatellisierung: «Poseidon macht als Verursacherin der Wasserverschmutzung (nicht etwa profitorientierte Chemieunternehmen, sondern) eine Hausfrau in ihrer Küche aus. Als die, zur Rede gestellt und ermahnt, Besserung gelobt, läßt der Wassergott sich versöhnen und wieder sauberen Regen fallen.»

«Umweltlernen in Märchenformat» hat zur Zeit Konjunktur im Kindertheater.

Vom Wahrheitsgehalt dieses «Problemtheaters» einmal abgesehen, erhebt sich die Frage, ob Kinder und Jugendliche überhaupt Theaterspielen, um dabei Erkenntnisse über ihre Wirklichkeit zu gewinnen, die sie dann anschließend in ihrem Alltag anwenden.

Offensichtlich finden sie gerade Vergnügen daran, ihr *Spiel getrennt von der Realität* zu erleben, in einem Raum, in dem alle Anforderungen kurzzeitig ausgesperrt bleiben, wo die Vorschriften von Eltern und Lehrern nicht befolgt werden müssen. Vielleicht gerade deswegen, weil sie als Kinder wenig Möglichkeiten haben, verändernd auf ihre sie permanent einschränkende Umwelt einzuwirken, benutzen sie Theaterspielen *als Ausgleich* für täglich erlittene Niederlagen und Entsagungen, als Mittel, sich Wünsche zu erfüllen.

Mit diesem Bedürfnis liegen Kinder und Jugendliche übrigens gar nicht so fern von den Wünschen der Erwachsenen, die in ihrer Freizeit auch in erster Linie einen Ausgleich für täglich erfahrene Mängel, Ärgernisse und Zwänge suchen. Das Theater kann ein solcher Raum sein, wo man mit Gleichgesinnten einer lustvollen Tätigkeit nachgeht, die nicht sofort einer Leistungsbewertung unterzogen und zum Anlaß genommen wird, jemanden wegen Unfähigkeit auszuschließen. *Unser Improvisationstheater versteht sich als eine derartige Aktivität, die Spaß macht und Spannung bereitet* und darüber hinaus keine andere Funktion erfüllen mag. Es ist der *Anspruch des Genusses*, den wir mit ihm verfolgen und dem wir uns verpflichtet fühlen, ihn Kindern und Jugendlichen zu bereiten.

1.4.2 Theaterspielen zum Genießen

Wenn es für die meisten Kinder und Jugendlichen in der «harten» Wirklichkeit wenig zu genießen gibt, dann kann das Theater Ort und Mittel sein, sich den Alltag so hinzubiegen und zu verdrehen, bis er als Spielgegenstand taugt, d. h. Stoff für spannende, komische Spielgeschichten hergibt (vgl. 2.2). Sie finden es faszinierend, wenn man für zwei Stunden die Gesetze der Realität (nicht der Logik!) außer Kraft setzen und die Gewalten herausfordern kann, ohne daß Strafen folgen. In unserem Theater ist es erwünscht, mit allem und jedem seinen Schabernack zu treiben.

Es ist die Sicht des Narren, der die Welt respektlos hinterfragt, unbekümmert auf «die Schippe nimmt» und so zu ihrer Entlarvung beiträgt. Durch die verzerrende Brille betrachtet, gewinnen die Spieler ihren Alltagserfahrungen Spaß und Spannung ab, wenn sich der Mächtige vor dem Gebeutelten, das Edle vor dem Banalen, das Schöne vor der Fratze bewähren muß.

Natürlich ist den Teilnehmern ihr Spiel Ventil für aufgestauten Druck, ist es ihnen Mittel, mit ihrem schalkhaften Lachen alles besser auszuhalten. Niemand jedoch erhebt den Anspruch, daß der komödiantische Umgang mit der Wirklichkeit zu etwas anderem nützen sollte. Kinder und Jugendliche verfolgen mit Theaterspielen keinen anderen Zweck.

Dennoch bleibt es nicht folgenlos. Der eigene Spaß an der Darstellung einer Spielgeschichte muß in anstrengenden Proben zum Schaugenuß für Zuschauer aufbereitet werden. Das setzt bei jedem Spieler Energie und Kreativität frei, ermöglicht Gruppenerlebnisse, die vielleicht für die Alltagsauseinandersetzungen einen «längeren Atem» geben. Die Aufführungserfolge verhelfen den Kindern und Jugendlichen zu einem Selbstbewußtsein, mit dem sie sich nicht mehr so klein und unbedeutend vorkommen, sich nicht alles gefallen lassen und vor allem nach Niederlagen nicht so schnell aufgeben.

Aber diese Ziele liegen jenseits der Aufgaben einer Spielleiterin. Sie begnügt sich, aus «sozialisationsgeschädigten» Kindern und

Jugendlichen eine Gruppe zu formen und spielfähig zu machen, die in der Lage ist, Improvisationstheater zu genießen.

Der Weg zu dieser *theatralen Genußfähigkeit* ist lang und beschwerlich und verlangt von der Spielleiterin ein umfangreiches Repertoire an Fähigkeiten.

Welche sind das im einzelnen?

2. Theaterpädagogisches Handwerkszeug für die Anleitung von Kinder- und Jugendgruppen

Die Hauptgründe für das Mißlingen von Theatergruppen sind, wir erwähnten es bereits, in der fehlerhaften Anleitung der Spielleiterin zu suchen. Darum stellen wir zu Beginn das «Rüstzeug» für erfolgreiche Theatergruppenarbeit zusammen, um Anfängerinnen eine Orientierung zu geben, nach welchen (autodidaktischen) Lernschritten sie ihre Fertigkeiten erwerben bzw. ergänzen können.

Wie schnell sie dabei vorankommen, hängt ganz entscheidend von ihrer *Einstellung* zur Theaterarbeit in ihrer Gruppe ab.

2.1 Die Anleitungshaltung der Spielleiterin

Nach welchem Selbstverständnis eine Spielleiterin mit Kindern und Jugendlichen Theater spielt, entscheidet sie nach ihren Vorerfahrungen und Zielvorstellungen. Um Anfängerinnen bei dieser Klärung zu helfen, konfrontieren wir sie mit unserem Theaterverständnis (vgl. 1.4), das den von uns für notwendig erachteten Fähigkeiten zur Spielanleitung zugrunde liegt.

Jede Spielleiterin steht in einer Theatergruppe vor der Aufgabe, *Spiellust und Spielfähigkeit der Teilnehmer sowie ihre eigenen An-*

sprüche an Theaterspielen zu einer ansprechenden Form zu *verbinden*. Dabei wird sie feststellen, daß unerfahrene Kinder und Jugendliche weit davon entfernt sind, ihre eigenen Spielwünsche sofort theatral realisieren zu können. Sie brauchen Hilfestellung, die ihnen die Spielleiterin mit einer *vorbereiteten Spielvorlage* (einer Rahmenhandlung mit reizvollen Figuren und spannenden Höhepunkten) einerseits, und mit der *Lenkung ihres Spiels* andererseits anbietet. Sie tut das, weil sie (und nicht die Teilnehmer) deren Spielwünsche in eine spannende Spielgeschichte umsetzen kann, und weil sie (und anfangs nicht die Teilnehmer) über die entsprechenden Fähigkeiten verfügt, z. B. Figuren angemessen darzustellen. Die Spielleiterin ergreift also zu Beginn der Arbeit die *Initiative*, um die Mitglieder der Gruppe in einem zweistündigen Treffen voller Spaß und Spannung auf den Geschmack von Theaterspielen zu bringen, und damit gleichzeitig einen *Orientierungsrahmen* für deren eigene Spielversuche vorzugeben. Die gesamte Gruppe macht dabei die wichtige Erfahrung, daß sich Erfolge beim Theaterspielen (z. B. in Form einer Aufführung, die dem Publikum gefällt) nur mit entsprechenden *Spielregeln* erzielen lassen, z. B. daß man nicht «privat», sondern in einer Figur spielt, die man genau, glaubwürdig und im Zusammenspiel mit anderen darstellen muß. Es bedarf also der *lenkenden Spielleiterin*, die besonders zu Beginn nichts dem Zufall oder der spontanen Entwicklung des Treffens überläßt. Um auch unsere Leser auf den Geschmack zu bringen, wollen wir im folgenden Abschnitt zunächst einer fortgeschrittenen Theaterpädagogin bei der Arbeit zuschauen, ehe wir die Techniken dieses Handwerks genauer beschreiben.

2.1.1 Die Stunde der «Zampana»!

Zum Theaterspielen bedarf es einer besonderen *Atmosphäre*, damit die Teilnehmer die Spielgeschichte in erwartungsvoller Spannung erleben können. Als private Lehrerin, Sozialpädagogin o. ä. kann die Spielleiterin diese Atmosphäre kaum schaffen. Sie schlüpft daher in die Figur einer aufgeregten *Erzählerin* («Ich habe da von einer Sache gehört, die glaubt ihr nicht!»), die das Ohr der Zuhörer mit den ungeheuerlichen Ereignissen einer Geschichte fesselt.

Nach dem Erreichen eines Höhepunktes betritt sie als erste (und zunächst auch als einzige) die vorbereitete Spielfläche, um die Geschichte aus der Sicht einer Figur weiter (oder von vorn) zu spielen («Spielen ist veranschaulichtes Erzählen!»), so anschaulich, daß sich 5–6 Teilnehmer von ihr in andere Figuren locken lassen, um dabeizusein. Deren Eigenschaften, Motivationen und Tätigkeiten legt sie durch ihr Anspiel fest, schafft untereinander spannende Beziehungen und Abhängigkeiten und treibt das Spiel in Richtung Höhepunkt voran. Dazwischen erklärt sie als Erzählerin den restlichen Kindern «unten», was ge-

Spielen ist veranschaulichtes Erzählen.

rade auf der Bühne zur Entscheidung ansteht, um die Spannung zu erhöhen. Stockt «oben» die Handlung, springt sie in einer neuen, passenden Figur einzelnen Spielern unterstützend zur Seite, mal als «Frau Gräfin», mal als «frecher Bettler», mal auch als «kleine Schwester», die sich was erklären läßt. Jeder Darsteller braucht andere Hilfen von ihr: den einen bremst sie und fordert ihn zum Ausspielen einer Situation auf; den anderen treibt sie voran, weil er den Zeitdruck in der Geschichte «vergessen» hat; hier verstärkt sie zu leises Spielen, dort gibt sie einem Unterforderten einen Spezialauftrag. Über ihr Mitspiel in verschiedenen Figuren erweckt und lenkt sie das Spiel der anderen, die sich vor allem von der *Spielbegeisterung ihrer Anleiterin* mitreißen und disziplinieren lassen. Störungen oder eigenkreative Abweichungen greift die Spielleiterin grundsätzlich offensiv auf, blitzschnell prüfend, was ins Bühnengeschehen paßt und was davon ablenkt. Sie ist der ständige Bezugspunkt bei diesem ersten Theaterspielen, die allen Mitspielern die nötige Orientierung gibt. Alles behält sie im Überblick, paßt auf, daß der Handlungsfaden nicht reißt, daß kein Zuschauer sich langweilt und daß jeder Spieler zur Entfaltung seiner Möglichkeiten kommt. Ist der Spielhöhepunkt erreicht, kehrt sie mit allen von der Spielfläche in den Gruppenraum zurück. Erschöpft und aufgeregt erzählen sich die Darsteller untereinander, was sie als Figuren erlebt haben, als wäre jemand nicht dabeigewesen. Jeder Teilnehmer hat jetzt einen ersten Eindruck, wie spannend Theaterspielen ablaufen kann, hat reizvolle, neue Situationen in Figuren durchlebt, die er vielleicht immer schon einmal spielen wollte. Damit hat die Spielleiterin die Weichen für die nächsten Treffen gestellt, bei denen ihre Geschichte von den Darstellern von vorn (oder weiter) gespielt wird, nicht ohne von ihnen eigenschöpferisch ergänzt oder verändert zu werden. Ob sich am Ende alles zu einem stimmigen Ganzen zusammenfügt, wird die Spielleiterin im wesentlichen «von unten» entscheiden und ggf. über eine Figur verändernd eingreifen.

Die animierende Spielatmosphäre eines Theatertreffens wird

ganz entscheidend von der *mitspielenden Spielleiterin* gestaltet. Nun ist es nicht jedermanns Sache, selber in eine Figur zu schlüpfen. Besonders Pädagogen haben mitunter Schwierigkeiten, wenn sie als «Regenwurm» oder «Backpflaume» sich mit den Teilnehmern auf eine gemeinsame Spielebene begeben sollen. Aus diesem Grunde beginnt die Vorbereitung einer Spielleiterin auf das Theatertreffen mit ihrer eigenen Fähigkeit, den Alltag abzustreifen, damit sie mit ihren Teilnehmern das Abenteuer einer Spielgeschichte genießen kann. Um Spaß an der Sache zu finden, braucht sie nicht in eine Figur zu schlüpfen. Aber die Spielgeschichte muß von ihr als das *besondere Ereignis* mit der gebotenen Gewichtigkeit eingebracht werden, damit überhaupt Spielbegeisterung in der Gruppe entstehen kann.

2.1.2 Die unentschlossene Spielleiterin

Wie entscheidend die Initiative der Spielleiterin zum Gelingen eines Treffens, aber auch zur Entwicklung der Theatergruppe beitragen kann, wollen wir an ihrer *zaudernden* Kollegin deutlich machen.

Ihre (gut vorbereitete) Spielgeschichte bringt sie als halbherzigen Vorschlag ein («Ich hätte da eine Idee, aber wenn ihr die nicht mögt, können wir auch etwas anderes spielen!») und erzeugt damit Unlust und Trägheit oder gibt aktionshungrigen Teilnehmern ein Signal, ihr die Sache aus der Hand zu nehmen. In wilden, unstrukturierten Szenen toben einzelne dann ihre Spielbedürfnisse aus, die wegen inhaltlicher und dramaturgischer Mängel die Zuschauer nach zehn Minuten zu langweilen beginnen. Unsicher wartet die Spielleiterin ab, ob die Spieler nicht selber die nötigen Korrekturen vornehmen, um das Spiel zu retten. Die sind damit natürlich überfordert. Weil von ihr nichts bewertet, nichts entschieden wird und auch die demokratische Abstimmung keine Klärung bringt, verlaufen derartige Spielversuche fast immer im allseitigen Frust. Die Ursachen hierfür werden mitunter gern im «gestörten Spielverhalten» einzelner Teilnehmer gesucht, die zu konzentriertem, kooperativem und konstruktivem Spiel eben nicht in der Lage seien. Recht hat sie, diese Spielleiterin, denn so «verhaltensauffällig und spielunfähig» fangen etliche Kinder und Jugendliche nun einmal in einer Theatergruppe an. War dazu die erneute Bestätigung ihrer Mängel nötig? Die Gefahr, daß Theaterspielen insgesamt bei den Teilnehmern nach den schlechten Erfahrungen in Mißkredit gerät, ist viel zu groß, als daß wir diesen Weg als Alternative empfehlen könnten.

Was wird hier falsch gemacht? Aus Sorge, mit eigenen Ideen eventuell den Spielwünschen ihrer Gruppe vorzugreifen, sie zu überdecken und damit ihre Eigeninitiative zu unterdrücken, «übersah» die Spielleiterin, daß die meisten Kinder und Jugendlichen anfangs noch nicht in der Lage sind, spannende Spielgeschichten selbständig zu entwickeln und anschließend angemessen darzustellen. Es muß daher in die Sackgasse führen, wenn man Unkundige in den Stand von Gleichbefähigten hebt und irrtümlich darauf setzt, daß ein Scheitern die nötige Einsicht und die entsprechenden Fähigkeiten bringt, es anschließend besser zu machen. Eine Spielleiterin wird ihre Theatergruppe nur dann ohne Umwege zum Erfolg (einer Aufführung) führen können, wenn sie *ihren Vorsprung an theaterpädagogischem Wissen, Erfahrungen und spielpraktischen Fähigkeiten zum Nutzen eines stimmigen Spiels einzubringen vermag.* So unvollkommen die Fähigkeiten einer Spielleiterin anfangs noch ausgebildet sein mögen, und so viele Fehler ihr bei der Spielanleitung unterlaufen können, sie muß ihr Konzept mit Überzeugung vertreten! Auch wenn sie scheitern sollte, so ist sie mit «wehenden Fahnen» untergegangen!

Einer engagierten Spielleiterin verzeiht eine Theatergruppe ihre Fehler eher als einer unentschlossenen. Wer sich nur zögernd und unter ständigem Vorbehalt einzubringen vermag, die nimmt die Gruppe bald nicht mehr ernst und verweigert ihr letztlich die Gefolgschaft. Das unentschlossene Vorgehen einer solchen Spielleiterin gleicht einem «Fahren mit angezogener Handbremse». Für diese Fahrt ins «Neuland» können wir ihr alles Handwerkliche vermitteln, nur ihre Begeisterung, die muß jede Spielleiterin schon selber einbringen.

2.1.3 «Hütet euch vor den spontanen Spielbedürfnissen der Theatergruppe!»

Mit ihrer Frage: «Was wollt ihr spielen?» meint so manche Spielleiterin zu einer Spielgeschichte zu kommen, die, weil sie den geäußerten Bedürfnissen der Teilnehmer entspringt, besonders für das Theaterspielen geeignet sei. In den meisten Fällen aber hat sie dies mit ihrer Frage vereitelt. Warum? Bei Licht betrachtet, erweisen sich fast alle Spielbedürfnisse von Kindern und Jugendlichen (und montags wird das immer besonders deutlich!) als Neuauflage stereotyper Fernsehserien, actionreicher Videoclips oder wilder «Gewalt- und Horrorfilme», die gerade aktuell sind. Abgesehen von den technischen Schwierigkeiten, derartige Vorlagen auf dem Theater zu reproduzieren, zeigen diese Spielbedürfnisse eine verkümmerte, mediengeschädigte Spielphantasie bei vielen Kindern und Jugendlichen, die es nicht lohnt, ungefiltert auf die Bühne zu bringen. Spielbedürfnisse zur Grundlage der Theaterstücke zu machen, entbindet eine Spielleiterin nicht von der Aufgabe, auf die Geschmacksbildung ihrer Gruppe Einfluß zu nehmen. Niemand sollte den Fehler des antiautoritären Erziehungskonzeptes der 70er Jahre wiederholen, das sämtliche originalen Äußerungen von Kindern und Jugendlichen mit dem Gütesiegel «unverfälscht = unschuldig = erhaltenswert» versah. Weder kann man Kindheit mit Qualität gleichsetzen noch Unentwickeltes zu Fähigkeiten verklären.

Wer als (kundiger) Erwachsener spontane kindliche Äußerungen grundsätzlich unbewertet läßt (wie unsere zaudernde Kollegin im vorigen Abschnitt), nimmt Kindern die Möglichkeit des Lernens und Sich-Weiterentwickelns. Was heißt das für das Theaterspielen? Kinder unkommentiert ihre Spielwünsche frei ausleben zu lassen (vgl. 2.1.2), ist bestenfalls Rollenspiel, das keine Zuschauer braucht. Eine Spielleiterin, die auf ein Eingreifen verzichtet und das Spiel dem Selbstlauf spontaner Einfälle überläßt, erklärt die Ausbildung eines theaterpädagogischen Handwerkszeugs für überflüssig. Für die Entwicklung eines publikumsorientierten Improvisationstheaters bedeutet diese Arbeitsweise Stillstand.

Zurück zur Theatergruppe und deren Spielwünschen: *Alle* Teilnehmer mit ihrem Vorschlag zum Zuge kommen zu lassen, ist ohne *inhaltliche Sortierung* nicht möglich. Die aber können Kinder, die ihre Entscheidung bei einer Abstimmung nach Sympathie fällen, noch nicht vornehmen. (Für hierbei erlittene Niederlagen werden sich einige später mit Störungen rächen!) Immer gibt es vernünftige Gründe, die für oder gegen einen bestimmten Spielvorschlag sprechen, z. B., ob sich die Spieler mit einer Spielidee übernehmen. Das aber kann nur die Spielleiterin entscheiden. Wie geht sie dabei vor? Mit einem 9jährigen zu diskutieren, warum sich «Rambo schlägt alle!» für das Theaterspielen nicht eignet, fehlt die Zeit. Damit der Junge nicht enttäuscht wird, fragt die Spielleiterin ihn, was ihm an dem Film gefallen hat. Seine Begründung läßt sie unkommentiert und antwortet: «Halt das fest, wir wollen sehen, was wir davon später in unsere Geschichte einbauen können!» Die wird dann sicher nicht «Rambo» heißen, aber in ihr wird sich vielleicht eine Figur heldenhaft gegen widrige Umstände zu behaupten haben. Der 9jährige und alle anderen werden dabei voll auf ihre Kosten kommen! Dieses Beispiel soll zeigen, daß sich eine Spielleiterin eine langwierige (meist mit Enttäuschungen verbundene) Suche sparen kann, wenn sie *die Spielbedürfnisse ihrer Gruppe vorher kennt* und mit dramaturgischen Techniken daraus spannende Spielgeschichten baut (vgl. 2.3), die alle Erwartungen erfüllen, vielleicht sogar übertreffen. Weil Kinder und Jugendliche über diese Fertigkeiten noch nicht verfügen, bedarf es des vorbereiteten Spielvorschlags der Spielleiterin. Ihn stellt sie als *Rahmengeschichte* vor, als eine Art «Flußbett», in das die Einfälle der Spieler später (original, spontan, aber zielgerichtet) einfließen können. So vorzugehen empfiehlt sich besonders bei jenen Spielleiterinnen, in deren Gruppen die Teilnehmer freiwillig kommen. Für ein spannendes, vergnügliches Theatertreffen machen Kinder und Jugendliche nämlich ausschließlich die Spielleiterin verantwortlich, und bleiben, falls sie in ihren Erwartungen enttäuscht werden, das nächste Mal weg. Ob sie also will oder nicht, das Theatertreffen muß, mit der Spielgeschichte als Höhepunkt, zum Erfolg werden. Den zu erreichen, kann sich eine Spielleiterin nicht auf den Zufall, nicht auf ihre Gruppe, sondern nur auf sich und ihr theaterpädagogisches Rüstzeug verlassen.

2.1.4 Die unterschiedlichen Aufgaben der Spielleiterin

Kinder und Jugendliche zum improvisierten Theaterspielen zu befähigen, bedarf, so viel wurde bereits sichtbar, unterschiedlicher Aufgaben einer Spielleiterin, die allerdings nur dann zum Erfolg führen, wenn sie in schnellem Wechsel erfolgen. Diese Flexibilität fällt Anfängerinnen noch schwer, so daß wir die erforderlichen Fähigkeiten zunächst im Überblick benennen wollen.

Als *Organisatorin* strukturiert sie ein zweistündiges Treffen so, daß alle Gruppenmitglieder Theaterspielen als Vergnügen erleben. Unter Berücksichtigung altersspezifischer Besonderheiten, Bedürfnisse und Fähigkeiten schafft sie in ihrer Gruppe die Voraussetzungen für die theatrale Umsetzung einer Spielgeschichte (mit Hilfe eines Rahmenprogramms, vgl. den jeweils 4. Unterpunkt der Kapitel 4.1–4.4). Bei der Einführung dieser Spielgeschichte (vgl. 2.5) tritt sie als *Geheimnisträgerin* auf, die von «ungeheuerlichen Ereignissen» zu berichten weiß, an denen die Gruppe leibhaftig teilhaben kann. Möglich wird das in Gestalt verschiedener Figuren, in die die Spielleiterin ihre Teilnehmer mit unterschiedlichen

Animationstechniken lockt (vgl. 2.6). Sie tut das als *Verbündete* ihrer Darsteller, denen sie mit einer angemessenen Spielbegleitung zur Erfüllung ihrer Figurenaufträge verhilft. Weil für eine erfolgreiche Aufführung auch die Schaubedürfnisse des Publikums berücksichtigt werden müssen, klagt sie mit ihrer Spielanleitung gleichzeitig als *Anwältin* die Interessen der Zuschauer an spannender, glaubwürdiger Unterhaltung ein.

Improvisiertes Theaterspielen verläuft anfangs nicht ohne Fehler, die von der Spielleiterin genau analysiert (vgl. 2.8) und anschließend, möglichst ohne Störung der Spielatmosphäre, in neue Spielaufgaben umgewandelt werden müssen (vgl. 2.9). Diese Korrektur an ihrem Spiel akzeptieren Kinder und Jugendliche, wenn ihre Anleiterin sie als Figur vornimmt, und so als *Darstellerin* in den Spielverlauf eingreift. Die Vorbereitung einer Aufführung erfordert die Fähigkeiten einer *Bühnentechnikerin* (vgl. 3.4 und 3.5), damit ein künstlerisch anspruchsvolles Produkt entstehen kann. Damit das Publikum die Aufführung genießen kann, begleitet die Anleiterin das Theaterspiel ihrer Gruppe als *Katalysatorin* (vgl. 2.11), die die Interessen aller Beteiligten zu vereinigen sucht.

Die Handhabung dieser unterschiedlichen Funktionen, die erst nach mehrjähriger Praxis flexibel beherrscht werden können, machen das theaterpädagogische Rüstzeug für das Improvisationstheater aus. Es beginnt mit der Lust auf außergewöhnliche Spielideen.

2.2 Die außergewöhnliche Spielidee

Die Suche nach einer spannenden Spielidee, die alle Bedürfnisse der Theatergruppe in sich vereint (vgl. 2.1.3) beginnt gewöhnlich bei den *Alltagserfahrungen* der Kinder und Jugendlichen. Die aber unverändert auf die Bühne zu holen, erzeugt bei den Teilnehmern der Theatergruppe schnell Langeweile.

Um als Spielgegenstand zu taugen, müssen die Verhältnisse von den Grenzen der Wirklichkeit (nicht der Logik!) kurzzeitig befreit und für die Bühne außergewöhnlich zusammengesetzt werden.

Das Improvisationstheater stellt sich als Raum und Mittel zur Verfügung, die Spieler ihren Alltag so lange umkrempeln zu lassen, bis spannende Spielideen herausfallen, die anschließend ausprobiert werden können, ohne daß jemand Sanktionen fürchten müßte. In der *Verkehrung aller Dinge* sehen wir daher unser wichtigstes theatrales Element (vgl. 1.4.2). Theatergeschichtlich läßt sich 3000 Jahre zurückverfolgen, wie die vom Leben gebeutelte Existenz sich in einem Theater Ausgleich verschaffte, das die Herrschenden kurzzeitig der Lächerlichkeit preisgab, die Heiligen entweihte und alles Erhabene der Banalität opferte: ein Spiel des respektlosen Umgangs mit allem und jedem! In dieser Tradition handeln auch die *Figuren* unserer Spielgeschichten. (Nicht, wie üblich, als Rollen, sondern als Figuren werden wir in diesem Buch die Handlungsträger unserer Theaterstücke bezeichnen, womit Personen, Tiere und Gegenstände gemeint sind.) Figuren werden vom Zuschauer dann mit besonderer Aufmerksamkeit verfolgt, wenn sie an ungewöhnlichen Orten Interessen nachgehen, die von der Normalität abweichen. (Eine Hexe auf dem Blocksberg auf dem Besen reiten zu sehen, erwartet jeder. Sie dagegen in der Kanalisation beim Schwimmtraining zu beobachten, ist eine Überraschung!)

Ihr *unmögliches Vorhaben* muß die Figur *glaubwürdig begründen* und mit Eifer und Ernst betreiben. Auch darf sie ihr Ziel nicht problemlos, sondern erst nach Auseinandersetzungen mit widrigen Umständen erreichen.

Die dabei entstehende *Reibung* sorgt nicht nur für Spannung bei den Zuschauern (der Plan der Figur ist des öfteren vom Scheitern bedroht), sie produziert auch fortwährend Komik, wenn konträre Interessen den Fortgang der Handlung behindern. So verdreht die Verhältnisse dargestellt sein mögen, so logisch geht alles zu, denn nichts würde das Publikum mehr stören, als wenn die Kontrahenten zu irrealen und damit unglaubwürdigen Mitteln griffen, um Erfolg zu haben.

Halten wir an dieser Stelle fest, daß Improvisationstheater seine *Spielideen* in Situationen findet, die *als ungeheuerliche Ereignisse von der Normalität abweichen* und mit Konflikten verschärft werden.

Vielen Spielleiterinnen fällt es anfangs schwer, die der eigenen Phantasie auferlegten Schranken zu überwinden und Spaß am *Spintisieren*, d. h. am Ausmalen «unmöglicher» Situationen zu finden. Wir empfehlen daher als ersten Schritt, den Alltag aus ungewohnter, banaler Perspektive zu betrachten. Wie kann das aussehen? Einen arroganten Arzt eine Operation ohne Komplikationen durchführen zu lassen, ist so normal, daß es für das Theater zu langweilig wäre. Seinem Kollegen, der kein Blut sehen kann und der ständig die Körperteile seiner Patienten verwechselt, schauen wir bei seinen Mißgeschicken gern zu.

Einen asketischen Pfarrer Moral predigen zu hören, beeindruckt uns nicht auf der Bühne. Seinen Amtsbruder bei irdischen Gelüsten der Heuchelei zu überführen, interessiert uns dagegen sehr!

Eine laut und unpassend hereinplatzende Putzfrau ist alltäglich. Ihre unbeholfene Arbeitskollegin, hinter der sich eine eifersüchtige Gräfin versteckt, die ihren Mann umbringen will, fesselt dagegen unsere Aufmerksamkeit.

Wo liegt der Witz? Gesellschaftliche Klischeefiguren statten wir mit ungewohnten, überraschenden Eigenschaften und Motivationen aus, schicken sie auf eine «Abenteuerreise», deren Weg mit Versuchungen, Gefahren und Sackgassen gespickt ist. Gespannt verfolgen wir, wie sie sich permanent in Gegensatz zur normalen Umwelt bringen, lachen über die dabei entstehende Komik der Verwicklungen und passen auf, daß die erlittenen Strapazen ihnen nicht auf das Gemüt schlagen. Ob sie sich am Ende bewähren dürfen oder scheitern müssen, machen wir vom Harmoniebedürfnis der Theatergruppe abhängig.

Tiere (von allen 4–9jährigen gern gespielt) wirken komisch, wenn sie mit menschlichen, also artfremden Verhaltensweisen, Gefühlen und Sprache ausgestattet werden (wie in Walt-Disney-Zeickentrickfilmen oder der Toyota-Autowerbung zu beobachten). Zusätzlichen Spielreiz erhalten sie, wenn sie, von uns mit ungewöhnlichen Zielen und Tätigkeiten ausgestattet, zu Akteuren spannender Spielgeschichten werden. Dem «Melancholischen Wolf beim Müslikauen», der «Prüden Maus beim Baden» und dem «Altklugen Hasen beim Versuch Eier zu legen» geben wir Spielimpulse, nach denen sie ihr abweichendes Bedürfnis in der Auseinandersetzung mit den Beschränkungen ihres normalen Tierverhaltens zu befriedigen versuchen. Der Zuschauer honoriert es, wenn diese Versuche nicht harmonisch, sondern konfliktreich unternommen werden. Je ernsthafter eine Figur sich bemüht, desto komischer wird die Wirkung sein.

In der Fernsehwerbung sehnen sich inzwischen sprechende Kaffeebohnen nach der richtigen Röstung, jammern Putztücher, weil sie sich an sandiger Scheuermilch wundreiben, geben arrogante Schokoriegel mit ihrer Alpensahne mächtig an. Theaterspieler ab zehn Jahren sind kaum noch zu halten, wenn es gilt, *Gegenstände* von ihrer normalen Alltagsfunktion zu befreien und mit neuen Gefühlen und Wünschen auf die Reise zu schicken: «Das zweckentfremdete Kaugummi unter der Tischkante trauert der Zahnprothese hinterher, das Papiertaschentuch läßt nichts unversucht, um auch nach Lavendel zu duften, und das Herbstblatt auf dem Teppichboden will auf seinen Ahornbaum zurück.»

Mit ihrer Gruppe sucht die Spielleiterin nach einem konkreten Anlaß für den momentanen Gefühlszustand des Gegenstandes und prüft Möglichkeiten, wie das erlittene Mißgeschick zu beheben oder das materielle Bedürfnis zu befriedigen wäre. Dem Ahornblatt wird der Wind zum Freund, streunende Hunde und ein Straßenfeger aber zu realistischen Gefahren. Um an sein Ziel zu gelangen, darf so ein Blatt keineswegs plötzlich laufen, sich verzaubern oder hellsehen können. Gerade die materielle Beschaffenheit seines Äußeren, seine echte Trägheit und Starre, machen die Versuche, zurück auf den Baum zu gelangen, so spannend und die Phantasie der Spieler so erfinderisch. Die (stark gefühlsbetonten) Wünsche von Gegenständen, endlich zu ihrer eigentlichen Funktion zu finden oder von ihr freizukommen, sind auch hier der entscheidende Antrieb für spannende Spielgeschichten, die dennoch stets im Rahmen des logisch Nachvollziehbaren verlaufen.

Texte und Bilder können Anregungen zu eigenschöpferischen Spielideen geben, wenn Spielleiterinnen sich von der Vorlage lösen und ihren Assoziationen folgen.

Drei Beispiele: In Janoschs Kinderbuch «Oh, wie schön ist Panama» feiert ein Fuchs mit einer Gans Geburtstag. Während im Buch der Fuchs sein Opfer schon an der Gurgel hält, fragen wir uns, mit welchem Trick es seinen Hals noch retten könnte. Vielleicht wird die Gans ihn bei seiner Feinschmeckerehre packen und mit dem Verzehr eines Stinkkrauts sich selber ungenießbar machen.

Im Grimms-Märchen «Hänsel und Gretel» hockt die Katze ohne Funktion auf dem Hexenhaus. Ob sie verärgert ist, weil die versprochene Sahne ausblieb? Ihrem Wunsch, sich an der Hexe zu rächen, kommen die beiden Kinder gerade recht! Das Märchen nimmt einen anderen, nicht weniger spannenden Verlauf und heißt dann «Die Rache der Katze».

Einmal auf den Geschmack gekommen, macht die «dramatische Phantasie» auch vor Theaterstücken nicht halt. In Shakespeares «Romeo und Julia» könnte die Amme Romeo so schöne Augen machen, daß Julia eifersüchtig wird. Wer die Ehrfurcht vor der klassischen Vorlage zu überwinden vermag, kommt so zu einer prickelnden Liebesgeschichte!

Diese Beispiele machen unser Vorgehen deutlich: *aus der Sicht von Nebenfiguren*, die eigene Interessen verfolgen, wird der vorgegebene Verlauf der Handlung kommentiert, angehalten, zurückgespult, mit neuen Akzenten versehen und über Nebenschauplätze geführt. Ob nach diesen Umwegen das bekannte Finale tatsächlich erreicht wird, bleibt bis zum Schluß eine offene, spannende Frage.

Auch *Zitate, Titel* und *Werbesprüche* ergeben vorzügliche Spielgeschichten. Wem fallen zum «Hinterhältigen Gastmahl» keine skurrilen Typen ein, die an unheimlichen Orten Böses im Schilde führen?

Wenn «Der Tag geht, Johnny Walker kommt», warten nicht nur Whiskeyfreunde auf ihre Stunde, auch «Tom Dooley» bereitet sich auf eine Abrechnung vor.

Die «Bild-Zeitung» mag viel geschmäht werden, als Spielideengeber ist sie unübertroffen! «Haar-Gel stoppte Bullen», «Prinzessin mit Teufelsherz», «Oma narrte drei Banken» sind die Titel von Theaterstücken, egal, welche tatsächlichen Ereignisse Anlaß zu diesen Überschriften waren.

Der Leser merkt inzwischen, daß die *Umwelt genügend Angebote macht, an denen sich Spielideen «entzünden» können*. Wie daraus (für verschiedene Theatergruppen) geeignete Spielgeschichten aufbereitet werden, klären wir unter 2.3. Natürlich dauert es einige Zeit, bis angehende Spielleiterinnen sich an die ungewohnten Ausflüge ihrer Phantasie gewöhnt und vor allem Spaß daran gefunden haben. In einer fortgeschrittenen Theatergruppe (mit Teilnehmern ab etwa zehn Jahren) kann man das Spintisieren wie ein Gesellschaftsspiel betreiben und so gemeinsam zu einer neuen Spielidee kommen. Bis es so weit ist, können sich Anfängerinnen mit zwei *Assoziationsübungen* auf den Geschmack bringen, die wir in unserer Spielleiterausbildung anwenden.

Sinn dieser Übungen ist ein Phantasietraining, bei dem die Fähigkeit erworben werden soll, zu einem beliebigen Begriff blitzschnell eine Reihe weiterer Bilder zu assoziieren (wozu jeder Teilnehmer aufgrund seiner Lebenserfahrungen in der Lage ist).

Alle Bilder zusammen sollen sich zu einer spielbaren Situation verdichten, die beim späteren Improvisieren (vgl. 2.7) den Darstellern als Spielvorlage dient.

Beim *Bilderspringen* wirft ein Teilnehmer einen Begriff in die Runde, z. B. «Sommertag». Der nächste wartet, welche Bilder er bei diesem Begriff in seiner Vorstellung assoziiert. Damit seine Phantasie nicht in einem Bild «gefangen» bleibt, öffnet er mit seinem Folgebegriff die Sicht zu einer neuen Situation, die ihre Herkunft zeigt, aber gleichzeitig weiterführt, und sagt: «Kuchenkrümel». Der Sommertag ist vergessen, für den dritten zählt nur noch der Kuchenkrümel, an den er das «Mauseloch» dranhängt. Der vierte nennt «Brechreiz» (weil er an seine Katze denkt, die einen vergifteten Mäuseköder fraß), der fünfte «Nudelholz» (weil er den Ehemann nach einer Zecherei zu Hause im Bad auf seine wütende Gattin stoßen lassen will). Kein Teilnehmer darf mit seinem Folgebegriff so weit vorauseilen, daß niemand mehr die Verbindung nachvollziehen kann. Die individuellen Situationsbilder müssen also so *verallgemeinert* werden, das jeder sie versteht. Nur so wird später das Improvisieren als «Spielen ohne Absprache» möglich sein. Wichtig ist bei dieser Übung, daß die Phantasie eine Situation nicht detailliert ausschmückt, sondern zur nächsten «springt». Verkehrt wäre also bei unserem Beispiel die Begriffskette «Sommertag-Hitze-Durst-Limonade-Wespe-Allergie usw.». Die Phantasie tritt auf der Stelle.

In der Übung *«Drei Begriffe zu einer Geschichte verbinden»* werden zum «Warmwerden» drei «eng» zusammenhängende Begriffe von der Spielleiterin vorgegeben: «Fußball-Meniskus-Meisterschaft», später dann drei «weit» auseinanderliegende: «Regenrinne-Marmeladenglas-Schnürsenkel». Die drei Begriffe sollen von den Teilnehmern zu einer spannenden, ungewöhnlichen Geschichte verbunden werden, in der jedem Teil eine besondere Bedeutung zukommt. Zu dem Begriff, für den die Phantasie zuerst ein Situationsbild freigibt, werden Figuren, Anliegen, Ort, Zeit,

Stimmung usw. assoziiert und sofort in ein spannendes Geschichtenerzählen umgesetzt (vgl. 2.5). Die beiden restlichen Begriffe werden als Hindernisse, Ereignisse o. ä. nachträglich eingeführt. Um mit der Erzählung beginnen zu können, muß also keineswegs bereits die gesamte Geschichte im Kopf des Teilnehmers «stehen». Im Gegenteil, spontane Einwürfe der Restgruppe sind als originelle Ergänzung erwünscht. Die Spielleiterin paßt auf, daß dieses Spintisieren in logischen Bahnen verläuft, denn außergewöhnliche Geschichten verführen einige Gruppenmitglieder zum «irrealen (und damit nicht mehr spielbaren) Abdriften».

Die besondere Spielidee, die Darsteller wie Zuschauer später als ungeheuerliche Spielgeschichte faszinieren soll, verlangt *Gestaltungsregeln*, die dem Charakter einer die Grenzen des Gewöhnlichen überschreitenden Phantasie zu widersprechen scheinen. Gerade jedoch im *glaubwürdigen Spielen außergewöhnlicher Ereignisse* zeigen die Darsteller, daß, unter bestimmten Voraussetzungen, alles tatsächlich geschehen sein könnte. Geschichten, die den Transfer von fernen Phantasiegefilden zur Erfahrungswelt des Publikums nicht schaffen, werden ihm fremd bleiben. Ein Krimi in der Hölle aber, der die Zuschauer veranlaßt, zu Hause vor dem Schlafengehen nach dem Teufel unterm Bett zu schauen, verdient bei uns das Prädikat «besonders spielbar»!

Dennoch ist mit der *ungewöhnlichen Spielidee* allein erst eine Voraussetzung für das Improvisationstheater erreicht. Die zweite schaffen wir mit ihrer *dramaturgischen Verarbeitung* zur glaubwürdigen, spannenden, komischen Spielgeschichte.

2.3 Dramaturgische Bauelemente für spannende Spielgeschichten

Die schönste Spielidee kann als bloßes Gedankenspiel verpuffen, wenn sie sich nicht in einer wirkungsvollen Spielgeschichte materialisiert. (Im Improvisationstheater sprechen wir lieber von Spielgeschichten als von Theaterstücken, weil der Leser letztere gewöhnlich mit Texttheater in Verbindung bringt.) Da Kinder und Jugendliche in der Regel damit überfordert sind, aus ihren Spielideen selbständig eine spielbare Geschichte zu entwickeln, baut die Spielleiterin mit Hilfe *dramaturgischer Techniken* ein spannendes Handlungsgerüst. Diese Arbeit kann am Schreibtisch erfolgen, so daß eine Ursache für das Mißlingen von Spielgeschichten bereits im Vorfeld umgangen werden kann. (Die beiden anderen wesentlichen Ursachen, die Anleitungs- und Spielfehler, werden wir im 4. Kapitel abhandeln.)

Mit ihrer «stimmigen» Rahmengeschichte trifft die Spielleiterin gleich zwei Interessen: ihren Spielern bietet sie die Möglichkeit, in reizvollen Figuren spannende Abenteuer zu erleben, dem Publikum erfüllt sie die Erwartungen an spannende Unterhaltung.

Die Vermittlung des *Handwerkszeugs für den Bau spannender Spielgeschichten* wollen wir mit der Untersuchung der Gründe einleiten, wann sich Zuschauer in einer Aufführung zu langweilen beginnen. Spannungslosigkeit (und damit Desinteresse) kommt auf, wenn die Zusammenhänge einer Spielhandlung nicht mehr erkennbar sind, wenn die Szenenfolge unlogisch oder zu kompliziert ist, wenn niemand «unten» mehr versteht, «was das Ganze soll». Den Darstellern wird ebenfalls die Aufmerksamkeit entzogen, wenn ihre Figuren ihr Anliegen nicht deutlich machen können, wenn ihren Handlungen Anlässe oder Reaktionen fehlen, wenn «nichts auf dem Spiel steht», d. h. den Figuren nichts wichtig ist. Die Entwicklung einer Spielgeschichte beginnt demnach mit dem *Bedürfnis einer Figur*. Dies hat für sie so existentielle Bedeutung, daß das Publikum um Anteilnahme und manchmal auch Unterstützung gebeten wird. Die werden nur gewährt, wenn das Anliegen dringlich gemacht und mit dem nötigen Ernst vorgetragen wurde. Gelingt das der Figur, leidet, zittert und freut sich das Publikum mit ihr, es *identifiziert* sich und verfolgt die Versuche, das Ziel zu erreichen, mit gespannter Aufmerksamkeit. Dabei ist es egal, ob ein Maulwurf eine Hose braucht, Kalif Storch seine Verzauberung lösen oder eine Oma ihren bösen Vermieter beseitigen will. Je entschlossener die Figur ihren Weg antritt (und entsprechend gefühlsstark unterlegt), desto glaubwürdiger wird sie.

Der Weg zum Ziel muß voller *Hindernisse* sein. Überspielen die Darsteller die (und Kinder neigen anfangs stark dazu!), verläuft die Reise zum Ziel also ohne Gefahren, Konflikte und Widerstände, oder werden die Hindernisse mit irrealen Hilfsmitteln überwunden, und trifft man unterwegs ausschließlich selbstlose, freundliche und hilfsbereite andere Figuren, verliert der Zuschauer das Interesse. «So etwas gibt es nicht!» mault er, und weil er das Spiel für glaubwürdig halten soll, zählt seine Meinung. Gewünscht werden von ihm Widrigkeiten wie im realen Leben, die das Anliegen der Figur scheitern zu lassen drohen. Die Spielleiterin hat also «reißende Flüsse ohne Brücken, gefährliche Raubtiere, schmale Bergpfade mit tiefen Schluchten, Unwetter, Hunger-Durst-Kälte-Hitze, Unfälle, Zeitverzug, böse Gastwirte, gerissene Diebe usw.» als *Bewährungsproben* für die Figur in die Handlung einzubauen. An diesen *Stolpersteinen* kommt es zu Auseinandersetzungen *(«Reibungen»)* mit den widrigen Umständen oder konträren Interessen, die mit realistischen Mitteln, also tatsächlichen Fähigkeiten, Gegenständen, Tricks, Freunden, auch mal einem Zufall, auf keinen Fall aber mit «Zaubersäften und Tarnkappen» geführt werden. Es sind die *Höhepunkte* jeder Spielhandlung, die von der Spielleiterin sorgfältig vorbereitet werden, mal als überraschendes Ereignis, mal als unvorhersehbares Verhängnis. Konnte sich die Figur trotz einiger Blessuren behaupten, wird sie eine «Verschnaufpause» zum Nachdenken und Kräftesammeln einlegen. Diese *retardierenden Momente* sind wichtig, damit Spieler wie Zuschauer nicht den Überblick bei allen Aktionen verlieren. Mit der Besinnung auf ihr Ausgangsbedürfnis holt sich die Figur den Impuls für die nächste Etappe ihrer Reise zum Ziel und erhält damit dem Publikum die Spannung. Kinder und Jugendliche «vergessen» unterwegs schon mal ihr Anliegen, was das Publikum übelnimmt. Es möchte wissen, was aus dem dringlichen Bedürfnis der Figur, für das es ja zu Beginn um Anteilnahme gebeten wurde, geworden ist. Dieses Bedürfnis darf sich verändern, es kann enttäuscht oder befriedigt werden, aber in jedem Falle wird es am Ende noch einmal aufgegriffen. Es wäre ein dramaturgischer Fehler, wenn z. B. die «Bremer Stadtmusikanten» im Räuberhaus ihr ursprüngliches Ziel, Musik in Bremen zu machen, völlig aus den Augen verlieren würden.

Die Höhepunkte markieren in einer Spielgeschichte die *Stationen*, über die ein durchgehender Handlungsstrang als *logische, eindeutige Szenenfolge* geführt wird. Der Weg von Station zu Station macht den eigentlichen *Spannungsbogen* einer Spielgeschichte aus, der wellenförmig verläuft. Er darf nicht zu viele Umwege, Pausen und Nebenhandlungen enthalten, sondern hat sich auf das Wesentliche zu beschränken. Gerade weil die Konzentrationsfähigkeit von Spielern und Zuschauern nicht unerschöpflich ist, übt sich die Spielleiterin in der *Kunst des Weglassens*. Das ist keine leichte Aufgabe in einer 10–12köpfigen Theatergruppe, in der *alle* Spieler eine reizvolle Figur erhalten möchten. Die Spielleiterin kommt daher nicht umhin, eine *Gewichtung* vorzunehmen, denn die Aufmerksamkeit der Zuschauer läßt sich nicht beliebig aufteilen. Sie stellt darum *das Anliegen einer Figur in den Mittelpunkt* der Handlung, das an jeder Station der Spielgeschichte den vorwärtstreibenden Handlungsimpuls gibt und *dem die Bedürfnisse aller anderen Figuren unterstützend oder behindernd zugeordnet werden*. Dies sind keineswegs «Nebenfiguren» (wie im Texttheater, wo die Besetzung der Hauptrolle häufig zu Streit unter den Spielern führt), sondern gleichwertige Figuren, die mit anderen, nicht weniger reizvollen Motivationen, Eigenschaften und Tätigkeiten ausgestattet werden, um sich an vorher festgelegten Punkten mit den Bedürfnissen der Handlungsträger zu messen (vgl. 2.4). «Hänsel und Gretel» haben Hunger und wollen zu Hause leben. Die konträren Interessen ihrer Eltern, der Vögel im Wald, der Hexe u. a. werden den beiden Kindern als Hindernisse in den Weg gelegt. Ob und wie sie die überwinden, verfolgt das Publikum mit angespannter Aufmerksamkeit. Je länger der Ausgang der «Kämpfe» offenbleibt, desto besser für die Spannung. Das Stück darf auch nicht mit der Verbrennung der Hexe und einem Luxusleben in deren Haus enden. Die Kinder müssen zum Anlaß ihres Bedürfnisses zurückgeführt werden, ins Elternhaus, wo sie die materielle Not der Familie mit dem Hexenschatz lindern helfen – oder auch nicht!

Wo liegt also das Geheimnis einer gut gebauten Spielgeschichte? Eine *Figur verfolgt ihr außergewöhnliches, dringendes Anliegen gegen etliche Widerstände über mehrere Stationen konsequent und logisch bis zum Schluß*. Ob diese Spielgeschichte, die die Spielleiterin als «Rahmenhandlung» in ihre Theatergruppe über das spannende Erzählen (vgl. 2.5) einbringt, dort auch tatsächlich «einschlägt», hängt davon ab, ob die reizvolle Spielidee von der Spielleiterin als ungeheuerliches Ereignis (das ihr selber gefällt) angemessen aufbereitet werden konnte, und ob die einzelnen Segmente der Geschichte genügend Raum für die Einfälle der Darsteller lassen. Die werden im wesentlichen auf die Ausschmückung von Szenen und Figuren gerichtet sein, denn die dramaturgisch «stimmige» Struktur der Handlung, die den Erfolg für Spieler und Zuschauer erst sicherstellen kann, läßt sich keine Spielleiterin aus der Hand nehmen. Sie legt ein «*Flußbett*», das von den kreativen Einfällen ihrer Gruppe mit Leben gefüllt wird.

2.4 Figuren mit Biografien ausstatten

Wenn Kinder oder Jugendliche ihre Figuren noch nicht überzeugend spielen, liegt das meist daran, daß sie deren Anliegen, Eigenschaften und Verhaltensweisen nicht nachvollziehen können. Sie werden dann schnell «privat», spielen «äußerlich» und oberflächlich und zeigen damit, daß sie sich auf die Anforderungen der Figuren nicht einlassen mögen.

Da eine Spielleiterin zu Beginn der Theaterarbeit ihre Darsteller oft noch nicht genügend kennt und auch nicht mit Bestimmtheit voraussagen kann, wer welche Figur übernehmen wird, stellt sich die Frage, wie sie ihren Teilnehmern überhaupt einen *Zugang zu den Figuren* verschafft, damit diese sie *glaubwürdig spielen* können. Sie hat die Aufgabe, Wünsche, Gefühle und Handlungen der Figuren in einer Weise den (altersspezifisch unterschiedlichen) Vorlieben und Besonderheiten der Gruppenmitglieder anzupassen, daß diese mit Lust die Abenteuer der Spielgeschichte erleben mögen. Das gelingt ihr, wenn sie bereits in ihrer Vorbereitung die Figuren mit reizvollen *Idealidentitäten* ausstattet, die Kinder oder Jugendliche als ihr «zweites Ich» schon immer gern einmal spielen wollten. So findet der für sein Alter zu kurz geratene Kai Vergnügen daran, wenn im Spiel alle anderen vor seinem «Django» zittern. Und Yvonne schlüpft gern in die Haut einer von Männern umworbenen Prinzessin, wenn sie damit ihre tatsächliche Schüchternheit für kurze Zeit ablegen kann.

Die Spielwünsche einer Altersgruppe lassen sich auch ohne Praxiserfahrung im Vorfeld zusammentragen (vgl. die Unterpunkte 2 und 3 des 4. Kapitels).

Wie geschieht das? Die *Figuren*, die die Spielleiterin zu Hause für ihre Spielgeschichte entwirft, gestaltet sie ebenfalls *als Orientierungsrahmen (Figurenbett)*. Er stellt für die Teilnehmer ein Angebot dar, das sie, entsprechend ihrer Persönlichkeit und ihrer Lebenserfahrungen, im Spiel konkretisieren, ergänzen und manchmal auch verändern. Vor dem Spielbeginn lockt die Spielleiterin ihre Teilnehmer in das von ihr vorbereitete «Figurenbett» (wie das konkret geschieht, beschreiben wir unter 2.6), und nutzt nach diesem ersten «Hineinschnuppern» die Proben dazu, *öffentlich* weitere *Informationen über die Figur zu sammeln*, indem sie den Erfahrungshintergrund der Gruppe und speziell des betreffenden Spielers «anzapft». Diese Informationssammlung nennen wir die *«Biografie»* einer Figur, die während der Proben gemeinsam immer dann «abgerufen» wird, wenn Spielunklarheiten auftreten. Hier erfahren die Darsteller alle für eine glaubwürdige Verkörperung nötigen Details, vom Gang bis zum Blick, von der Stimme bis zur Eßgewohnheit. Bei der «Übersetzung» von Informationen über die Figur (wir bezeichnen sie auch als «Anforderungen») in ein angemessenes Spielverhalten unterlaufen Anfängern noch etliche Darstellungsfehler, die die Spielleiterin zu korrigieren versucht (vgl. 2.9). Dabei macht es allerdings einen Unterschied, ob ein Spieler die Figur in seiner Vorstellung noch nicht sieht oder ob er diese Vorstellung theatral noch nicht verkörpern kann.

Bei fortgeschrittenen Spielern reicht die Erinnerung an Lebenssituationen, damit sie zu einem situations- und verhaltensangemessenen Spiel finden. Wem dies noch nicht gelingt, hilft die Spielleiterin über ihr Mitspiel, den angemessenen Ausdruck zu finden (vgl. 2.6.2).

Wie legt die Spielleiterin eine Figurenbiografie an? Aus der Arbeit des russischen Theaterpädagogen Stanislawskij übernehmen wir *sieben Fragen an die Figur*, mit denen sie spielbar gemacht werden kann.

Mit der Frage nach dem WER gibt die Figur Auskunft über sich, wer sie ist, was sie kann und wie es ihr gerade geht.

Die Vorgeschichte dieses Zustandes wird mit dem WARUM hinterfragt. Geklärt wird hier, wie sich ein Bedürfnis entwickelt hat, welcher konkrete Anlaß zur momentanen Gemütslage führte und welche Auswirkungen das auf die Interessen der Figur hat.

Über das WAS verrät die Figur ihre Pläne, auf welchem Wege sie ihre Lage verändern und ihr Ziel (Anliegen) erreichen will. Die schöne Aussicht auf den Erfolg beflügelt ihr Handeln.

Strategien und Taktiken hat sie entworfen, weil sie mit Hindernissen rechnet. Das WIE zeigt, mit welchen Hilfsmitteln sie die zu überwinden gedenkt.

Die Frage MIT WEM hilft bei der Suche nach Verbündeten für die Reise. Weil die aber Eigenmotivationen haben, muß das Verhältnis zueinander (Stellung, Abhängigkeiten, Gegenleistung) abgeklärt werden.

Ob eine Figur im Urwald oder unter Wasser ihre Sehnsucht stillen will, hat Auswirkungen auf ihr Vorgehen. Die besonderen Bedingungen des Ortes werden mit der Frage nach dem WO berücksichtigt.

Mit Hitze und Kälte hat die Figur sich auf ihrer Reise genauso auseinanderzusetzen wie mit Tag und Nacht. Mit der Frage nach dem WANN richtet sie sich entsprechend darauf ein.

Die Beantwortung dieser Fragen dient der *glaubwürdigen Verkörperung von Figuren*. Sie ist besonders jenen Darstellern eine Spielhilfe, die Schwierigkeiten haben, ihre Privatheit auf der Bühne abzulegen (nahezu alle Kinder bis zum 11. Lebensjahr!). Das kollektive Gedächtnis der Gruppe (vgl. 2.12) kann hier helfen, alle wichtigen Details den betreffenden Spielern in Erinnerung zu bringen.

Gelegentlich kommt es auch zum Spiel der Vorgeschichte von Figuren. Besonders Spieler, die möglichst lange auf der Bühne beschäftigt werden möchten, holen beim Spielen weit aus. Ihren verständlichen Wunsch kann die Spielleiterin aber meistens wegen der Gefahr des Spannungsabfalls nicht erfüllen. Während der Proben können diese Nebenszenen allerdings den Darstellern helfen, die erforderliche Spielhaltung zu finden, oder die Spielleiterin frischt auf diesem Wege festgefahrene, ermüdende Proben wieder auf (vgl. 2.10).

An der einmal gefundenen Spielhaltung nehmen viele Darsteller nur ungern Veränderungen vor, das ganze Stück wird von ihnen dann in derselben Grundstimmung gespielt. Nun gehen aber Auseinandersetzungen zwischen verschiedenen Figuren nicht spurlos an diesen vorüber, die Zuschauer erwarten entsprechende *Reaktionen*. Alle Figuren müssen daher im Verlauf der Spielhandlung eine *Entwicklung* durchmachen, die ihre Einstellungen und Verhaltensweisen verändern. Nach jeder Station wird für jede Figur überlegt, ob ihre Pläne noch stimmen und ob der Weg zum Ziel korrigiert werden muß. Daß nach dem glücklichen (oder unglücklichen!) Ende Bezug zum Ausgangsbedürfnis genommen werden muß, haben wir bereits im vorigen Abschnitt erwähnt, wird in der praktischen Arbeit aber leider immer wieder vergessen.

Jeder Teilnehmer einer Theatergruppe muß wissen, was er auf der Bühne zu spielen hat, und deshalb erhält *jede* Figur ihre angemessene Biografie. Wie ausführlich sie gespielt und mit anderen Figuren in Beziehung gebracht wird, entscheidet die Spielleiterin nach dem Spannungsbogen der Spielgeschichte (vgl. 2.3).

Die Biografisierung von Figuren ist keineswegs nach 2–3 Proben abgeschlossen, sondern vollzieht sich *als fortlaufender Prozeß*, den die Spielleiterin offen und flexibel zu gestalten versucht. Jeder Darsteller braucht, entsprechend seinem individuellen Erfahrungshintergrund, einen anderen Zugang zu seiner Figur, so, wie später z. B. ein «verliebter Schüler» je nach Eigenart des Darstellers, auf sehr unterschiedliche Weise, aber jedes Mal durchaus glaubwürdig, gespielt wird.

Damit die Figur jedem Spieler wie ein «Maßanzug sitzt», wird sie so lange verändert (nachbiografisiert), bis er sich in ihr wohl fühlt. Ein sicheres Anzeichen, daß Teilnehmer Zugang zu ihren Figuren gefunden haben, hat die Spielleiterin, wenn die Spieler zum nächsten Treffen mit neuen Ideen für die Ausgestaltung ihrer Figuren kommen. Wer sich über das Spiel hinaus mit seinem «zweiten Ich» beschäftigt, wird im anschließenden Spiel Vergnügen an der Gestaltung verschiedener Verhaltensvarianten finden.

2.5 Die Einführung der Spielgeschichte

Mit dramaturgischen Techniken (vgl. 2.3) hat die Spielleiterin aus einer ungewöhnlichen Spielidee eine spannende Spielgeschichte entwickelt und möchte sie ihrer Theatergruppe vorstellen. Was wie eine normale Aufgabe klingt, erweist sich in der theaterpädagogischen Praxis als ein von zahlreichen Fallstricken begleitetes Vorhaben. Immer wieder erleben wir, daß gute Spielvorlagen von der Theatergruppe nicht angenommen werden (oder lustlos gespielt werden), weil die *Geschichte unangemessen vorgestellt* wurde. Das liegt zum einen sicherlich an mediengeschädigten Kindern und Jugendlichen, denen die gute Tradition ihrer Großeltern angesichts von Tonkassetten und Videobändern verlorenging. Zum anderen ist es die *Erzählweise einer unentschlossenen Spielleiterin* (vgl. 2.1.2), die die Spiellust der Kinder nicht entzünden kann. In zaghaftem, oft privatem Ton und unsicherer Körperhaltung bringt sie ihre Geschichte ohne Vorbereitung einer angemessenen Erzählatmosphäre – statt als *einmalige Sensation* – als Vorschlag neben anderen ein und signalisiert ihrer Gruppe damit, daß ihr die Sache nicht so wichtig zu sein scheint. Gelangweilte Zuhörer unterbrechen dann häufig ihren Erzählfluß, die Spannung sinkt, und ob es noch zum Spielen der Geschichte kommt, entscheidet eher der Zufall als ihre Anleitung. ·

Seit vielen Jahren haben wir praktisch ausprobiert, daß es in allen Kindergruppen (4–13 Jahre) keinen besseren Einstieg in das Improvisationstheater gibt als das *dramatische Geschichtenerzählen*. Die spielvorbereitenden Varianten der Verbal- und Spielerzählung sind, wie alle Spielanleitungen, erlernbares Handwerk und sollen im folgenden beschrieben werden.

2.5.1 Die Spielleiterin als Geschichtenerzählerin

Nach dem Ende des «Aufwärmprogramms» (vgl. den 4. Unter-punkt der Abschnitte 4.1 bis 4.4) *wechselt* die Spielleiterin *Ort, Licht und ihre Funktion* und deutet mit einer ernsten und gewich-tigen Haltung an, daß sie von ungeheuerlichen Ereignissen weiß, die sie nicht jedem und überall preisgeben will. Ihr *dringliches Mitteilungsbedürfnis* verlangt nach einer *atmosphärisch dichten Erzählsituation*: Die Gruppe ist auserwählt, ihr beizuwohnen! Das Licht wird abgedunkelt und auf eine Ecke des Raumes kon-zentriert, die Zuhörer gehen mit der Erzählerin auf «Tuchfüh-lung», sie hat alle im Blick.

Das Geheimnis der Geschichte und die gespannte Erwartung der Zuhörer schließen jedes Alltagsverhalten aus, ebenso jede Pri-vatheit der erzählenden Spielleiterin. Auch wenn sie zu Hause al-les sehr nüchtern vorbereitet hat und daher «allwissend» ist, ver-setzt sich die Erzählerin in die Lage ihrer Zuhörer, d. h. in einen

Spielleiter als Sohn Maus: «...und da bin ich mit Mama und Papa in den dunklen Wald zur gefährlichen Eule gelaufen!»

Zustand *naiver Begeisterung*, als erzählte sie sich selbst die Geschichte zum ersten Mal. Das gelingt ihr aufgrund eines fortwährenden *Perspektivenwechsels* (vgl. 2.1.4): als *Geheimnisträgerin* ihrer Geschichte beschränkt sie sich auf Andeutungen und dosiert alle Informationen so, daß die Spannung *allmählich* steigt und die Phantasie der Teilnehmer angeregt wird.

Als *Verbündete* ihrer Zuhörer übernimmt sie deren spontane Reaktionen, schürt deren Neugier mit entsprechenden Fragen und weist so den Weg, auf dem man sich erwartungsfroh und gefahrlos den Höhepunkten der Geschichte nähern kann. Das hört sich z. B. so an: «Vorsicht! Seid ganz still! Dreht euch nicht sofort um! Hinter euch in der Holzwand steckt ein Nagel, der leicht nach oben verbogen ist. Wenn ich daran denke, wie ihm das letzte Nacht passiert ist, wird mir jetzt noch ganz heiß! Psst! Jetzt ist er

Spielleiter nahm einen Perspektivwechsel vor und setzte die Geschichte als «allwissender Erzähler» fort: «Auf dem Baum im Wald saß schon die Eule mit so großen Flügeln und wartete auf eine Maus!» (aus der Theaterarbeit mit 4–6jährigen).

eingeschlafen, und ihr könnt euch ganz vorsichtig umdrehen. Vor lauter Erschöpfung sind ihm die Augen zugefallen. Kein Wunder, nach den Kämpfen, die er um sein Leben führte! Bis er wieder aufwacht, erzähl' ich euch, was letzte Nacht passiert ist. Eigentlich sollte ich es niemandem weitererzählen, aber wenn wir ihm helfen, gewinnt er vielleicht noch seinen Kampf!»

Eine derartige Einführung weckt bei den Zuhörern in der Regel so viel Begeisterung, daß alle möglichst lebensecht an den Abenteuern des Nagels beteiligt werden möchten. Das ist jedoch nur in Gestalt von verschiedenen Figuren möglich (Freunden und Gegnern des Nagels), mit deren Anliegen sich die Teilnehmer zuvor identifizieren müssen, ehe sie sie übernehmen. Damit dieser *emotionale Bezug* gelingt, wechselt die Spielleiterin die Erzählperspektive, sie geht von der *Verbal- zur Spielerzählung* über. Ehe wir uns dieser sehr spielmotivierenden Variante zuwenden, schauen wir uns noch genauer die Erzähltechniken an.

2.5.2 Erzähltechniken zur Spannungserzeugung

Die ungeheuerlichen Ereignisse einer Geschichte verfolgen Zuhörer um so aufmerksamer, je aktiver die Erzählerin ihnen die *Spannung vorlebt*. Ihre *Körperhaltung und Stimme sind die einer Figur*, gehören nicht mehr der privaten Spielleiterin. Die Dringlichkeit ihres Erzählanlasses signalisiert der Gruppe: «Achtung! Hier kommt etwas Aufregendes, das man unbedingt mitbekommen muß!» Die Informationen sind so wichtig, daß sie mit *körpersprachlichen Mitteln* den Zuhörern «hinübergereicht» werden.

Die *Atemführung* der Erzählerin ist ein weiteres, wichtiges Übertragungsmittel der Spannung. So wie sie ein- und ausatmet, wie sie die Luft erschreckt anhält oder dramatisch ausstößt, wie sie sie fließen läßt oder einsaugt, so atmet die Gruppe mit. (Atemtechniken vermitteln entsprechende Fachbücher).

Sprechtechnik und Stimmodulation sind das dritte Spannungselement beim Geschichtenerzählen. Je nach inhaltlicher Gewichtigkeit wird die Erzählerin variieren: bei dramatischen Entwicklungen wird sie das Sprechtempo anziehen, ist die Gefahr überstanden, wird sie entspannt verlangsamen. Nebensächliches wird sie unbetont und schnell «beiseite sprechen», Wichtiges mit entsprechenden Pausen und Akzenten hervorheben. Heimliches Flüstern, verzweifeltes Rufen, einschmeichelndes Säuseln, arrogantes Näseln u. v. a. m. lassen Situationen in der Vorstellung der Zuhörer entstehen, in die sie sich anschaulich hineinversetzen können.

Figuren der Geschichte werden bei wörtlichen Reden mit unterschiedlichen Stimmen und Sprechweisen «zum Leben erweckt». Mit Sprech- und Stimmvarianten, wie hoch–tief, langsam–schnell, laut–leise, Sprachfehler–Dialekt, stehen auch einer Anfängerin acht unterschiedliche Charakterisierungsmöglichkeiten zur Verfügung. Aufpassen muß sie allerdings, daß sie die stimmliche Festlegung der Figuren beibehält, damit keine Verwechslungen passieren.

Das Geschichtenerzählen wird seine spielvorbereitende Funktion dann am besten erfüllen, wenn die genannten Spannungselemente *variantenreich* gehandhabt werden (vgl. 2.5.4). Regelmäßiges Üben bringt hier die nötige Sicherheit.

Besonders Kinder hören *aktiv* beim Erzählen zu, d. h., sie kommentieren die Handlung und ergänzen sie mit Erlebnissen aus ihrem Alltag. Jede dieser Unterbrechungen, die selten bewußte Störungen sind, können die Erzählerin «aus der Stimmung werfen» und den Spannungsbogen zusammenfallen lassen. Daher sollte kein Einwurf überhört oder übergangen werden, allerdings wird auch keine private Diskussion darüber geführt. Der Erzählfaden darf nicht abreißen, und deshalb *greift* die Erzählerin *alle Kommentare offensiv auf* und versucht, sie in ihre Geschichte *einzubauen.* Klaus' neue Brille kann der von Frau Piepke sehr ähnlich sehen, Elviras Kaugummi schmeckt auch dem Maulwurf aus der Geschichte, und der traurige Affe bekommt die Rolle rückwärts mindestens so gut hin wie Kai. Läßt sich ein Beitrag nicht in der Geschichte unterbringen, wird er überboten: «Der Pirat soll so eine Pfeife wie dein Opa rauchen? Viel schlimmer: der stopft sie mit Fußnägeln statt mit Tabak!» Pausenloses Kommentieren muß aus *inhaltlichen* Gründen unterbleiben, es könnte «den Nagel zu früh aufwecken und alles verderben!»

Zunehmende Unruhe unter den Zuhörern ist meist ein Zeichen für spannungsloses Erzählen oder nachlassende Konzentration. Ehe die Atmosphäre verlorengeht und die Teilnehmer das Interesse am Spielen verlieren, steuert die Erzählerin den nächsten Höhe- oder Ruhepunkt an und rundet damit die Geschichte für dieses Treffen ab.

Da bei jedem Theatertreffen erzählt und gespielt werden soll, teilt die Spielleiterin, je nach Alter, ihre Geschichte in 2 – 4 Abschnitte ein, von denen jeder an einer «Station» oder einem Höhepunkt endet, der spannende Aussicht für die folgende Etappe der «Reise» beim nächsten Theatertreffen verspricht. Wichtig ist das *Prinzip: immer behält die Erzählerin die Initiative und bestimmt den Verlauf.*

Und wenn die Spielleiterin dennoch einmal den «Faden verliert» und nicht mehr weiter weiß? Auch ohne Kleists Aufsatz («Über die allmähliche Verfertigung des Gedankens beim Reden») zu kennen, braucht eine Anfängerin nicht abzubrechen und damit den Spieleinstieg zu gefährden. Sie reagiert weder panisch noch wird sie privat, sondern behandelt ihren «Filmriß» *offensiv*. Mit *retardierenden Elementen* wird ohne Spannungsverlust Zeit gewonnen, um neue Gedanken zu fassen. So kann ein *Resümee* gezogen werden, was bisher passiert ist, wie weit man vom Ziel entfernt ist und wie es um die Motivation der Figuren bestellt ist. Reichen die Vorräte bis zum Finale? Ist jemand verletzt? Haben sich alle ausreichend bewaffnet angesichts konkreter Gefahren? Hält ein Berg (Fluß, Gewitter o. ä.) die Reisegruppe auf? Geht ein Tag zu Ende? Müssen alle zunächst essen und schlafen? Mit diesen *logischen Unterbrechungen* läßt sich jede Geschichte glaubwürdig aufhalten, ohne daß jemand den «Filmriß» der Spielleiterin gemerkt hätte!

Helfen auch diese Mittel nicht, wendet die Spielleiterin sich *wissend und geheimnisvoll* an ihre Zuhörer: «Was meint ihr, wie der Fuchs die Jagdhunde von seinem Bau weggelockt hat?» Die Zuhörer überbieten sich gegenseitig mit Lösungsvorschlägen, von denen die Spielleiterin jenen auswählt, der am besten in ihr Konzept paßt. Auch wenn sie hierbei vorübergehend die Initiative an die Gruppe abgibt, stört das keineswegs die Atmosphäre und den Spannungbogen, weil alle laut im Rahmen der bestehenden Geschichte nachdenken.

2.5.3 Von der Verbal- zur Spielerzählung

Reicht die verbale Schilderung der Geschichte nicht aus, den Zuhörern ein *anschauliches Bild* von den Ereignissen zu vermitteln, geht die Spielleiterin zur Spielerzählung über. Sie schlüpft dazu in die Haut einer *Haupt- oder Nebenfigur* und spielt deren Anliegen in *gefühlsstarker Betroffenheit* vor. Sie kann so eher auf emotionale Anteilnahme der Kinder rechnen, weil der *Bezug* zum Inhalt der Geschichte *unmittelbarer* wird. Man spürt, daß es der vorspielenden Figur um Existentielles geht und will sie in ihrem Anliegen unterstützen. Die Hilfsbereitschaft geschieht natürlich nicht uneigennützig, denn gleichzeitig lockt der Reiz, in der Haut eines anderen Ich spannende Abenteuer zu erleben.

Mit ihrem *Vor- und Anspiel* betritt die Spielleiterin *allein* die Spielebene. Damit gibt sie den Kindern eine konkretere Vorstellung von den (anschließend von ihnen zu spielenden) Figuren, baut Spielhemmungen ab und verhindert ein Abgleiten ins Alltägliche, Private. Dem Bann, der von einer von der gefühlsstarken Figur geschaffenen Spielatmosphäre ausgeht, die deshalb zentrale Bedeutung für den Spannungsbogen der gesamten Geschichte bekommt, kann sich kein Kind entziehen. Die *Spielanleitung über eine Figur* wird wegen dieser spannungserhaltenden Funktion zum *bevorzugten Mittel* der Spielleiterin bei der folgenden Animation für den Spieleinstieg (vgl. 2.6) und den späteren Spielkorrekturen (vgl. 2.9), die beide ohne Bruch der Atmosphäre schneller zum Ziel führen.

Es bedarf keiner besonderen Darstellungsfähigkeit, in der zuvor erwähnten Nagel-Geschichte übergangslos die Erzählperspektive zu wechseln und als Nagel inmitten der Kinder aufzuwachen: «Ooaach, tut mir der Rücken weh! Ich krieg ihn gar nicht mehr gerade! (Nagel entdeckt die Kinder.) Wer seid ihr? Schickt euch etwa diese gemeine Zange? Kommt mir nicht zu nahe! (Krampft sich in einer imaginären Holzwand fest.) Mein schönes Waldbild habt ihr mir schon abgenommen, aber mich kriegt ihr nicht! Ich will nicht auf den Schrottplatz, ich will hierbleiben und mein Bild wiederhaben! (Die Kinder reagieren nicht.) Was glotzt ihr mich so an? Glaubt ihr, es macht mir Spaß, immer Angst vor der scharfen Zange haben zu müssen? Wo ist die überhaupt? Nicht da? Gott sei Dank! Wenn ihr mir verratet, wann sie kommt, erzähl ich euch von den Tieren auf dem Waldbild! Vielleicht habt ihr ja eine Idee, wie ich es wiederbekommen kann.»

Anfängerinnen, die Hemmungen haben, sich mit Kindern (oder Jugendlichen) auf eine gemeinsame Spielebene zu begeben, müssen deswegen nicht zum traditionellen Regietheater zurückkehren. Dessen Methoden der Spielanleitung sind für das Improvisationstheater mit Kindern und Jugendlichen, das seine Impulse aus dem assoziativen Entwickeln eines Spielprozesses empfängt, zu distanziert. Spielleiterinnen, die sich die Einführung der Spielgeschichte aus der Figur noch nicht zutrauen, empfehlen wir die *technisch-funktionale Szeneneinrichtung*, die unter 2.6.3 noch ausführlich beschrieben werden soll.

2.5.4 Spielvorbereitung aus wechselnden Perspektiven

Welche der beschriebenen Einführungsvarianten eine Spielleiterin wählt, hängt von ihren eigenen Vorlieben und Fähigkeiten, von den alterstypischen Phantasiebedürfnissen ihrer Gruppe und schließlich vom Inhalt der Geschichte ab.

Mal beschreibt sie als *allwissende Erzählerin* in schauriger Stimmung die Fahrt eines ahnungslosen Forschers zum Schloß eines berüchtigten Grafen, ein anderes Mal hebt sie als *Hauptfigur* eine Fallgrube für eine zu erwartende Kutsche aus, ein drittes Mal nimmt sie als Sargtischler, in der Rolle einer *Nebenfigur*, nach dem Duell zweier Helden Maß an deren Leichen. Für den Spieleinstieg spielt es keine Rolle, ob die Geschichte *vom Anfang, kurz vor dem Höhepunkt oder vom Ende her erzählt* wird: gefesselt werden die Teilnehmer durch ihre unmittelbare Teilnahme eines sie interessierenden Themas und durch dessen anschauliche Einführung.

Auch die spannendste Erzählung läßt in ihrer Spannung nach, wenn sie sich auf *ein* Mittel beschränkt. Das Geheimnis erfolgreicher Spielvorbereitung liegt daher im *wiederholten Wechsel* der beschriebenen *Erzählperspektiven*.

Wie lange kann man erzählen, wann muß gespielt werden? Das hängt zum einen von der *Länge der Geschichte* ab, die ja so viele Figuren aufweisen muß, wie Mitglieder in der Gruppe sind. Da alle bei jedem Treffen Theaterspielen wollen, kann nicht die gesamte Geschichte erzählt und gespielt, sie muß unterteilt werden. Jeden ihrer Abschnitte baut die Spielleiterin als in sich *geschlossene, dramaturgisch stimmige, mit einem Höhepunkt versehene Etappe einer Reise* auf, die erst erzählt, dann mit einer Perspektive ausgestattet und schließlich gespielt wird.

Die Länge des Erzählteils bestimmt sich auch von dessen Zweck, *spielanimierend* zu wirken. Eine bereits beim Erzählen mit allen reizvollen Details ausgeschmückte Spielgeschichte verliert ihren Spielreiz, weil die Spannungshöhepunkte vorweggenommen und damit alle Geheimnisse verraten wurden. Ihre Aktionsbedürfnisse wollen Kinder und Jugendliche ungern an bereits Bekanntem befriedigen. Das Geschichtenerzählen beschränkt sich also auf *Andeutungen*, deren Ausführung im Spiel erfahren wird.

Die Erzähl- und Spieldauer wird natürlich auch von der *Konzentrationsfähigkeit der Teilnehmer* begrenzt, die in den einzelnen Altersstufen unterschiedlich ausgebildet ist. Nach unseren Erfahrungen kann man 4–6jährigen die Geschichte ca. 20 Minuten erzählen und anschließend 20 Minuten mit ihnen Theater spielen, nachdem die Kinder zu Beginn mit einem ca. 15minütigem Aufwärmprogramm auf das Spielen vorbereitet wurden (vgl. 4.1.4). Dieser Altersgruppe wird die Geschichte in zwei Teilen vorgestellt.

6–9jährige werden ca. 20 Minuten aufgewärmt, können danach ca. 20 Minuten gebannt zuhören und ca. 40 Minuten konzentriert spielen. Ihre Geschichte läßt sich problemlos auf drei Treffen verteilen (vgl. 4.2.4).

10–13jährige machen ein ca. 20minütiges «Darstellungstraining», ehe sie 20 Minuten der Spielgeschichte lauschen, um dann ca. 50 Minuten (mitunter auch länger) die Abenteuer in verschiedenen Figuren zu erleben (vgl. 4.3.4).

Da 14–17jährige Jugendliche meist mit anderen Mitteln zum Theaterspielen gebracht werden (vgl. 4.4.4), ist es schwierig, für die einzelnen Abschnitte ihres Treffens feste Zeiten anzugeben.

Konnte die Spielleiterin mit ihrem Erzählen ihre Teilnehmer für das Spielen der Geschichte begeistern, drängen besonders Kinder mit Macht auf die Bühne. Gibt sie diesem Wunsch zu früh nach, d. h. beginnen die Figuren ihr Spiel ohne ausreichende *Biografie*, riskiert sie Störungen und schließlich Spannungsabfall im Spielverlauf, weil die Darsteller sich privat hilfesuchend an sie wenden, fehlen ihnen doch wichtige Anhaltspunkte für die Erfüllung ihrer Spielaufgaben.

Aus Kapitel 2.4 wissen wir, daß zur Spielausstattung einer Figur deren *Absicht, Stimmung, Tätigkeit und der Bezug zu den Erfahrungen des Spielers* gehören. Fehlt eins dieser Elemente, kann der Spieler seine Figur nicht *eigenkreativ* weiterentwickeln und bleibt zu lange auf die Informationen der Anleiterin angewiesen.

Für den erfolgreichen Spieleinstieg (vgl. 2.6) ist es daher unabdingbar, aus *Figurenanforderungen und Eigenheiten der Darsteller angemessene Spielaufgaben zu formulieren, die dem Spieler Perspektiven zum selbständigen Agieren in der Szene geben.*

Rahmenhandlung und Figurenbett sind die *unverzichtbare Spielgrundlage* für das Improvisationstheater, die von der Spielleiterin *beim Erzählen gelegt*, mit der *Animation für den Spieleinstieg fortgeführt* und mit ihrer *korrigierenden Spielbegleitung* (vgl. 2.9 und 2.11) *vollendet* wird.

2.6 Animation der Teilnehmer für den Spieleinstieg

Wer mit einem ernüchternden «Na, wie hat euch die Geschichte gefallen?» die Erzählatmosphäre abschließt oder mit einem «Wer möchte denn welche Figur spielen?» den Alltag vor die Bühne holt, verbaut sich eine wichtige Gelegenheit, das Theaterspielen in phantasieanregender Atmosphäre zu beginnen.

Spielgeschichten werden im Improvisationstheater nicht zum Selbstzweck atmosphärisch eingeführt, sondern sollen stimmungsvoll das Theaterspielen vorbereiten. Damit die Einführung diese Funktion erfüllen kann, muß der *Übergang zum Spielen animierend* gestaltet werden, was nicht per Zufall passiert, sondern *gelenkt* werden muß. Kein leichtes Unterfangen bei Teilnehmern, die entweder am liebsten die Bühne stürmen oder vor lauter Hemmungen gar nicht spielen wollen, die über den Handlungsverlauf streiten oder sich bei der Figurenbesetzung nicht einigen können. Was ist zu tun?

Die Spielleiterin darf die beim Erzählen übernommene Initiative nicht aus der Hand geben, sondern muß *Erzählen und Spielen als Einheit* behandeln. Das schafft sie, wenn sie die Gruppenmitglieder nicht aus der Anspannung des Zuhörens entläßt, sondern die von ihr zuvor geschaffene *Erzählatmosphäre zu erhalten und als Phantasiereiz in die Szene zu bringen* versucht.

Vier unterschiedliche Methoden der Spielanimation stehen ihr zur Verfügung, die sie wiederum, je nach Spielvorerfahrung ihrer Gruppe und Inhalt der Geschichte, variabel anwendet.

2.6.1 Das Handlungs- und Figurenbett erzählend vorbereiten

Unmittelbar nach dem Ende ihres Geschichtenerzählens, noch bevor die Zuhörer sich mit ihren Kommentaren aus der Atmosphäre lösen können, betritt die Erzählerin als erste die Bühne und erklärt *im selben Erzählton* die Funktion der bereitgestellten Möbel und Requisiten: «Der Boß aller Bosse wollte immer nur an einem bestimmten Tisch pokern. Der stand im Hinterzimmer vom ‹Grünen Kakadu›, direkt unter dem Fenster zum Hof, also hier!» Auf dieselbe Weise stellt sie alle für die Ausgangssituation benötigten Figuren, die sie willkürlich unter den Zuhörern auswählt, wie Schachbrettfiguren ebenfalls in die Szene, erinnert sie an ihre Biografien und Spielanlässe, klärt Beziehungen, Abhängigkeiten, Interessensgegensätze und Konflikte, gibt allen eine passende, nichtablenkende Tätigkeit und legt die Reihenfolge der Aktionen fest.

Hat sie auf diese Weise alle Figuren in ihre Startpositionen gebracht, gibt die Erzählerin eine *erneute*, stimmungsvolle Einführung in die Spielgeschichte, jetzt nur sehr viel *detaillierter* als beim ersten Erzählen: «Wie an jedem Samstagabend, pünktlich um 22 Uhr, nachdem die letzten Gäste hinausgebeten worden waren, richtete Angelina, die Kneipenwirtin vom ‹Grünen Kakadu›, sehr gründlich das Pokerzimmer her, denn der besondere Gast, den sie erwartete, duldete keine Nachlässigkeit.»

Diese verbale Einführung hat der wartenden Wirtin-Darstellerin so viel Sicherheit gegeben und Mut gemacht, daß sie zu spielen beginnt. Damit sie in ihrer Figur bleibt, wird sie in ihren ersten Handlungen von der Spielleiterin *kommentierend begleitet* (vgl. 2.9.1).

Bei diesem Spieleinstieg dominiert die *Erzählung* der Spielleiterin, von der sich die Darsteller anfangs stark leiten lassen, allmählich aber immer mehr emanzipieren, bis sie zu selbständigen Spielhandlungen in der Lage sind. Die anderen Spieler warten unterdessen, bis auch sie von der Kommentatorin eingeführt und als Figuren ins Spiel gebracht werden.

Unerfahrene Teilnehmer haben Schwierigkeiten, sich von den fernmündlichen Kommentaren der Spielleiterin in ihren Aktionen leiten zu lassen. In diesen Fällen übernimmt die Spielleiterin eine Figur aus der Geschichte, mit der sie die Teilnehmer mit einem Vor- oder Anspiel in die Figuren lockt.

2.6.2 Spielanimation über das Vor- und Anspiel der Spielleiterin

Nach dem Erzählteil schlüpft die Spielleiterin in die Figur der Kneipenwirtin Angelina und richtet, im Gespräch mit einem imaginären Gast, das Pokerzimmer vom «Grünen Kakadu» her: «Los, los, 'n bißchen dalli, es ist gleich 22 Uhr! Du kriegst keinen Wein mehr! Ich will auch mal Feierabend haben.» – (Sie komplimentiert den unsichtbaren Gast hinaus.) – «So, nun aber schnell. Wenn der Boß erscheint, und es ist nicht alles vorbereitet... mir tun jetzt noch die Ohren vom letzten Mal weh!» (Sie zeigt die Spuren der letzten Bestrafung.)

Mit *Selbstgesprächen und Tätigkeiten* biografisiert die Spielleiterin ihre eigene Figur, legt die Spielfläche (Türen, Fenster usw.) fest, gibt der Ausstattung eine Funktion und informiert nebenbei über Eigenschaften und Absichten der zu erwartenden Personen.

Diese vorbereitende Szeneneinrichtung beendet sie mit einem konkreten Mitspielangebot an die noch zuschauenden Teilnehmer: «So, 5 vor 10, der Boß wird mit mir zufrieden sein. Hoffentlich bringt er nicht wieder seinen brutalen Einohrigen mit! Oh, der Lieblingswhiskey vom Boß ist leer. Was mach ich nur? Wenn der das merkt!» – (Hält sich jammernd die Ohren fest). – «Ich fülle einfach einen anderen in die Flasche. Da! War das nicht das verabredete Klopfzeichen?» Sie öffnet eine imaginäre Tür direkt am Bühnenrand. Stehen zwei Darsteller als Boß und sein Assistent da, führt sie sie als *dienende* Wirtin ins Pokerzimmer und arrangiert aus dieser Funktion das weitere Spiel. Reagieren ihre Mitspieler noch nicht als Figuren, akzeptiert und interpretiert sie ihr Schweigen und fügt es nutzbringend ins Spiel ein: «Du sagst gar nichts zu meiner Vorbereitung, Boß. Gefällt dir was nicht? Ich hab alles so

Beispiel für die *an*spielende Spielleiterin (aus der Theaterarbeit mit 9–11jährigen). Die verletzte Spinne soll sich von den beiden Wurzelmännchen helfen lassen. Spielleiterin: «Hej, Spinne, die beiden da haben Salben in ihren Taschen, die dir helfen können!»

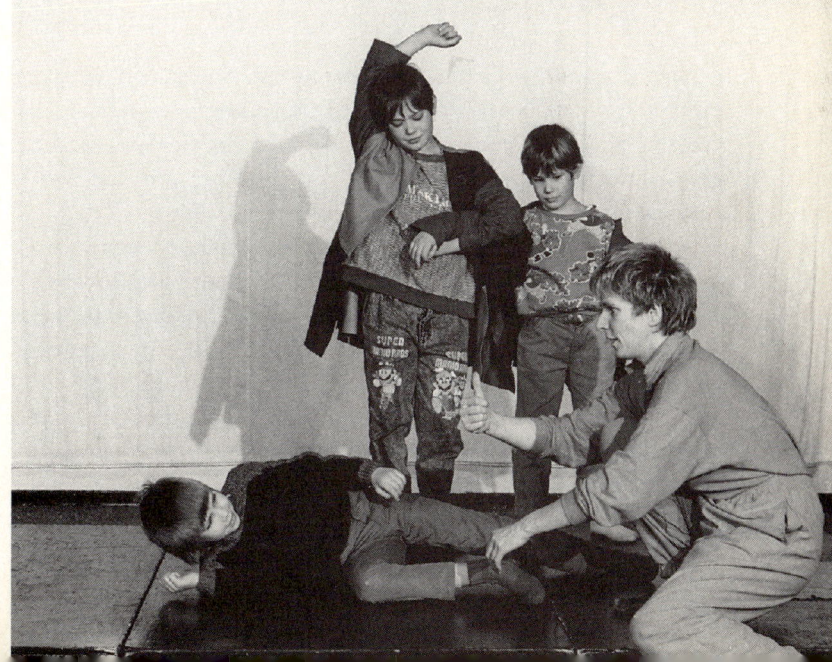

Beispiel für die *vorspielende* Spielleiterin (aus der Theaterarbeit mit 7–9jährigen). Die Spielleiterin heizt die Spielsituation an, indem sie dem Stern 007 den Fluchtweg aus der Hexenhöhle beschreibt.

gemacht, wie Boris es mir aufgetragen hat. Sogar dein Whiskey steht bereit. Soll ich jetzt deine Pokerfreunde hereinrufen, oder erst später?» Spätestens jetzt werden die Spieler sich an der Szene als Figuren beteiligen. Versucht das jemand mit privaten Äußerungen, reagiert die Spielleiterin *konsequent als Figur*.

Falls die Teilnehmer nicht vor der Tür zur Kneipe stehen, weil sie sich von dem Mitspielangebot ihrer Anleiterin noch nicht animiert fühlen (was in Jugendgruppen vorkommt), beendet sie nicht enttäuscht ihr Vorspiel, sondern hat sich z. B. verhört, schließt erleichtert die Tür und trinkt ein Glas Wein, froh, daß die Pokerrunde in ihrer Kneipe nicht zustande kam. So leicht wollen es die Teilnehmer der Spielleiterin dann doch nicht machen und kommen nun mit Verspätung als die erwarteten Gäste. Kommt auch

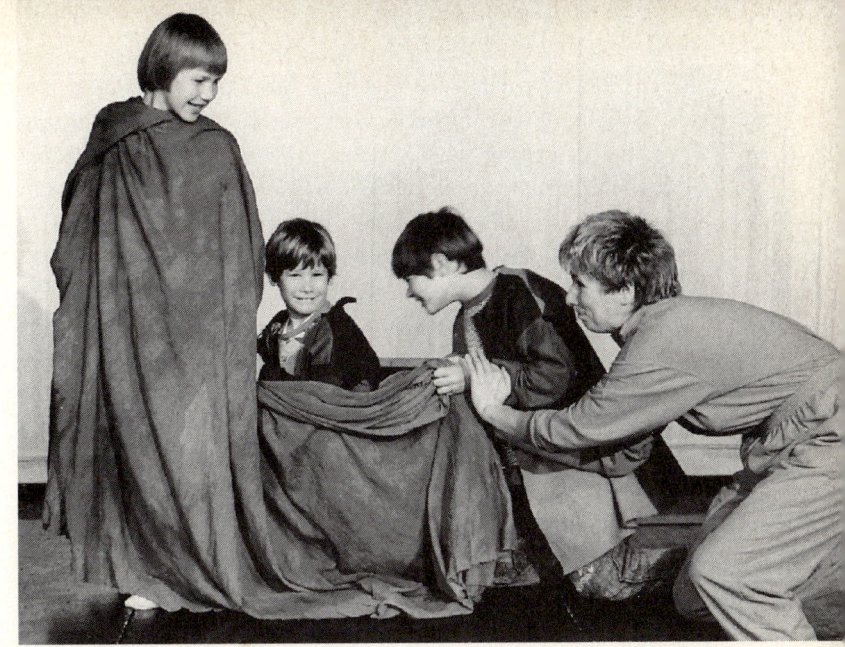

Beispiel für die *mit*spielende Spielleiterin (aus der Theaterarbeit mit 7–9jährigen). Die Wurzelmännchen schieben das Raupentaxi so unglaubwürdig, daß die Spielleiterin in überzeugender Haltung mitspielt.

dann niemand, wird sie als *Erzählerin* über den Verlauf der Pokerrunde *von unten* spannend berichten und anschließend versuchen, über den *technisch-funktionalen Spieleinstieg* die Teilnehmer in die Figuren zu locken.

2.6.3 Die technisch-funktionale Spieleröffnung

Diese Form der Spieleröffnung wählt eine Spielleiterin z. B. in besonders aktiven Kindergruppen, die den Aktionshöhepunkt einer Szene nicht abwarten mögen und deshalb *vorher* ausprobieren wollen (vgl. 4.3.5).

«Hans Beutelschneiders» Flucht vom Galgen faszinierte die Kinder so sehr, daß sie die Szene vor dem eigentlichen Spielbeginn und vor der Besetzung der Figuren in ihrer *technischen Machbarkeit* kennenlernen wollten, um sie später im «echten» Spiel besonders eindrucksvoll zu gestalten.

Auch Jugendliche, die sich anfangs oft nur schwer in die Figuren locken lassen (vgl. 4.4.2), mögen den technisch-funktionalen Spieleinstieg. Statt die Teilnehmer mit einem atmosphärischen Erzähleinstieg oder einem Anspiel in Verlegenheit zu bringen, richtet die Spielleiterin in *lautem Selbstgespräch allein* eine reizvolle Spielszene ein. Zwischendurch holt sie immer wieder den Rat der zuschauenden Gruppenmitglieder ein, welche Variante besonders gut wirke, und setzt deren Anregungen sofort spielpraktisch um: «Wie kann das Attentat durch das Kneipenfenster erfolgen, wenn der Boß pokernd darunter sitzt?» Die Szenenausstattung erfolgt nach wirkungsvollen und ästhetischen Gesichtspunkten, bei der die Spielleiterin die Jugendlichen zu *Fachleuten* erklärt, denen sie sich als *ausführendes Organ* zur Verfügung stellt. Auch Anregungen für die darstellerische Gestaltung der Figuren setzt sie *probehandelnd* um und läßt sich sogar textlich festlegen.

Die Teilnehmer bekommen von ihr *vorgeführt*, welche Spielanforderungen zu jeder Figur gehören, und daß man sich mit einer *nüchtern-distanzierten* («kalten») *Spielweise* keine private Blöße gibt.

Der Vorteil dieser Spieleröffnung liegt in der *gemeinsamen Einrichtung eines Szenariums*, bei der die sonst übliche atmosphärische Einstimmung der Spielleiterin durch eine *technische Klärung des Ablaufs mit allen Aktionshöhepunkten* ersetzt wird. Es dauert gewöhnlich nicht lange, bis die ersten Jugendlichen ihrer Anleiterin bei der praktischen Szeneneinrichtung zur Hand gehen.

2.6.4 Spieleröffnung über eine Aktionsszene

Fortgeschrittene Darsteller, die mit einem «normalen» Spieleinstieg kaum noch zu begeistern sind, überfällt die Spielleiterin mit einem *Überraschungscoup* (vgl. 4.3.5): Sie begrüßt die Teilnehmer ihrer Theatergruppe zu Beginn nicht privat an der Tür, beginnt auch nicht mit dem sonst üblichen Rahmenprogramm, sondern hält den verdutzten Gruppenmitgliedern z. B. *in der Figur einer Bettlerin* eine Pistole entgegen: «Keine Bewegung, sonst knallt's! Auf den Boden mit euch, Hände auf den Rücken, Gesicht nach unten, ein bißchen schnell und ohne Tricks!» Dann tastet sie alle nach Waffen ab und wendet sich schließlich an eine von ihr vorher ausgewählte, aber ebenfalls uninformierte «Bettlerkönigin»: «Die Bande ist vollzählig und ohne Waffen versammelt, Chefin! Können sie jetzt aufstehen, oder soll ich erst das Kassenbuch holen und das Bettelgeld einsammeln?» Die Chefin wird Anweisungen geben.

In der Regel lassen sich die Spieler gern von ihrer Anleiterin *in die Figur werfen*. Alle nötigen Informationen über ihre Spielaufgaben und den weiteren Handlungsverlauf erhalten sie von der Bettler-Assistentin, der «rechten Hand» ihrer (bald selbst befehlenden) Chefin: «Eure Chefin ist unzufrieden mit euren Abgaben. Sie hat euch heute hierher bestellt, um endgültig mit der Schlamperei aufzuräumen!»

Jeder Spieler erhält für seine Figur einen Spielauftrag von der «Assistentin». Reagiert er darauf als Privatperson, weist ihn die Spielleiterin als Figur zurecht: «Die Chefin mag dein Grinsen nicht! Oder möchtest du gern die Maske aufsetzen?» Je konsequenter die Spielleiterin ihre eigene Figur hält, desto eher werden sich die Darsteller auf die Spielhandlung einlassen, die natürlich für jeden reizvolle (vorbereitete) Aufgaben enthält. Nach dem Erreichen eines ersten Höhepunktes beendet die Spielleiterin die Szene mit einem logischen Grund und diskutiert mit der Gruppe Verbesserungsmöglichkeiten der Spielgeschichte.

Die *Schwierigkeit* dieser Spieleröffnung liegt in der Entwicklung einer Spielhandlung aus einer Figur, die spontane Äußerungen oder überraschende Reaktionen der Darsteller schnell und ohne Spannungsabfall in eine logische Szenenfolge umsetzen muß. Ihr *Vorteil* zeigt sich im Reiz, den das Mitspielangebot der Anleiterin auf die Teilnehmer ausübt und dem kaum jemand zu widerstehen vermag.

2.6.5 Schritte in die darstellerische Selbständigkeit

Auch wenn sich die Teilnehmer mit einer der vier zuvor beschriebenen Animationsformen von ihrer Anleiterin in die Figuren haben locken lassen und einen Spielauftrag sehen, verläßt einige Spieler angesichts dieser Anforderungen der Mut, ihre Spielaufgaben *selbständig* zu erfüllen. Die einen veralbern privat ihre Figuren, andere schweigen eingeschüchtert, Dritte verzichten auf jede Animation und durchjagen eigene Aktionsszenen, so daß die Spielleiterin den Weg zur theatralen Selbständigkeit *begleiten* muß. (Die parallel im Aufwärmprogramm geübten Improvisationstechniken, vgl. 2.7, führen erst allmählich zu eigenkreativem Theaterspielen.) Je nachdem, welche Unterstützung ein Spieler gerade braucht, tut sie das aus *unterschiedlichen Funktionen*, vgl. 2.9, mal aus der Zuschauerperspektive, mal auf der Bühne, aber stets in einer *Figur*, um die Darsteller in ihren Figuren und die Spielhandlung in Fluß zu halten.

Bei diesem ersten theatralen Ausprobieren unterhält die Spielleiterin zur Figur jedes Spielers einen *individuellen Kontakt*. Welche Äußerung er auch von sich gibt, die Spielleiterin greift sie auf, verstärkt oder deutet sie so, daß sie gewichtig wird und fügt sie spannungssteigernd in das Gesamtspiel ein. Zeigt sich ein Darsteller überfordert, paßt sie die Figurenanforderungen seinen Möglichkeiten an. Schon früh geht sie bei ihrer Spielbegleitung von einem vorzeigbaren Gesamtprodukt aus, d. h. bezieht ein imaginäres Publikum mit ein, kittet logische Brüche, überbrückt Verständnislücken und interpretiert Spielfehler um (korrigieren wird sie sie erst bei größerer Spielsicherheit der Darsteller, vgl. 2.9).

Bisher gingen wir von Darstellern aus, die zum Theaterspielen erst animiert werden müssen. Wie reagiert eine Anleiterin aber auf Teilnehmer, die ihre Einführung nicht abwarten, nicht zuhören, sondern hyperaktiv die Bühne stürmen möchten? Sie läßt sie, schafft in der Spielszene aber sofort *Ordnung*, indem sie ihnen Nebenfiguren an festgelegten Orten zuteilt, mit einer nichtablenkenden Tätigkeit ausstattet und einen Beobachtungsauftrag gibt, den sie nur erfüllen können, wenn sie von der Einführung der Anleiterin alles mitbekommen. Die Spielgeschichte wird hier um die wartenden Figuren herumerzählt. Haben sie Spezialaufträge erhalten, lassen sich meist auch die Wildesten auf das von der Anleiterin gelenkte Spiel ein.

Ob aktiv oder gehemmt, alle Darsteller können bei ihren ersten Spielversuchen «abstürzen», so daß die Spielleiterin mit ihrer *kommentierenden Spielbegleitung aus einer Figur* unter allen «ein Netz» ausbreitet. Sobald den Darstellern Spielsituation und Figurenbiografien vertraut sind, beginnen die ersten (mit ansteckender Wirkung!), ihre Figurenaufträge und damit die Spielhandlung selbständig zu erweitern.

Die Entwicklung zu größerer *Spielsicherheit* verläuft nicht bei allen Spielern im gleichen Tempo, so daß die Anleiterin nach Möglichkeiten sucht, das *Spielniveau* einander *anzugleichen*. Dazu bieten sich Improvisationsübungen an, die wir im folgenden Kapitel beschreiben wollen.

2.7 Situations- und biografiegebundenes Improvisieren

Die Spielgeschichte mit ihren Höhepunkten liegt als Vorlage bereit, die Darsteller sind mit ihren Figuren von der Spielleiterin auf die Bühne gebracht und mit Spielaufträgen versehen worden, da treten beim ersten Zusammenspiel Schwierigkeiten auf. Die kommen nicht unerwartet, denn von den Spielern wird scheinbar Widersprüchliches verlangt:

Ausgestattet mit Figuren, deren Anliegen aufgrund einer feststehenden Biografie innerhalb einer vorgegebenen Spielgeschichte durchzusetzen sind, sollen die Teilnehmer *gleichzeitig* diese Aufgabe ohne festen Text mit den Spielpartnern als logisches, spannendes Zusammenspiel *spontan, flexibel und eigenschöpferisch* erfüllen!

Zwar hat die Spielleiterin bei ihrer Planung des Handlungsverlaufs die Figuren so miteinander in Beziehung gesetzt («unterstützend oder behindernd», vgl. 2.3 und 2.4), daß deren Wege sich kreuzen und «fruchtbare Reibung» entsteht, aber dennoch haben nahezu alle Darsteller Schwierigkeiten beim Improvisieren, die sich in bestimmten Darstellungsfehlern äußern.

Es passiert nämlich keineswegs zwangsläufig, daß die Spielvorgaben der Spielleiterin und die Spielziele der Teilnehmer sich decken und zur angemessenen Darstellung führen. Das *Zusammenspiel* unterschiedlich biografisierter Figuren in einem vorgegebenen Geschichtenrahmen muß mit Hilfe von *Improvisationstechniken* erst erlernt werden. Der Prozeß, in dem dies auf den Proben geschieht – wobei *Spielleiterin und Darsteller sich wechselseitig beeinflussen* –, machten den ganzen Witz, die Spannung und somit den *Höhepunkt des Improvisationstheaters* aus!

Wie lernt eine Spielleiterin mit ihren Teilnehmern das Improvisieren?

Zusammenspiel ohne Absprache kann nur gelingen, wenn alle

Spieler «auf derselben Frequenz senden» und gemeinsame *Regeln* einhalten. Denn was nützen die schönsten Ideen eines Darstellers, wenn kein Mitspieler sie versteht und darauf eingeht? Die wichtigste Voraussetzung beim Improvisieren ist also *das partnergerichtete* und nicht das «monologische» *Spielen.*

Wie man eine Theatergruppe darauf vorbereitet (und möglich ist das bereits mit 9jährigen), zeigen wir am Ende dieses Abschnitts an speziellen *Übungen,* denen wir *zehn Regeln für die angemessene Spielhaltung beim Improvisieren* voranstellen wollen.

2.7.1 Darstellungsregeln für das Improvisationstheater

Anregungen für diese Regeln erhielten wir, neben unserer Praxis, ganz wesentlich aus drei Büchern, die wir dem Leser zur eigenschöpferischen Anwendung weiterempfehlen möchten:
Spolin, V.: Improvisationstechniken für Pädagogik, Therapie und Theater. Paderborn 1983. Johnstone, K.: Improvisation und Theater. Berlin 1993. Ebert, G. / Penka, R.: Handbuch der Schauspieler-Ausbildung. Berlin 1985.

1. Regel: Akzeptiere, daß deine Mitspieler Figuren mit anderen Anliegen haben, die sie mit deiner Hilfe besser erreichen können. Spiele, indem du andere ins Spiel bringst.
Beispiel: Der geizige Opa wird von seinem Enkel darüber ins Spiel gebracht, daß er ihn um etwas bittet, auf das der Opa geizig reagieren kann.

2. Regel: Versuche nie, deine Mitspieler zur Änderung ihrer Figur zu zwingen, nur um dein Konzept durchzusetzen. Alleingänge führen in die Sackgasse.
Beispiel: Rotkäppchen zum Wolf: «Du kannst mich gar nicht beißen, denn dir sind vorhin deine Reißzähne ausgefallen!»

3. Regel: Auch wenn es überraschend kommt, reagiere flexibel auf ein Spielangebot deines Partners, sonst kommt kein Spiel zustande. Sucht gemeinsam einen neuen, reizvollen Weg, der beiden zur Erfüllung ihrer Figur verhilft.

Beispiel: Eine Katze erwartet eine Maus zu ihrem letzten Besuch. Maus: «Entschuldige, wenn ich nicht allein komme, aber mein Freund, der Hund, wollte unbedingt mitkommen.»

4. Regel: Spiele deine Ideen überzeugend, aber halte nicht krampfhaft daran fest, wenn die Entwicklung anders verläuft. Recht behalten wollen, verdirbt den anderen das Spiel.

Beispiel: Ein Räuber überfällt eine Bank und bedroht den Kassierer: «Geld her!» Kassierer: «Vorhin hat einer alles abgeholt!» Räuber: «Ich will trotzdem das Geld haben!»

5. Regel: Suche Spielanlässe für deine Figur in den Angeboten deiner Mitspieler, schärfe deine Sinne für deren Signale, und zeige an deinen Reaktionen, daß du sie verstanden hast.

Beispiel: Eine Putzfrau bewirbt sich bei einer Gräfin, die sich plötzlich am Rücken kratzt. Putzfrau: «Ich bin auch gut im Massieren!»

6. Regel: Beschränke dich mit deinem Spielangebot zunächst auf ein deutliches Zeichen und warte, ehe du weiterspielst, die Reaktion deines Mitspielers ab. Übe solange Tätigkeiten aus, die zu deiner Figur passen. Bevor du deinen nächsten Satz sprichst, überlege, ob du denselben Inhalt nicht auch körpersprachlich vermitteln kannst.

Beispiel: Hänsel wischt intensiv seinen leeren Eßnapf aus, um zu zeigen, daß er Hunger hat.

7. Regel: Vermeide nicht Konflikte, sondern suche sie! Halte Auseinandersetzungen so lange «auf Messers Schneide», bis dein Mitspieler und du alle Stärken und Schwächen gezeigt haben.

Beispiel: Im Bus sitzt ein Mädchen neben ihrem neuen Freund. Ihr alter, eifersüchtiger Freund kommt dazu (scheinheilig): «Gut, daß ich dich treffe. Mir ist gerade etwas ins Auge geflogen, kannst du mal nachsehen?» Mädchen: «Na klar, nimm Platz!»

8. Regel: Behalte bei allem, was du tust, die gesamte Szene im Auge. Übernimm den «Focus» oder gib ihn ab, denn Spiellöcher oder Doppelhandlungen stören den Zuschauer. Alle Darsteller sind für den Spielfluß verantwortlich! Mache keine Einzelaktion, sondern ein Mitspielangebot.

Beispiel: In den «Bremer Stadtmusikanten» weiß der Hund-Darsteller plötzlich nicht weiter. Die Katze bemerkt es und sagt zum Hahn: «Komm, wir teilen uns das Fressen vom Hund!»

9. Regel: Beschränke dich beim Spielen auf das Wesentliche, manchmal genügen auch Andeutungen. Der Spannungsbogen verträgt keine langen Abschweifungen. Führe Entscheidungen herbei.

Beispiel: Eine Postkutsche nähert sich dem Wald. Hans Beutelschneiders Männer bauen eine Falle aus Baumstämmen. Die Darsteller vergessen den Zeitdruck, streiten sich über das Essen und können sich über den Ort nicht einigen.

10. Regel: Spiele nicht oberflächlich und allgemein, sondern bleibe genau und konkret. Nimm das Anliegen deiner Figur ernst und handle logisch und glaubwürdig. Privates «Aussteigen» oder irreales «Abdriften» nimmt das Publikum übel!

Beispiel: Die imaginäre Tür in die Kneipe wird von jedem Gast an eine andere Stelle verlegt; ein Spieler lacht über seinen Beinbruch, ein anderer zeigt keine Angst vor einem geladenen Revolver, ein dritter kann hellsehen, daß er im Lotto gewonnen hat.

Diese Darstellungsregeln haben wir aus den Spielfehlern von Kindern und Jugendlichen abgeleitet, die ihnen nicht nur zu Beginn der Theaterarbeit unterlaufen. Deren Korrektur macht auch in fortgeschrittenen Theatergruppen den Hauptteil theaterpädagogischen Anleitens aus (vgl. 2.8 und den jew. 5. Abschnitt der Kapitel 4.1–4.4). Werden Spielfluß und Einfallsreichtum der Spieler nicht durch das Einhalten von Regeln behindert?

Die Spieler machen vom ersten Theatertreffen an die Erfahrung, daß erst die Anwendung bestimmter Darstellungsregeln zum überzeugenden Spiel und damit zum Erfolg beim Publikum führen. Die Notwendigkeit, daß sich alle *verbindlich* daran halten, leuchtet ihnen genauso schnell ein, wie sie die Regeln eines Fußballspiels akzeptieren. Auf dem Rasen behindert geregeltes Spiel auch nicht die Kreativität des Einzelspielers, im Gegenteil: Erst das kooperative Zusammenwirken aller ermöglicht jedem Einzelspieler die optimale Entfaltung seiner Fähigkeiten. Eine gelungene Aufführung ist also immer das Ergebnis erfolgreicher Gruppenarbeit.

In welcher Spielhaltung improvisieren die Darsteller? Der *Spielrahmen* (bestehend aus Spielgeschichte, Figurenbiografien und Spielregeln) gibt allen Darstellern erst die Sicherheit, gelassen und gleichzeitig angespannt, offen und gleichzeitig gebunden den Weg zum Ziel in gestalterischer Freiheit mit immer neuen Einfällen souverän voranzutreiben. (Die Aufgaben der Spielleiterin hierbei behandeln wir unter 2.9 und 2.11.) Im folgenden beschreiben wir Improvisationsübungen, mit denen diese Spielhaltung entwickelt werden kann.

2.7.2 Improvisationsübungen

Mit den folgenden Übungen läßt sich die theatrale Spielfähigkeit von Kindern und Jugendlichen wesentlich verbessern. Ob als Vorübung zum Theaterspielen oder als belebende Korrektur typischer, altersübergreifender Spielfehler bereichert ihre Kenntnis das theaterpädagogische Anleitungsinstrumentarium jeder Spielleiterin. Welche Übung mit welcher Altersgruppe sinnvoll ist, hängt von der Spielerfahrung der Teilnehmer ab und muß von der Spielleiterin von Fall zu Fall entschieden werden.

2.7.2.1 Übungen zur Gesten- und Sprachreduzierung und für kontrollierteres Spielen

A: «*Zug um Zug*»: Die Spielfläche wird, ähnlich einem «Mühlespiel», mit neun Punkten versehen, die untereinander mit (imaginären) Linien verbunden sind. Teilnehmer A stellt sich in einer ausdrucksstarken Position auf einen der Punkte, als wäre er in einer dramatischen Szene «eingefroren» worden. Teilnehmer B setzt sich innerlich in Beziehung zu A und nimmt auf einem der anderen neun Punkte eine entsprechende, möglichst kontrastreiche Haltung ein. Das Publikum entscheidet, wer von den beiden den ersten Zug machen soll (in der Regel wird das der Spieler mit der aktiveren Haltung sein). Nehmen wir an, dies sei B. Dieser Spieler macht nun stumm einen Gang oder eine Geste in Richtung A, um ihm etwas mitzuteilen. Dazu darf er den Ausgangspunkt verlassen und sogar As Punkt betreten. A bewertet Bs ersten Zug und reagiert mit einem Gegenzug. Alle Züge erfolgen grundsätzlich nacheinander. Die Spieler haben Zeit zum Überlegen. Wichtig ist, daß beide Spieler sich auf jeweils *eine* Äußerung beschränken. Insgesamt hat jeder Spieler drei Züge, die so inhaltsschwer und auf das Wesentliche konzentriert sein müssen, daß nach den insgesamt sechs Zügen ein «Kurzdrama» abgeschlossen ist. Es darf übrigens nur auf Linien gegangen und auf Punkten gestanden werden.

«Verwackler», «Dauerredner» und «Entscheidungsschwache» finden mit dieser Übung zu präziserer Darstellung.

B: «Drei Züge – ein Satz»: Dieselbe Übung wie die vorige, mit dem Unterschied, daß A und B insgesamt nur drei Züge haben. Die müssen so intensiv «dramatisch verdichtet» werden, daß der dritte Zug mit einem Verbalsatz endet, der den Höhepunkt einer Auseinandersetzung darstellt. Die Spieler lernen hier gut voneinander «abzunehmen» und eine dramatische Entwicklung auf den Punkt zu bringen.

C: «Dialog mit einem Satz (Wort)»: Um eine vorgegebene Situation (z. B. «Bergführer warnt Wanderer vor Unwetter») zu spielen, erhält Spieler A den Satz «Mein Huhn hat die Mauser!» und B den Satz: «Ich esse gern Schokoladenpudding!» Den Dialog über die Bergwanderung dürfen A und B nur mit ihrem Satz führen, in einer Weise, daß das Publikum versteht, was «zwischen den Zeilen» gesprochen wird. Die Fähigkeit, sich mit körpersprachlichen Mitteln und «Zwischentönen» zu verständigen, wird hier trainiert. Fortgeschrittene Spieler können einen derartigen Dialog mit jeweils einem Wort (z. B. «Wasserbett» und «Klingelbeutel») führen.

D: «Szene ohne Frage»: Ein Kommissar (A) versucht, von einem Dieb (B) herauszubekommen, wo letzterer sich gestern abend aufgehalten hat, darf dabei aber keine Frage stellen. Allen Spielern, die ihre Szenen gern «zerreden», hilft diese Übung, ihre Sprache sehr kontrolliert zu benutzen.

E: «Sprechen nur bei Berührung»: In einer vorgegebenen Situation (z. B. «Tochter gesteht Mutter ihre Schwangerschaft») dürfen die Spieler A und B nur sprechen, wenn sie Körperkontakt haben. Jede Berührung muß aber inhaltlich begründet und körpersprachlich vorbereitet sein. Hier lernen die Darsteller, mit «stummem» Spiel eine Szene zu füllen.

F: «Welche Eigenschaft?»: Spieler A und B erhalten jeder von der Spielleiterin leise eine Eigenschaft genannt (z. B. «neidisch» und «ängstlich»), in der sie eine vorgegebene Tätigkeit (z. B. «Eisessen», «Fahrradreparieren» o. ä.) ausführen sollen. Nach 2–3

Minuten Spielzeit wird das Publikum nach der Eigenschaft gefragt. Hier lernen die Spieler, Tätigkeiten mit einer Stimmung zu «unterlegen».

2.7.2.2 Übungen zur Verbesserung des Zusammenspiels

A: «Synchrontätigkeiten»: A und B sitzen (oder stehen) nebeneinander und essen, ohne sich direkt anzusehen, jeder einen (echten!) Keks, (lesen eine imaginäre Zeitung, füttern imaginäre Tauben), absolut synchron. Einer von beiden führt bei diesen Tätigkeiten so, daß das Publikum nicht merkt, von wem der Bewegungsimpuls gerade ausgeht. Damit das gelingt, versetzt sich der führende Spieler A so intensiv in seinen Partner, als führte er, wie bei einer Marionette, dessen Bewegungen aus. Wenn B sich entsprechend gut führen läßt, verfügen die beiden über ein ausgezeichnetes Partnergefühl! Nach einiger Zeit wechselt die Führung.

B: «A und B sind eins»: Spieler A steht vor dem Publikum und hält eine Rede (verkauft ein Produkt, macht ein Geständnis). Seine Arme leiht ihm der unsichtbar hinter ihm stehende Spieler B, A hält seine Arme hinter seinem Rücken versteckt. Gelungen ist die Übung, wenn Rede und Gestik synchron verlaufen (wobei die Unstimmigkeit auch für viel Komik sorgt!).

C: «Zwei mit einer Stimme»: Spieler A und B kommen zusammen ins Café (ins Kaufhaus, zu spät nach Hause, zum Rendezvous) und werden von einem Kellner C (Verkäufer, Mutter, Liebespartner) in ein Gespräch verwickelt. A und B dürfen sich (ohne Absprache und ohne sich direkt anzuschauen!) nur als eine Person äußern. Wieder muß einer der Synchronpartner so deutliche Signale setzen, daß der andere ahnt, was gemeint ist, und folgen kann. Auch hier soll die Führung, vom Publikum unbemerkt, wechseln.

D: «Filmsynchronisation»: Die Spielleiterin gibt eine Zweier-Szene vor («Duell im Western», «Ehestreit», «Banküberfall»), die von den Spielern A und B auf der Bühne stumm gespielt und von den Spielern C und D von unten verbal synchronisiert wird. Der

Prozeß des eindeutigen Impulsgebens und Abnehmens verläuft wechselseitig, aber immer synchron. Aufeinander achten müssen nicht nur die Spieler und Sprecher, sondern auch die Darsteller und Stimmgeber untereinander. Bei dieser Übung werden Alleingänge von Spielern verhindert, man ist aufeinander angewiesen.

E: «A-B-C-Synchronisation»: Vorgegeben ist eine Dreier-Szene («Henker, Richter und Verurteilter», «Banküberfall»), die Spieler A, B und C spielen «normal» die Situation, bekommen aber ihre Stimme (und damit die Gefühle!) von jeweils einem anderen Spieler: also A spricht B, B spricht C, C spricht A. Jeder Spieler darf nicht einfach drauflosspielen, sondern nur das tun, wozu ihn die Stimme des Spielpartners ermächtigt. Konzentrieren muß sich jeder also nicht nur auf seine eigene Figur, man wird von einem Partner gleichzeitig mitgespielt und muß auch noch einem Dritten die Stimme und Gefühle geben. Diese Dreiteilung der Figur verlangt den Spielern Konzentration und Flexibilität ab, über die erst fortgeschrittene Darsteller verfügen.

2.7.2.3 Spontane und vorgegebene Szenenentwicklung

A: «Abschlagen»: Spieler A betritt die Bühne in einer selbsterdachten, ausdrucksstarken Haltung. Spieler B ergänzt diese Haltung mit einer dazu passenden, kontrastreichen Figur, die als Gesamtbild eine eindeutige Situation wiedergeben muß. Beide beginnen nacheinander als «Zug-um-Zug-Spiel» (vgl. Übung 2.7.2.1 A) die Situation ca. eine Minute lang zu spielen. Egal, wie weit A und B ihre Szene dann entwickelt haben, greift Spieler C in ihr Spiel ein, indem er die Position von A oder B durch «Abschlagen» einnimmt und sofort eine neue Situation zu spielen beginnt. Der in der Szene verbliebene A bzw. B muß sich blitzschnell umorientieren, denn was C als neue Figur, neuen Ort, Thema usw. anspielt, *gilt*. Nach einer weiteren Minute schlägt Spieler D einen der beiden Darsteller ab und beginnt, eine neue Szene zu spielen, dann E, F, G usw., bis jeder mindestens einmal gespielt hat.

Schnelles Assoziieren von Spielsituationen und spontanes Wechseln von Figuren und Szenen werden bei dieser Übung gelernt.

B: «Statuen bilden – Film ab!»: A, B und C bilden nach ihren Vorstellungen ein aktions- und kontrastreiches Standbild («Tableau»). Einer macht ein Angebot, die beiden anderen ergänzen es nacheinander (z. B. «Vater will Sohn schlagen, Mutter wirft sich dazwischen!»). Einer der drei beginnt das starre Bild aufzulösen, indem er die Vor- oder Folgeszene zum «Tableau» zu spielen beginnt. Die beiden anderen schließen sich an, aber nacheinander, «Zug-um-Zug» und in Zeitlupe. Es gibt hier keine «Zug»-Begrenzung, dennoch sollen die Darsteller zügig, d. h. unter Vermeidung aller überflüssigen Handlungen, z. B. ein «tragikomisches Melodrama» («Die Rache der Rose» o. ä.) erspielen. Die Darsteller lernen ihr Spiel auf das Wesentliche zu beschränken und kontrolliert zu spielen.

C: «Szenen nach Überschriften»: Aus dem Abschnitt über die «Spielideen» (vgl. 2.2) kennen wir bereits «Zeitungsüberschriften» oder «Geflügelte Worte» als ausgezeichnete Ideengeber für Spielgeschichten. Was dort als Phantasieübung verbal ausprobiert wurde, soll nun als Improvisationsgrundlage dienen. Dreier-Gruppen bekommen fünf Minuten Vorbereitungszeit, zu einer Überschrift (Beispiele: «Schrankenwärter stirbt an Plüschtier», «Die mörderische Zahnbürste» o. ä.) einen Krimi o. ä. zu erspielen.

Je «verrückter» die Zusammenstellung der Spielelemente, desto spannender die Versuche der Spieler, daraus eine logische und damit glaubwürdige Geschichte zu entwickeln.

D: «Wer ist C?»: Spieler A und B bereiten zusammen eine Szene vor, in der eine dritte Figur, C, erwartet wird. Das Vorspiel ist für alle sichtbar, außer für C, der draußen wartet. Nach einem von A und B vorbereiteten (angespielten) «Einstieg» betritt C die Szene und muß sofort als Figur mitspielen, ohne zu wissen, wer er ist (C beginnt am besten mit einer konkreten Tätigkeit!). Während A und B ihn möglichst lange im unklaren zu lassen versuchen, bemüht sich C, Klarheit über sich zu verschaffen. Auch hier muß von allen drei Spielern die Szene zügig vorangetrieben werden. A und B üben sich hierbei in kontrolliertem, angedeutetem Spiel, während C lernt, aus winzigen Signalen ein Situations- und Figurenbild zusammenzusetzen.

E: «Gefühlskreuz»: Die Spielfläche ist in vier Felder unterteilt, von denen jedes mit einem Gefühl oder einer Eigenschaft «belegt» wird (z. B. «hungrig», «verliebt», «vornehm», «betrunken»). Die Spielleiterin gibt den Handlungsort vor («Friedhof», «Supermarkt», «Operationssaal» o. ä.) und bittet zwei bis drei Spieler, sich in kontrastreichen Figuren auf ein Gefühlsfeld zu begeben. Die Figuren beginnen, die Szene «Zug um Zug» logisch und spannend zu entwickeln. Im Verlauf der Szene muß jedes Gefühlsfeld von jedem Spieler mindestens einmal bespielt werden, nicht ohne vorher die Motivation für den Wechsel mitgespielt zu haben.

Improvisationsübung «Gefühlskreuz»: Der linke Darsteller sitzt mit Durchfall und Brechreiz im Feld «Krank», der rechte Spieler lauscht an der Klotür, weil er im Feld «Neugierig» steht.

In dieser anspruchsvollen Übung wird von den Darstellern verschiedenes gleichzeitig verlangt: Sie sollen auf die Szenenentwicklung und das Zusammenspiel achten, die örtlich gebundene und wechselnde Gefühlslage berücksichtigen und schließlich den Anlaß für ein Gefühl aus dem Handlungsverlauf stimmig ableiten.

F: *«Sagte er, sagte sie»*: Spieler A und B beginnen eine von der Spielleiterin vorgegebene Szene («Einbruch», «Wohngemeinschaft», «Einsame Insel» o. ä.). A zu B: «Du schuldest mir 100 Mark!» B antwortet nun nicht als Figur, sondern als «Regisseur»: «Sagte A fordernd und hielt drohend ein Messer in der Hand!» A führt nun diese Regieanweisung aus. Erst jetzt reagiert B als Figur mit einem Satz: «Wenn du mich umbringst, kriegst du dein Geld nie!» Jetzt legt A zunächst Reaktion und Tätigkeit für B fest: «Antwortete B frech und drehte A den Rücken zu!» B tut es und A spricht als Figur: «Aber vorher quetsche ich dich aus wie

Improvisationsübung «Gefühlskreuz»: Vorn links steht auf «Eifersüchtig» und spielt mit vorn rechts, der auf «Vornehm» steht. Hinten links liegt im Feld «Verzweifelt» und spielt mit hinten rechts, der im «Hungrig»-Feld steht. (Aus der Theaterarbeit mit 11–14jährigen)

eine Zitrone!» Bs Anweisung: «Zischte A wütend, wollte losstechen und stolperte über eine Teppichfalte!» usw. A und B sprechen mit unterschiedlicher Stimme als Regisseur und Figur, damit
das Publikum weiß, was gemeint ist. Der Reiz und Lerneffekt dieser Übung liegt darin, daß jeder Spieler einmal «Opfer» der Anweisungen seines Mitspielers ist, im nächsten Moment aber sich
den Partner so «zurechtbiegen» kann, wie er ihn für die Entwicklung seiner Figur braucht. So sehr sich A und B auch Hindernisse
in den Weg bauen, spielen sie nicht im Kreis, sondern treiben die
Szene, gegenseitig Angebote annehmend und abgebend, über
Höhepunkte bis zur Entscheidung.

2.7.2.4 Szenenfragmente vervollständigen

A: «Aus einem Satz ein Drama machen!»: Die Spielleiterin gibt
einer Dreier-Gruppe einen Satz aus einer Spielgeschichte, der den
Anfang (z. B. «Nebel lag über London, als die Putzfrau Watson
vor ihrem Küchenfenster einen unterdrückten Schrei hörte!»), den
Höhepunkt (z. B. «Der führerlose Schnellzug hatte das letzte Haltesignal überfahren und raste auf die zerstörte Brücke zu!») oder
das Ende einer Handlung (z. B. «Wischte sich den Mund ab,
drückte dem toten Dackel die Augen zu, löschte das Licht und
ging!») wiedergibt, als Spielvorlage. Die drei Spieler bekommen
fünf Minuten Vorbereitungszeit (fortgeschrittene Gruppen kommen auch mit weniger Zeit aus!) und sollen dann die jeweils fehlenden Teile der Geschichte im Spiel ergänzen. Der Originalsatz
muß an der passenden Stelle fallen. Ein dramatischer Handlungsaufbau soll hier von den Teilnehmern auf dem Wege der theatralen Assoziation (vgl. 2.2) gefunden und anschließend glaubwürdig, spannend und kurz improvisiert werden.
  B: «Szene aus vier Worten»: A und B sitzen sich auf der Bühne
gegenüber und nennen sich gegenseitig nacheinander vier zueinander passende (später auch konträre) Begriffe. A: «Durst», B:
«Schwindel», A: «Bergwanderung», B: «Bernhardiner». Aus die-

sen vier Begriffen versuchen A und B (in einer Anfängergruppe noch zusammen, später getrennt) ein Situationsbild zu assoziieren (vgl. 2.2): Je nachdem, von welchem Begriff ausgegangen wird, ergibt sich eine andere Spielgeschichte, der die drei restlichen Begriffe als Stationen zugeordnet werden. Das Spiel soll von A bzw. B dann begonnen werden, wenn die Ausgangssituation für den ersten Begriff in der Vorstellung eines Spielers existiert. Das Spielziel ist dann erreicht, wenn alle vier Begriffe «bedeutungsschwer» eingespielt wurden.

Szenische Phantasie und gutes Zusammenspiel werden in dieser Übung entwickelt, wenn ein Spieler sich dem anderen im Spiel so vermitteln muß, daß der ahnt, was beabsichtigt ist und unterstützend mitspielt.

C: *«Szene um 1–3 Gegenstände bauen»*: Dasselbe Lernziel wie in der vorigen Übung läßt sich mit dieser erreichen, in der die Spielleiterin einen realen Gegenstand auf die Bühne stellt, z. B. einen Stuhl: «Ihr seht alle einen Stuhl. Wo soll der stehen? Welche Tages- und Jahreszeit soll herrschen? Wer soll auf ihm sitzen? In welcher Stimmung ist die Figur, und was hat sie vor? Welche Bedeutung wird der Stuhl dabei haben?» Die Gruppe trägt gemeinsam so lange Informationen über den Stuhl zusammen, bis ein Teilnehmer (A) eine Idee für eine Situation hat und zu spielen beginnt. Sobald einer der Zuschauer ahnt, was A vorhat, spielt er als Figur B mit, später können noch Spieler C und D dazustoßen, und alle zusammen entwickeln eine spannende, logische Szene, in der der Stuhl eine wichtige Funktion innehat. Dieselbe Übung läßt sich auch mit zwei oder drei Gegenständen spielen. Auch hier soll das Spiel bereits beginnen, wenn für einen Gegenstand eine Situation in der Vorstellung eines Spielers existiert, die restlichen werden wiederum nachträglich eingespielt.

D: *«Spielt den Satz ein!»*: Die Spielleiterin gibt für vier Spieler eine Szene vor (z. B. «Hans Beutelschneider unter dem Galgen», «Ein Dorf erwartet die Sturmflut!» u. ä.). Nachdem das Spiel so weit entwickelt ist, daß Figuren und Handlungsverlauf jedem deutlich sind, verteilt die Spielleiterin vier (später bis zu zwölf)

Zettel auf der Bühne, mit möglichst unpassenden Sätzen darauf («Den Blumenstrauß habe ich nicht bestellt!», «Vor grünen Augen habe ich Angst!», «Als Kind mochte ich keine Flasche!» u. ä.). Jeder Spieler muß einen (später bis zu drei) Zettel während des Spiels unbemerkt aufnehmen und lesen und im Laufe des weiteren Spiels, spätestens bis zum Höhepunkt, so in seine Figur eingebaut haben, daß niemand im Publikum den «fremden» Satz erkennt. Je konträrer der Satz, desto geschickter muß ein Spieler seine Figur nachbiografisieren (begründete Erweiterung oder gar Änderung von Eigenschaften, Absichten, Stimmungen und Tätigkeiten), bis der Satz zur Figur und Situation paßt.

E: *«Fliegender Szenenwechsel vorwärts und rückwärts»*: Die Spielleiterin fordert einen Teilnehmer auf, allein auf der Bühne eine Szene in einer Figur seiner Wahl zu beginnen. Wie bei der «Abschlag-Übung» (vgl. 2.7.2.3 A) beobachtet die Restgruppe den Spieler, bis jemand eine Idee für eine neue Zweier-Szene hat und als Figur B mitspielt. A muß sich auf das situations- und figurenverändernde Angebot von B einlassen. Nach einer angemessenen Spielzeit (ca. 2–3 Minuten) kommt Spieler C dazu und führt wieder völlig neue Spielbedingungen ein, die für alle gelten. Später kommen noch Figur D und Figur E dazu, so daß das Publikum nacheinander fünf völlig unterschiedliche Szenen gesehen hat.

Nun wird rückwärts gespielt, d. h., der letzte Spieler E verschafft sich einen begründeten Abgang, und sofort wird mit der vorher bereits gespielten Vierer-Szene von A, B, C und D fortgesetzt, die bruchlos an die Fünfer-Szene anschließen muß, eben als «fliegender Wechsel» (wenn A darin z. B. einen Hund spielte, muß er in der folgenden Vierer-Szene im Spiel begründen, warum er gerade als Fahrstuhlführer auf allen vieren winselt und ein Bein zum Urinieren hebt – die neue Szene setzt bei allen Figuren also mitten in der Geste und mitten im Satz an!). Danach schafft sich Figur D einen stimmigen Abgang, und direkt schließt die vorige Dreier-Szene an, usw., bis Figur A als letzter seine Solo-Szene vom Anfang weiterspielt.

Figuren- und Situationswechsel schnell und logisch begründet vornehmen zu können, verlangt von den Spielern kooperatives Zusammenspiel ohne vorherige Absprache.

F: «Szenen aus dem Hut»: Die Spielleiterin verteilt an jedes Gruppenmitglied drei leere Zettel. Auf den ersten schreibt jeder eine Figur, auf den zweiten eine Eigenschaft, auf den dritten eine Tätigkeit. Die jeweiligen Zettel kommen in unterschiedliche Hüte und werden gut gemischt. In einen vierten Hut legt die Spielleiterin eigene Zettel, von denen jeweils zwei denselben Spielort enthalten (z. B. «Entbindungsstation», «Kanalisation», «Oper» u. ä.), so viele, wie Spieler vorhanden sind. Aus jedem Hut greift nun jedes Gruppenmitglied blind je einen Zettel, liest ihn und ist begeistert (oder entsetzt) über die «unmöglichen» Kombinationen! Niemand weiß von den Inhalten der anderen, die nur denselben Spielort haben. Den ruft die Spielleiterin auf, prüft die Spielaufgaben der beiden Darsteller und schickt einen als Figur A zur Spieleröffnung in die Szene. Dort hat A als «eingebildeter Fensterputzer» glaubhaft zu machen, warum er gerade in der Oper «Nüsse knacken» muß. Nach einer Minute kommt Spieler B als «vergeßlicher Schaffner» dazu, um am selben Ort ein «Kartenhaus zu bauen».

Spannung und Komik entsteht, wenn beide Figuren ernsthaft ihren Spielauftrag zu erfüllen versuchen (nicht verbal erklären), und dabei eine gemeinsame Spielhandlung («unterstützend oder behindernd») entwickeln.

Dies ist die schwierigste aller Improvisationsübungen, deren Gelingen die Beherrschung aller unter 2.7.1 genannten Darstellungsregeln voraussetzt: *Konträre Spielelemente müssen von glaubwürdigen Figuren logisch zusammen mit anders konditionierten Mitspielern in situations- und biografiegebundener Improvisation zu spannenden Spielgeschichten entwickelt werden.*

2.8 Analyse von Spiel- und Anleitungs- fehlern

Wenn am Spiel der Darsteller etwas nicht stimmt, z. B. die Spannung nachläßt oder die Figuren unglaubwürdig agieren, merkt das jeder Zuschauer. Schwieriger wird es, wenn die *Ursachen* der erkannten Unstimmigkeiten benannt werden sollen. Hierzu bedarf es der Entwicklung eines *analytischen Beobachtungsinstrumentariums*, dessen Elemente wir zunächst beschreiben wollen, ehe wir mit seiner Hilfe die Theaterpraxis untersuchen.

Nach welchen *Beurteilungskriterien* beobachtet eine Anleiterin die Spielversuche ihrer Gruppe? Zunächst sind es ihre eigenen *künstlerisch-pädagogischen Ansprüche*, die sie mit ihrer Arbeit verfolgt und denen ein bestimmtes Theaterverständnis zugrunde liegt (vgl. 1.4). Beide befähigen noch nicht zur theaterpädagogischen Anleitung von Kindern und Jugendlichen. Deren Besonderheiten (vgl. den 2. Unterpunkt der Kapitel 4.1–4.4) fließen in die *theaterpädagogischen Ziele* ein, die die Spielleiterin als Maßstab den geäußerten Spiel- und Gestaltungswünschen sowie den Erwartungen an das Theatertreffen anlegt.

Spielwünsche und Ansprüche liegen anfangs weit auseinander, müssen im Verlauf der Theaterarbeit aber zur Synthese in einem gemeinsamen Produkt verschmelzen. Der Weg dorthin kann aufgehalten werden, wenn die Spielleiterin z.B. den spontanen Spielbedürfnissen der Teilnehmer zu viele Zugeständnisse macht (vgl. 2.1.3) und damit das Stadium urwüchsigen Selbstspiels nie verlassen wird. Setzt die Anleiterin dagegen ihre Ansprüche zu ungeduldig gegen die Bedürfnisse ihrer Gruppe durch, verliert die schnell den Spaß und versagt ihr letztlich die Gefolgschaft.

Wo liegt die Lösung dieses Problems? Die Spielgeschichte soll vor einem Publikum aufgeführt werden, das das Produkt nur anerkennen wird, wenn es seine Schaubedürfnisse mit *spannender, glaubwürdiger Unterhaltung* befriedigt sieht. Diese Kriterien fließen als dritte Komponente mit in den Beurteilungsmaßstab der Spielleiterin ein und decken sich häufig mit ihren eigenen Ansprüchen.

Mit ihrem theaterpädagogischen Wissen versucht eine Spielleiterin, ihrer Gruppe *Mittel und Orientierung* zu geben, wie sie ihre eigenen Spielbedürfnisse und die Erwartungen des Publikums *gleichzeitig* erfüllen können. Spielpraktisch bietet sie den Teilnehmern dazu die Rahmenhandlung einer Spielgeschichte mit entsprechenden Figurenbiografien an. Deren theatrale Umsetzung analysiert die Spielleiterin anhand der drei genannten Komponenten ihres Bewertungsmaßstabs und gibt, falls Darstellungsfehler auftreten, entsprechende *Spielhilfen*. Dabei können ihr *Anleitungsfehler* unterlaufen, die zu erkennen und abzustellen Anfängerinnen schwerfällt. Für eine nüchterne Selbstanalyse fehlt häufig der nötige Abstand zum eigenen Tun, und eine fachkundige Beraterin steht selten zur Verfügung.

Mit einigen Überlegungen zur Vor- und Nachbereitung ihrer Theatertreffen sowie zu Spiel- und Anleitungsfehlern wollen wir angehenden Spielleiterinnen helfen, zu angemessenen Spielkorrekturen zu finden (vgl. 2.9), die die zuvor aufgeführten Kriterien erfüllen.

2.8.1 Vorbereitung auf die Theatertreffen

Ihr Hauptaugenmerk bei der Planung legt jede Spielleiterin auf den *Höhepunkt* eines Theatertreffens, die spannende Spielgeschichte. Ihren Entwurf unterzieht sie gezielten Fragen:

Werden mit der Spielgeschichte sowohl die *alterstypischen Spielbedürfnisse* ihrer Gruppe als auch die *Erwartungen des Publikums* befriedigt? Erfüllen *Inhalt und Struktur* der Handlung diese Kriterien? Verfügen *alle Figuren* über ausreichende und reizvolle *Biografien*, die die Spieler aufgrund eigener Erfahrungen und Vorstellungen nachvollziehen können? Mit welchen *Tätigkeiten* können *Hilfsfiguren* das Spiel der Hauptakteure unterstützen? Welche *Vor- und Nebenszenen* sind erforderlich, um die Figuren schneller zu einer angemessenen Spielhaltung finden zu lassen? Wie muß die Spielgeschichte *unterteilt* werden, damit bei jedem Treffen *ein Höhepunkt* erreicht wird und *alle* Gruppenmitglieder zum Spielen kommen? Läßt die Spielhandlung genügend Raum für Ausgestaltungs- und Erweiterungswünsche der Spieler? Für welche Form der *Einführung* der Geschichte (vgl. 2.5) ist die Altersgruppe besonders empfänglich? Wie kann der *Übergang vom Erzählen zum Spielen* ohne Bruch der Atmosphäre gestaltet werden? Mit welcher *Animation* (vgl. 2.6) werden die Spieler in die Figuren gelockt? Mit welchem *Rahmenprogramm* (vgl. den 4. Unterpunkt der Kapitel 4.1–4.4) wird die Spielgeschichte sinnvoll ergänzt? Mit welchen *Aufwärmübungen* lassen sich deren Inhalte spielanimierend *vorbereiten*?

Welche angedeuteten *Ausstattungsteile* (Möbel, Kulissen, Requisiten, Kostümteile u. ä.) können der Phantasie der Darsteller beim Spieleinstieg helfen? Aus welchen *Anleitungsfunktionen* läßt sich das Spiel der Darsteller am besten *begleiten*? Gibt es einen *aktuellen Anlaß*, der die Bedeutung der Spielgeschichte herausstellt?

2.8.2 Auswertung der Theatertreffen

Die *Spielanalyse*, die die Ursachen von Erfolg und Mißerfolg eines Theatertreffens klären soll, beginnt mit einem *Vergleich zwischen Vorbereitung und tatsächlichem Verlauf*. Der besseren Übersicht wegen befragen wir das Treffen nach den einzelnen Abschnitten:

Rahmenprogramm: Haben alle Teilnehmer im Aufwärmteil ihre Bewegungs- und Kommunikationsbedürfnisse befriedigen können? Welche Spiele und Übungen gerieten zu kurz oder zu lang, waren einige falsch gewählt und konnten sie korrigiert werden? Gingen alle Teilnehmer konzentriert und spielbereit in die Spielgeschichte? Wirkten die Darstellungsübungen spielanimierend? Fand das Treffen einen angemessenen Ausklang, so daß alle sich auf das nächste Mal freuen?

Spielgeschichte: Erwies sich die Spielgeschichte als der Höhepunkt des Treffens? Lösten Thema und Aufbau der Geschichte bei der Gruppe Spielbegeisterung aus? Hatte die Geschichte genügend Spannung, oder muß sie gestrafft oder ausgeweitet werden? Kam der Höhepunkt der Spielhandlung zum richtigen Zeitpunkt, und wurde er angemessen vorbereitet?

Spielbegleitung: Ließen sich die Teilnehmer von der Einführung fesseln und mit der gewählten Animation in die Figuren locken? Konnten sie sich mit den Figurenbiografien identifizieren, oder müssen die stärker an den Vorerfahrungen und Eigenschaften der Gruppenmitglieder ausgerichtet werden? Fanden die Figuren über ihre Tätigkeiten zu angemessenem Spielverhalten, oder lenkten sie davon ab? Konnten mit der Spielbegleitung Spielfluß und Atmosphäre gehalten werden? Kam es zu eigenkreativen Erweiterungen oder Veränderungen?

Bei festgestellten Konstruktionsmängeln der Geschichte muß die Dramaturgie nachgebessert werden. Hier einige Anhaltspunkte: Führt das Spielthema zu Ereignissen, die für die Figuren *existentielle Bedeutung* haben? Verfolgen die Figuren ihre Ziele aufgrund *ungewöhnlicher Wünsche und Eigenschaften*, die sie in *Konflikt* zu ihrer Umwelt bringen? (Konfliktträchtig sind z. B. ein Neidischer, der Verrat übt, ein Boshafter, der eine Falle legt, ein Triebhafter, der einen Raub begeht, ein Eifersüchtiger, der einen Mord plant usw.) Stehen für die *Auseinandersetzungen* mächtige Gegner in einem anderen Status bereit?

Wird der *Weg zum Ziel durch äußere Einflüsse* (Wetter, Gelände, Mißgeschicke u. ä.) *gefährdet*? Werden für die *Überwindung von Hindernissen reale* Kräfte und Mittel benutzt? *Verändert* die Spielhandlung die Figuren, sind *Spuren* sichtbar?

Mit diesen Veränderungen läßt sich die Spannung der Geschichte ohne große Mühe nachträglich noch steigern. Schwieriger wird die Korrektur von Spiel- und Anleitungsfehlern.

2.8.3 Abweichendes Spielverhalten der Darsteller

Auch mit regelmäßigen Improvisationsübungen sind Kinder und Jugendliche oft noch weit von «stimmigem», d. h. verhaltens- und situationsangemessenem Spielen entfernt. Zahlreiche *Spielfehler* gefährden das Ziel einer erfolgreichen Aufführung, so daß eine Spielleiterin mit entsprechenden Korrekturen für Abhilfe sorgen muß. Ehe wir uns ihren verschiedenen Eingreifmöglichkeiten (unter 2.9) zuwenden, gilt es, zunächst die *Ursachen der Unstimmigkeiten* zu untersuchen, um wirksame Spielverbesserungen zu erreichen. Welche Darstellungsfehler treten häufig auf?

Spielen Darsteller unsicher, gehemmt, unkonzentriert, langweilen sie sich, fangen sie an zu stören oder werden sie häufig «privat», zeigen sie insgesamt wenig Spielernst, dann ist zu untersuchen, ob sie mit den gestellten Spielaufgaben *über- oder unterfordert* sind. Vielleicht mögen sie sich mit den Anliegen ihrer Figuren nicht identifizieren, weil deren Interessen außerhalb ihrer Erfahrungen und ihres Vorstellungsvermögens liegen? Spielthema und Figurenmotivationen können zu harmlos sein und ihren Reiz verfehlen, Abenteuer in «fremder Haut» und an ungewohntem Spielort mitzuerleben. Mit *veränderten Spielaufgaben* (Biografien, Zielen, Ereignissen, Auseinandersetzungen und Tätigkeiten) versucht eine Spielleiterin daher, ihre Gruppe neu für Spielthema und Handlungsverlauf zu begeistern.

«Spielegoisten» spielen *monologisch* drauflos (oft ausschließlich mit Kopf und Sprache, statt mit dem Körper), ohne Blick für die Spielaufträge ihrer Partner, warten nicht ab, bis sie an der Reihe sind, überrennen jedes Hindernis, kurz, *zeigen wenig Bereitschaft zum Zusammenspiel* und wollen den *Aufführungserfolg möglichst nur für sich.* Greifen sie zu diesen Mitteln, um besonders berücksichtigt zu werden? Sehen sie in den Spielangeboten der Anleiterin für sich keine Einstiegsmöglichkeit? Verweigern sie die Kooperation aus Konkurrenzneid und Furcht, im Vergleich darstellerischer Fähigkeiten zu unterliegen? Fehlt es ihnen an Phantasie und Einfällen für die Ausgestaltung von Spielsituatio-

nen und die Verhaltensvarianten ihrer Figuren? Oder mögen sie
sich nicht auf unbekanntes Spielterrain vorwagen, um anderen
Einflüssen nicht unvorbereitet ausgeliefert zu sein, weil sie zwischen Spiel- und Realsituation nicht zu unterscheiden vermögen?
Teilnehmer mit diesen Auffälligkeiten brauchen häufig einen, ihre
Eigenheiten berücksichtigenden, *besonderen Zugang* zu Spielgeschichte und Figuren, den ihnen die Spielleiterin mit *Spezialauf-
trägen* verschafft, um sie so zu ihren Spielpartnern besser in Beziehung zu setzen.

Andere fallen durch *konfliktvermeidendes, harmonistisches*
Theaterspielen auf, indem sie gegensätzliche Interessen nicht erkennen (wollen), stets lieb und oberflächlich agieren, Hindernisse
mit irrealen Hilfsmitteln überwinden, oder ohne Gespür für Zeit,
Entwicklungen und Veränderungen in «Ex-und-hopp»-Manier
durch die Spielhandlung jagen, unfähig, eine Situation genußvoll
auszukosten. Fürchten sie mit diesem Spielverhalten die bösen Absichten anderer Figuren, denen sie sich nicht gewachsen fühlen?
Scheuen sie sich, Spielschwächen oder zu Intimes zu offenbaren?
Sind ihnen die Auseinandersetzungen und Hindernisse so lebens-
fremd, daß ihnen die Ideen fehlen? Mit spannungssteigernden Details aus ihrer Lebenswirklichkeit und raffinierten Tricks ihrer Figuren sollen diese Darsteller *Lust auf Auseinandersetzungen*
bekommen, bei denen sie mit *realen Hilfsmitteln* ihre Interessen
verfolgen.

Abweichendes Spielverhalten kann natürlich auch von *äußeren
Einflüssen* (Tagesereignissen, Störungen, usw.) bestimmt werden
oder einer *verfehlten Spieleinführung* der Anleiterin (vgl. 2.8.4).
Die aufgezeigte Vielschichtigkeit der möglichen Ursachen verlangt
nach einer gründlichen Fehleranalyse, die nicht aufgrund der Erfahrungen eines Treffens vorgenommen werden kann, genau so,
wie die anschließende Korrektur von Spielverhalten nicht sofort
zum Erfolg führen wird.

2.8.4 Die unangemessene Spielanleitung

Unter 2.1.2 haben wir bereits die *unentschlossene Anleitungshaltung* einer Spielleiterin als wesentlichen Grund dafür benannt, daß ihre Spielgeschichte in der Theatergruppe nicht «zündet». Wer selber nicht von seiner Spielidee begeistert ist und sie deswegen halbherzig vorstellt, darf sich nicht wundern, wenn sich Kinder oder Jugendliche zum Theaterspielen nicht animieren lassen.

Der Erfolg eines Theatertreffens kann von weiteren Anleitungsfehlern gefährdet werden, denen eine Spielleiterin bei ihrer Nachbetrachtung Aufmerksamkeit schenken sollte. Hat sie z. B. die *altersspezifischen Besonderheiten* einer Gruppe (vgl. den 2. Unterpunkt in 4.1–4.4) in ihrem Konzept zu wenig berücksichtigt, kann die Spielgeschichte leicht an den Erfahrungen und Spielwünschen der Teilnehmer vorbeizielen, so daß sie nicht zu «ihrer Sache» wird.

Schickt sie die Spieler nach der Einführung *ohne ausreichende Figurenbiografie* (vgl. 2.4) in die Szene, vermissen spielungewohnte Darsteller schnell eine lohnende Spielperspektive und geben wegen eintretender Hilflosigkeit bald auf. Versäumt es die Anleiterin, die Spielanforderungen der Figuren mit den Eigenheiten und Möglichkeiten der Spieler in Einklang zu bringen, können die sich nicht mit den Anliegen ihrer Figuren identifizieren und brechen ihre Spielversuche ab.

Stellt eine Spielleiterin Darstellungsfehler ihrer Gruppenmitglieder *öffentlich und privat bloß*, statt ihren Figuren Verbesserungsvorschläge zu machen (vgl. 2.9), sehen sich die Spieler in ihrer Unfähigkeit erkannt, dem Spott ausgesetzt und werden sich verletzt zurückziehen. Das bedeutet keinesfalls, Unstimmigkeiten zu übersehen oder «hochzuloben», wie wir unter 2.9 noch ausführen werden.

Die hier beschriebenen Anleitungsfehler passieren fast jeder Anfängerin, sind also kein Zeichen von mangelnder Begabung noch ein Grund zur Beunruhigung. Sie geben Anlaß zu einer nüchternen Spielanalyse, als Voraussetzung, das theaterpädagogische

Handwerk angemessener anzuwenden. Diesem Entwicklungsprozeß stehen einige Kolleginnen leider selbst im Wege und verzögern damit unnötigerweise die Ausbildung allmählicher Professionalität, weil sie einen falschen Umgang mit ihren Anleitungsfehlern pflegen.

2.8.5 Der (un)produktive Umgang mit den eigenen Anleitungsfehlern

Die ungünstigste Folge verfehlter Spielanleitung, den Abbruch der Spielgeschichte und den Auszug einzelner Gruppenmitglieder, kann eine Anfängerin mit ihrer gründlichen Vor- und Nachbereitung (mit der 70 % des Erfolges in der Regel sichergestellt werden können!) vermeiden. Begreift sie sich als *Lernende*, die ihre Ansprüche an ihren Möglichkeiten orientiert, kann sie nicht von zu hohen Erwartungen enttäuscht werden. Nun führt bei vielen Anfängerinnen die Sorge, den Anforderungen nicht gewachsen zu sein, zu einer gewissen Unsicherheit. Zieht aber daraus jemand den Schluß, *Fehler* unter allen Umständen *vermeiden* zu wollen, blockiert diejenige die Ausbildung dreier wichtiger Fertigkeiten für das Improvisationstheater, Spontaneität, Flexibilität und Einfallsreichtum. Wie wirkt sich das spielpraktisch aus?

Wer im Eiltempo sein Programm durchzieht, sich und der Gruppe keine abweichende Erweiterung oder Veränderung gestattet, *verkrampft* in seiner Anleitungshaltung und verliert vor lauter Versagensangst an Überzeugungskraft. Mißlingt ihr ein Treffen dann tatsächlich, reagiert diese Spielleiterin panisch, übergibt vorschnell die Spielinitiative den Draufgängern ihrer Gruppe, zweifelt an ihrer Begabung und gibt schließlich auf. Diese Kollegin hat *Anleitungsfehler* noch nicht *als notwendiges, produktives Entwicklungselement* für die Ausbildung eines Handwerks erkannt! Nur wer Fehler macht (oder sich als Fachfrau die *Unzufriedenheit* erhält), entwickelt sich weiter. Mit dieser Erkenntnis findet man eher zu Distanz und Gelassenheit zurück und macht sich zum Ablauf eines Treffens vernünftige Gedanken, die sich in einer gründlichen Spielanalyse niederschlagen und zu einer durchdachten Neuplanung führen.

Und wenn eine Spielgeschichte tatsächlich zu entgleiten droht? Das Theaterspielen abzubrechen, könnte das Improvisationstheater so früh in Mißkredit bringen, ehe die Spieler es genießen konnten, und darum gibt die Spielleiterin die *Initiative nicht aus der Hand*! Frei nach dem Motto: «Ohren anlegen, tief Luft holen und dann mit ‹Hurra› mittendurch!» nimmt eine Spielleiterin allen Mut zusammen und versucht, das Auseinanderbrechen der Spielgeschichte unter allen Umständen zu verhindern. Mit einer dominanten Figur (Pirat, Häuptling, Hexenmeister, Wirt, überraschender Gast u. ä.) setzt sie sich an die Spitze der Spielhandlung, macht alle Figuren von sich abhängig, erteilt Anweisungen, schafft plötzliche Ereignisse, die alle Figuren auf ein Spielziel verpflichten und zum Zusammenhalt zwingen. Hat sie schließlich auf diesem Wege wieder *Ruhe und Geradlinigkeit* in den chaotischen Spielverlauf gebracht, stellt sie die Reihenfolge der Szenen neu zusammen, erteilt erweiterte Spielaufträge und kommt für dieses Treffen schließlich zu einem spannenden, glaubwürdigen und perspektivreichen Abschluß. Gemeinsam wird die Fortsetzung der Handlung besprochen, die allen Teilnehmern Ausblick und Grund zum Wiederkommen geben. Die Theatergruppe hat vielleicht keine gelungene Spielgeschichte erlebt, dafür aber eine mitreißende Anleiterin, die mit ihrer Begeisterung allen einen turbulenten Spielspaß bereitet hat.

2.9 Spielkorrekturen ohne Störung der Spielatmosphäre

Kritik haben viele Kinder und Jugendliche z. B. in der Schule als bloßstellendes und entmutigendes Aufzeigen einer Schwäche und damit ihrer angeblichen Unfähigkeit erlebt. Daraus sollte allerdings keine Spielleiterin den Umkehrschluß ziehen, Spielfehler grundsätzlich zu übersehen, zu verharmlosen oder gar «hochzuloben».

Alle Darsteller möchten mit ihrem Theaterspielen Erfolg haben, der ihnen Anerkennung bringen soll. Die Anleiterin unterstützt dieses Anliegen, indem sie *unstimmiges Spielen* mit entsprechenden *Verbesserungsvorschlägen korrigiert. Ihre Kritik beschränkt sich also auf das unangemessene Agieren von Figuren und vermeidet jedes Urteil über das Unvermögen von Privatpersonen.* Erfolgt ihre Korrektur in Form *neuer Spielaufträge,* sehen die Teilnehmer darin die Bemühungen ihrer Anleiterin, die *Wirkung ihres Spiels zu erhöhen* und werden sie ohne beleidigte Reaktion akzeptieren.

Schneller und wirksamer werden die Darsteller die Änderungsvorschläge umsetzen, wenn sie *Spielfluß, Atmosphäre und Spannungsbogen nicht unterbrechen* (vgl. 2.6.5), sondern auf der *gemeinsamen Spielebene* erfolgen. Die Anleiterin greift daher mit *unterschiedlichen Figuren und nicht als Privatperson* ins Spiel ihrer Darsteller ein. Ihr stehen dabei sieben Varianten zur Auswahl, die sie, je nach Spielfehler, Spielsituation und Spielerfahrung der Teilnehmer, flexibel handhabt. Wir unterscheiden zwischen Eingreifmöglichkeiten *innerhalb und außerhalb* einer Szene.

2.9.1 Die Spielleiterin korrigiert von außen als Kommentatorin

Spielfehlern kann die Anleiterin vorbeugen, wenn sie von Beginn an aus einer *übergeordneten, allwissenden Position* den Figuren erzählend das «Handlungsbett» vorgibt: «Es ist schon fast dunkel im Wald geworden, ein kalter Wind pfeift durch die Bäume, als Hänsel und Gretel hungernd, müde und durchgefroren zu einer Lichtung im Wald kommen...»

Die beiden Darsteller lassen sich von Stimmung, Text und Erzähltempo ihrer Anleiterin *lenken*, ohne sich selber schon äußern zu müssen. Damit ihnen allmählich eigene Spieleinfälle kommen, *bereitet* die Spielleiterin mit ihrer begleitenden Erzählung ihre *Handlungen vor*: «Hänsel kann nicht mehr und will sich setzen, als Gretel plötzlich – sie traut ihren Augen kaum! – am Ende der Lichtung das schwache Licht von einem Haus entdeckt. Aufgeregt stößt sie Hänsel an!» Beim Anblick des Hexenhauses bekommt der Hänsel-Darsteller kein Wort heraus. Sein Schweigen *interpretiert* die Spielleiterin: «Hänsel verschlug es die Sprache, als er ein Haus sah, dessen Wände und Dach über und über mit braunen, duftenden Pfefferkuchen beklebt waren. Er spürte seinen Magen knurren, der seit dem Morgen ohne Essen geblieben war. Gerade wollte er sich auf den Pfefferkuchen stürzen, als am Hexenhaus die Tür aufging. Im letzten Augenblick zog Gretel ihn hinter einen Busch.»

Ob die beiden Kinder angesichts der alten Hexe lieber weglaufen oder sich heimlich ranschleichen oder offen auf sie zugehen, muß laut überlegt werden, wozu die Spieler, die vorschnell zum Ziel gelangen wollen, noch nicht in der Lage sind. Also «*coacht*» die Spielleiterin sie als ihre *persönliche Beraterin*, indem sie sie von außen direkt anspricht: «Ganz schön schwierig, was? Da hilft nur überlegen: wenn ihr weglauft, kriegt ihr nichts zu essen und müßt verhungern. Geht ihr sofort zur Hexe, sperrt sie euch vielleicht ein! Wartet ihr, bis sie verschwunden ist, könnt ihr euch vielleicht heimlich was vom Pfefferkuchen abbrechen!» Natürlich entscheiden sich Kinder für die spannendste Lösung: Sie schleichen sich an und fangen heimlich an zu knabbern. Das geschieht so laut, daß die Spielleiterin leise flüstert: «Was wollt ihr tun, wenn sie was merkt und herauskommt?» Ehe eine Antwort gefunden wird, muß die Hexe ins Spiel gebracht werden, die nicht zu schnell nachschauen darf, damit Hänsel und Gretel Zeit zum Überlegen finden.

Um die Hexe im Haus zu halten, bereitet sie deren Darstellung als *spielbegleitende Autorin* vor, die in Ich-Form *laut nachdenkt*: «An diesem Abend plagte mich mein Rheuma wieder so arg, daß ich weder Wasser holen noch Holz hacken konnte. ‹Höchste Zeit, daß ich Hilfe kriege!›, dachte ich gerade, als ich draußen ein Knacken hörte. ‹Wer sollte so spät noch kommen?› fragte ich mich und wollte gerade zur Tür gehen, um nachzuschauen, als der Fen-

Der Mann im Mond grinst «privat» in seiner Figur. Die Spielleiterin greift ein als kommentierende Erzählerin: «Hier seht ihr den Mann im Mond noch lachen, weil er sich über die geklauten Kekse freut. Doch wenn Petrus gleich kommt, werden ihm vor Angst die Hosen schlottern!» (Aus der Theaterarbeit mit 9–11jährigen)

sterladen klapperte. ‹Ist nur der Wind›, stellte ich fest und rührte weiterhin meine Suppe auf dem Herd.»

Jetzt fällt Gretel der Märchentext ein, und sie ruft: «Der Wind, der Wind, das himmlische Kind!» Gretels Einfall wird von der Spielleiterin begeistert aufgegriffen und zum Anlaß genommen, ein *Resümee zu ziehen*, um allen Darstellern (und Zuschauern!) den Stand der Handlung aufzuzeigen: «Eine geniale Idee! Damit konnte man die Hexe ablenken! So kam es, daß die Hexe drinnen weiter ihre Suppe kochte, während die beiden Kinder draußen an ihrem Haus knabberten, und alle dieses Geräusch für das Klappern des Fensterladens hielten. Wahrscheinlich hätten die Kinder noch die ganze Nacht hindurch gegessen, wenn sie nicht von der Katze auf dem Dach beobachtet worden wären, die Sorge hatte, für diesen Diebstahl bestraft zu werden.»

Mit Hilfe der begleitenden Kommentare aus *wechselnden Perspektiven* fühlen sich die Darsteller zu einem Spiel *ohne eigene Einfälle* ermutigt. Mit der dabei geschaffenen Spannung und den erklärenden Zwischentexten macht die Spielleiterin bereits das erste Durchspielen der Geschichte zu einer kleinen *Vorführung*, der die noch wartenden Darsteller gespannt folgen, ohne ungeduldig auf die Bühne zu drängen oder die Spielschwächen der Akteure schonungslos zu benennen. Ohne die kommentierende Unterstützung der Anleiterin wäre das Theaterspiel in diesem Stadium tatsächlich noch harmlos und langweilig, weil Kinder in der Regel noch nicht über eigene Mittel der Spannungserzeugung verfügen. So aber helfen die Darsteller mit ihren stummen Aktionen die stimmungsvolle, spannende Erzählung der Spielleiterin zu *veranschaulichen und ernten Anerkennung* für ihr Spiel.

Den Spielern geben die Kommentare der Spielleiterin so viel Sicherheit, daß sie immer mutiger werden: sie äußern erste eigene Sätze (die sofort von der Anleiterin aufgegriffen und in die Erzählung stimmig eingebaut werden) und verlassen vor lauter Übermut auch schon mal den Rahmen der Spielgeschichte, albern privat herum und nehmen Situation und Figuren nicht mehr ernst.

Auf diese Spielfehler reagiert die Anleiterin *niemals privat*, son-

Kind findet als Mann im Mond keinen herrschaftlichen Ton. Die Spielleiterin spielt ihn als Dienerin an: «Sind Euch diese Sternenkekse
heute recht oder befehlen Sie, Petrus welche aus der Himmelsküche
zu stehlen?» (Kind) Mann im Mond: «Klau welche, aber laß dich nicht
erwischen!» (Aus der Theaterarbeit mit 9–11jährigen)

dern beispielsweise als *provozierende Zuschauerin, die Figuren
befragt*: «Wieso kann die Hexe plötzlich wie ein junges Reh her-
umspringen? Ich denke, die hat Rheuma!? Warum haben Hänsel
und Gretel keine Angst mehr, beim Anknabbern erwischt zu werden? Wo hat Hänsel denn in der Zwischenzeit Karate gelernt?»

Nicht die Kinder werden bloßgestellt, sondern das *situations-
und verhaltensunangemessene* Spiel der Figuren wird hinterfragt.
Entsprechend akzeptiert die Spielleiterin auch nicht die Antworten von Privatpersonen, sondern wartet auf Begründungen *der Figuren*.

In fortgeschrittenen Theatergruppen kann der Dialog zwischen
Figuren und provozierender Zuschauerin zu einem reizvollen und

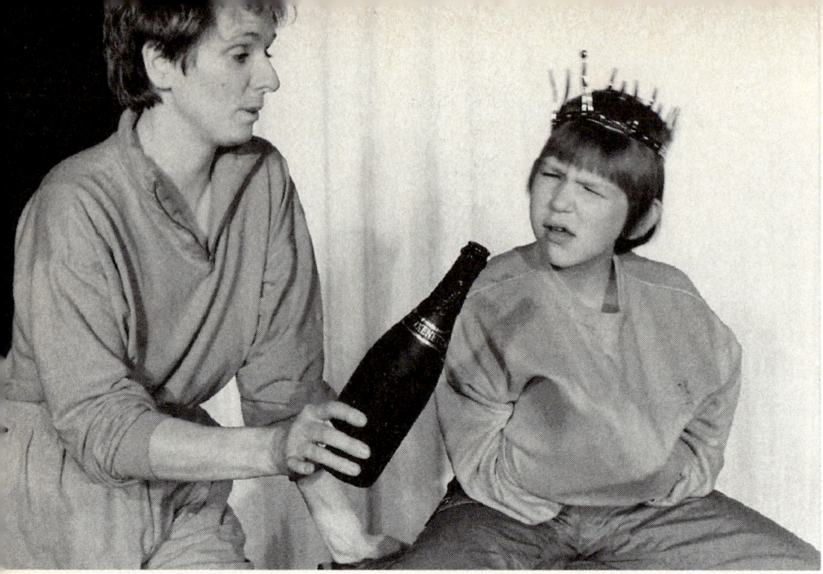

Die Bienenkönigin wundert sich nicht über die leere Flasche ihres geliebten Honigweins. Die Spielleiterin provoziert sie als kesse Dienerin: «Majestät, Ihr laßt Euch hinter Eurem Rücken den Honigwein stehlen?»

(Kind)Bienenkönigin: «Stimmt, die Flasche ist schon wieder leer!»

Bienenkönigin: «Wer war das Schwein?!»

Die beiden Leibwächter werden zur Rede gestellt.
Bienenkönigin: «Wer von euch beiden war das?!»
1. Wächter: «Ich mag überhaupt keinen Wein.»
2. Wächter: «Und ich weiß gar nicht, wo der steht!»
(Aus der Theaterarbeit mit 7–9jährigen)

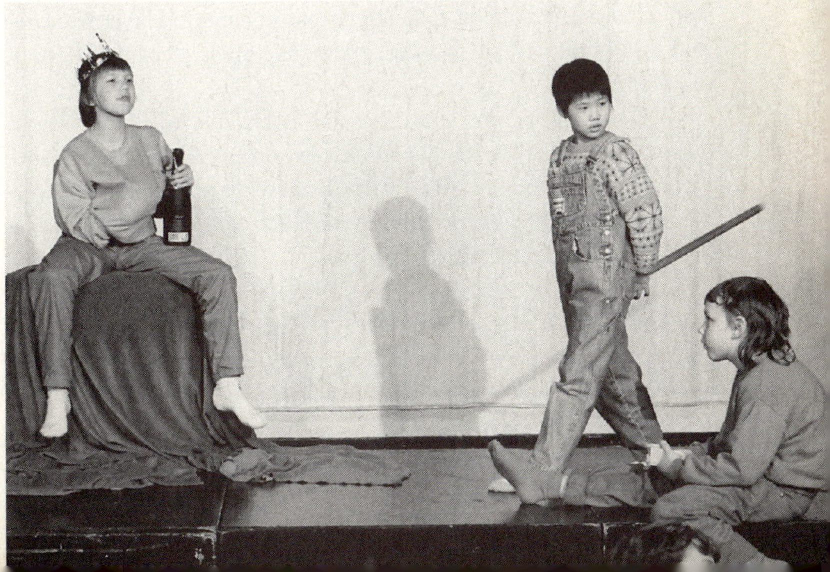

bewußt eingesetzten *Spielwettstreit* ausgebaut werden, der Aufführungen begleitet (vgl. 2.11). Geschlagen gibt sich die Figur der Spielleiterin erst, wenn die von ihr provozierten Figuren sie mit besseren (Spiel-)Argumenten überzeugt haben. Erfahrene Spielleiterinnen merken, wenn ihre Provokationen die Darstellungsgrenzen der Spieler erreicht haben und geben sich mit dem bis dahin erreichten Stand der Auseinandersetzung zufrieden. Denn dieser Eingriff hatte kein anderes Ziel, als die Spieler stark zu machen und allen den Spaß am Theaterspielen zu erhalten!

Bei den bisher angeführten Beispielen greift die Spielleiterin *von außen* ins Spielgeschehen ein. Schneller und wirkungsvoller kann sie Darstellungsfehler korrigieren, wenn sie sich als *mitspielende* Figur einmischt.

2.9.2 Die Spielleiterin greift über ihr Mitspiel ein

Der Vorteil dieser Korrekturform liegt im unmittelbaren *Spielernst*, den die Anleiterin mit einer vorhandenen oder zusätzlichen Figur in eine Spielsituation hineinträgt. Die Darsteller werden von ihr in einer Weise ins Spiel verwickelt, daß sie als Figuren reagieren *müssen*, wozu sie ohne lange Spielvorbereitung von der *mitspielenden Anleiterin* befähigt werden. Dadurch spielen die Darsteller zwar nicht sofort fehlerfrei, aber in jedem Falle ernsthafter und disziplinierter, so daß die spannende Spielatmosphäre erhalten bleibt.

Mit ihrem Vor-, An- und Mitspiel macht die Anleiterin besonders spielunsichere Anfänger stark, die ohne eigene Spielideen ihre Figuren halten können. Aber auch fortgeschrittene Darsteller werden mit dieser Korrekturform zu *verhaltens- und situationsangemessenem Spiel* angehalten.

Kein Spieler protestiert, wenn ihm die Spielleiterin mit ihrer Figur Hindernisse in den Weg legt, an denen er seine *eigene Figur entfalten und ihren Aktionsradius erweitern* kann. Auch fühlt sich kein Darsteller in seiner Eigenständigkeit eingeschränkt, wenn die

Die Wurzelmama weiß nicht, wie sie Wurzelopa auf die leere Flasche Kräuterschnaps ansprechen soll. Die Spielleiterin wägt daher als ihr «Doppel-Ich» die Situation mit ihr ab: «Fünf Stunden haben wir beide Schnaps gekocht, und nun ist die Flasche leer! Außer Opa war aber niemand mehr in der Küche. Willst du ihn fragen, oder wollen wir es zusammen tun?» Kind: «Zusammen.»

Spielleiterin im «Doppel-Ich: «Opa, hauch uns mal an!»
Opa: «Wieso denn?» Kind: «Weil du geklaut hast!»

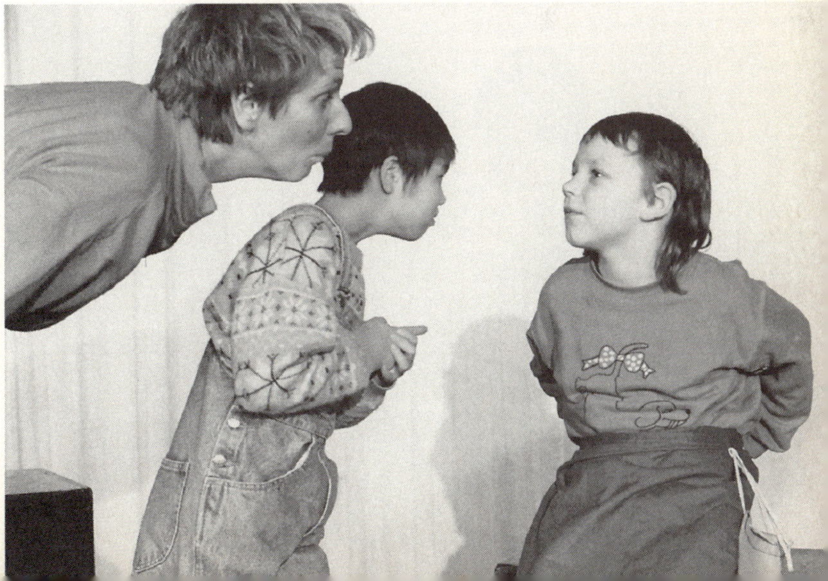

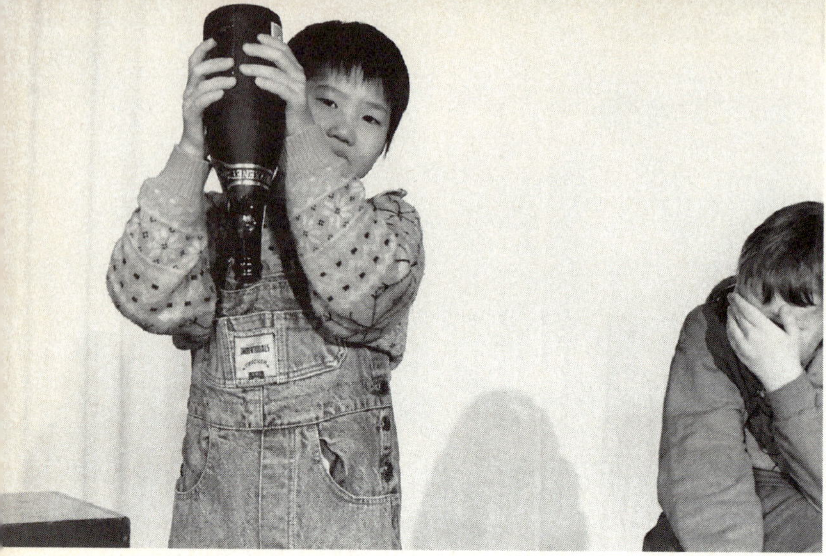

(Kind)Wurzelmama: «Die ganze Flasche hast du leergetrunken!»
(Kind) Wurzelopa: «O Gott, o Gott...»

Die Szene wird wiederholt. Die Wurzelmama traut sich jetzt ohne ihr «Doppel-Ich»: «Fünf Stunden hab ich Schnaps gekocht, und nun ist nichts mehr da!»
Wurzelopa: «Das versteh ich auch nicht.»

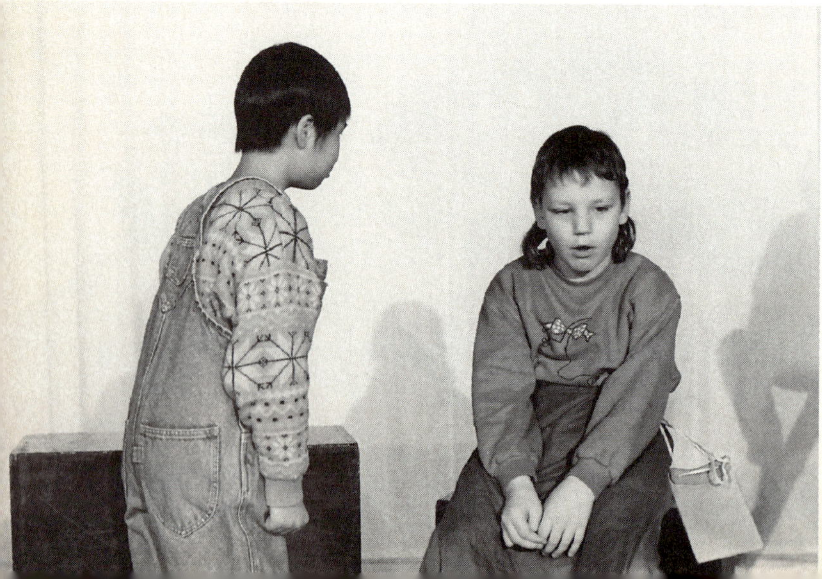

Spielleiterin seine Figur kurzzeitig ausborgt, um eine Szene mit reizvollen Einfällen anzureichern, erhält er sie anschließend doch mit wirkungsvollen Spielvarianten zurück.

Um im gewohnten Bild zu bleiben, zeigen wir die unterschiedlichen Eingreifmöglichkeiten einer Spielleiterin wieder am Beispiel von «Hänsel und Gretel» auf.

Einem gehemmten Darsteller tritt die Spielleiterin als *mitspielendes «Doppel-Ich»* unterstützend an die Seite. Mit dessen Figur führt sie (als seine sichtbare, innere Stimme) einen *lauten Privatdialog*, z. B. als «Doppel-Hänsel»: «Hast du auch so einen Hunger wie ich? Fühl mal, bei mir knurrt schon der Magen, bei dir auch? Schau mal, Gretel hat noch eine halbe Möhre, ob die uns was abgibt? Gehst du sie fragen, oder soll ich? Ich trau mich nicht, frag du lieber! Du willst nicht? Immer muß ich... also gut, aber ich tu's das letzte Mal, das nächste Mal bist du dran! (Zu Gretel) Kriegen wir deine halbe Möhre? Dafür stehen wir dir auch immer bei, wenn du Angst hast. Nicht wahr, Hänsel, das tun wir doch? (Hänsel nickt, Gretel lehnt dennoch ab.) Du, Hänsel, mir gibt sie sie nicht, versuch du's mal! Oder wollen wir sie ihr einfach wegnehmen? (Hänsel will nicht) Na gut, dann frag du sie noch mal. Vielleicht gibt sie's dir ja. Aber mach schnell, ich sterbe vor Hunger!»

Der Original-Hänsel ist sichtbar erleichtert, daß er die Szene nicht allein bestreiten muß. Sein von der Spielleiterin bewußt *schwächer* gespieltes Doppel-Ich macht ihn *stark*. Was er in dem Dialog mit Gretel zu sagen hat, wurde von der Spielleiterin im *alltäglichen, vertrauten Gespräch* mit ihm so vorbereitet, daß er das Wichtigste wiederholen kann, vielleicht nur mit einem Wort, oder mit einer Geste.

Er wird mit jeder Äußerung, egal wie knapp die ausfällt, *Erfolg* haben, denn sein Doppel-Ich wird sie *ernst nehmen* und für alle *verständlich* machen.

Verlieren Darsteller den Überblick über den Handlungsverlauf oder tummeln sie sich ohne Ende auf einem spannungsmindernden Nebenschauplatz, greift die Anleiterin als *mitspielende «Steigbügelhalterin»* ein.

Beispiel für den mitspielenden Spielleiter (aus der Theaterarbeit mit 4–6jährigen).
Zu den Mauseeltern gesellt sich der Spielleiter als Sohn Maus, weil die Eltern zu unvorsichtig durch den Wald wandern. Die Mutter kann nicht mehr weiter und wird von Vater und Sohn in schützendes Blattwerk eingewickelt. (Spielleiter)Sohn: «So wird die Eule unsere Mama bestimmt nicht sehen!» (Kind)Vater: «Hab keine Angst!»

Vater, Mutter und Sohn Maus besprechen, wie sie die Eule um Rat fragen können, ohne dabei gefressen zu werden.

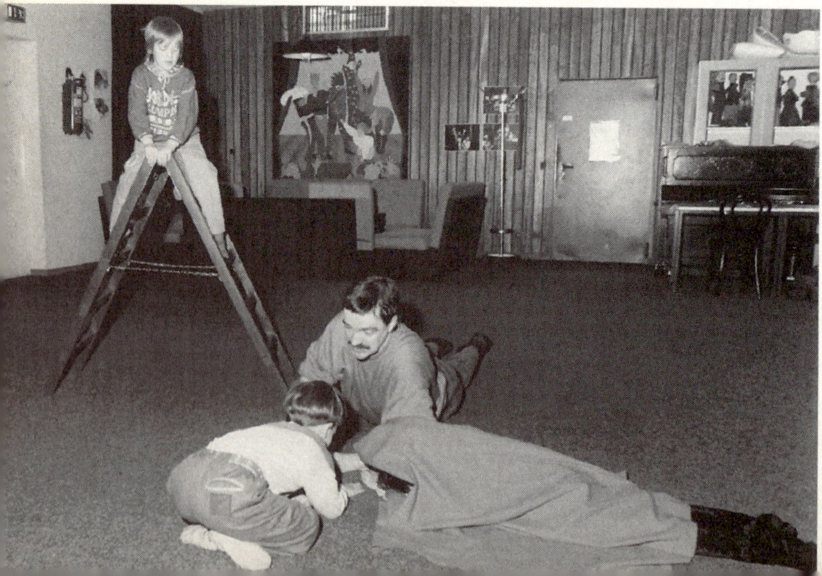

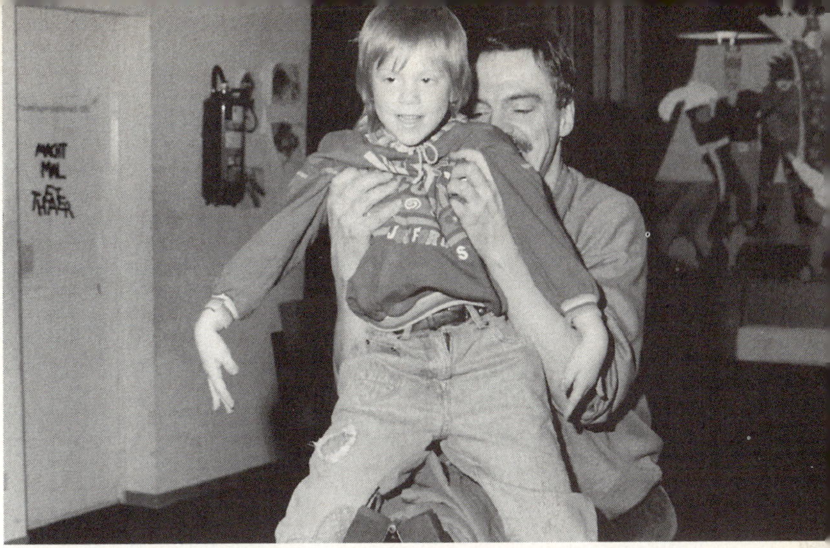

Die Eule hebt zum Flug ab, gestützt vom Spielleiter in «Doppel-Ich»-Funktion.
Spielleiter: «Was sehen denn unsere scharfen Augen?»
Eule: «Eine dicke, runde Maus!»

Eule umkreist mit ihrem «Doppel-Ich» den Mäuse-Vater. Spielleiter: «Wollen wir ihn jetzt oder später fressen?» Eule: «Jetzt!»
Vater Maus (der sich in eine Brombeerranke gewickelt hat): «Ich pikse aber!»

Sie tut das in einer *herrschenden Funktion*, z.B. in der Figur der Mutter: «Essen wollt ihr? Wir haben nur noch zwei Möhren, und die sind für Vater und mich, denn wir müssen hart arbeiten. Wenn ihr essen wollt, dann geht betteln, vielleicht schenkt euch jemand etwas.» Die Aussicht, durch den Wald zu gehen und Leute anzubetteln, lockt die beiden Darsteller in die Figuren und macht ihnen den Abschied leicht.

In einer *dienenden Funktion* erzielt die Spielleiterin denselben Effekt. Als kleinere, naive Gretel macht sie mit ihrer Unwissenheit ihren Bruder groß und klug, hilft ihm ungeschickt beim Packen o.ä., macht sich von seinen Entscheidungen abhängig, hinterfragt Unlogisches und zwingt Hänsel auf diese Weise, wie am vorigen Beispiel aufgezeigt, zur Übernahme der Spielinitiative.

Als Hexe dramatisiert sie den Ernst der Spielsituation, wenn die Darsteller zu heiter und unbeschwert, also für die Situation unangemessen, aufspielen: «So, nun noch ein Stengel Eisenkraut und drei Zweige Baldrian dazu – und fertig ist das leckere Schlafsüpp-

Das Kind spielt den Grafen Drache unangemessen harmlos. Die Spielleiterin geht in sein «Doppel-Ich».
Spielleiterin: «Schau nach, ob sie rotes oder blaues Blut hat!»
Kind: «Dickes blaues!»

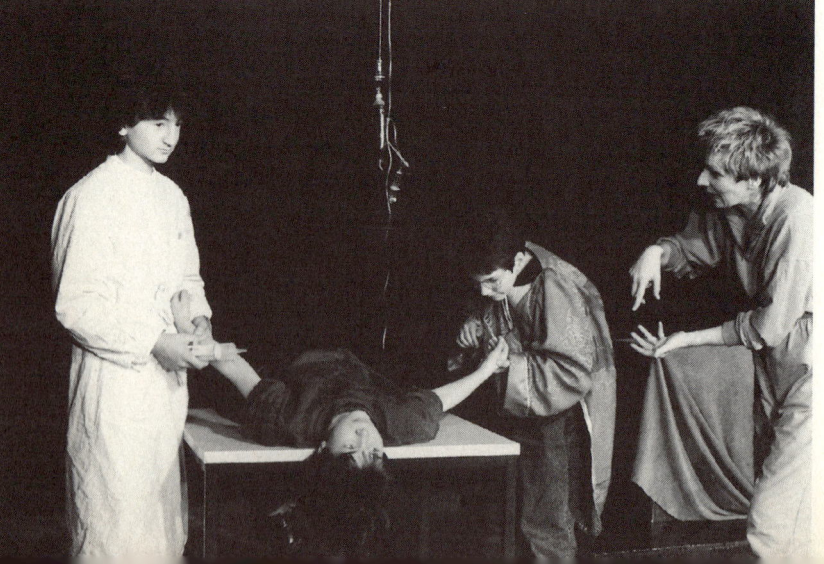

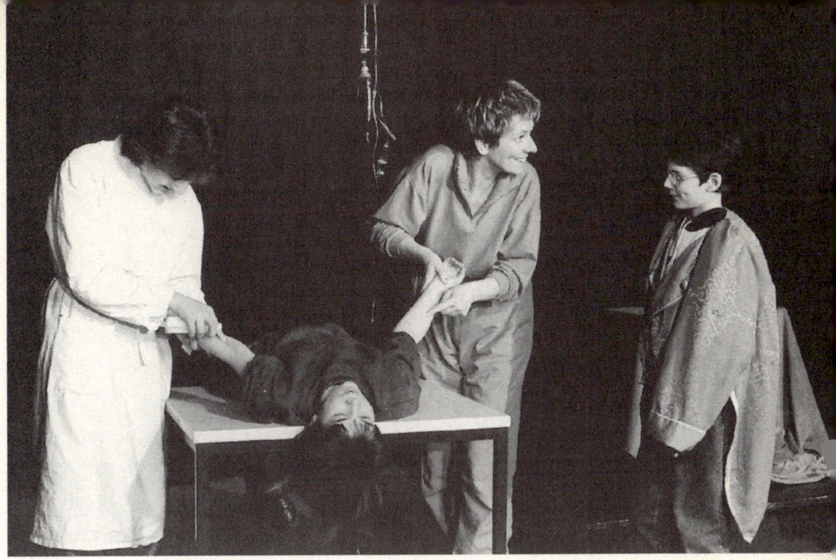

Spielleiterin im «Doppel-Ich»: «Bei so dickem Blut müssen wir die Superspritze nehmen, die paßt nur in diese Armvene!»
Kind: «Dann geht's schneller!»

(Kind)Graf: «Leichensepp, diese Jungfrau hat so dickes Blut, daß wir mit der Superspritze in diese große Vene gehen müssen!»
(Kind)Leichensepp: «Wer ist hier eigentlich der Fachmann?!»
(Aus der Theaterarbeit mit 11–14jährigen)

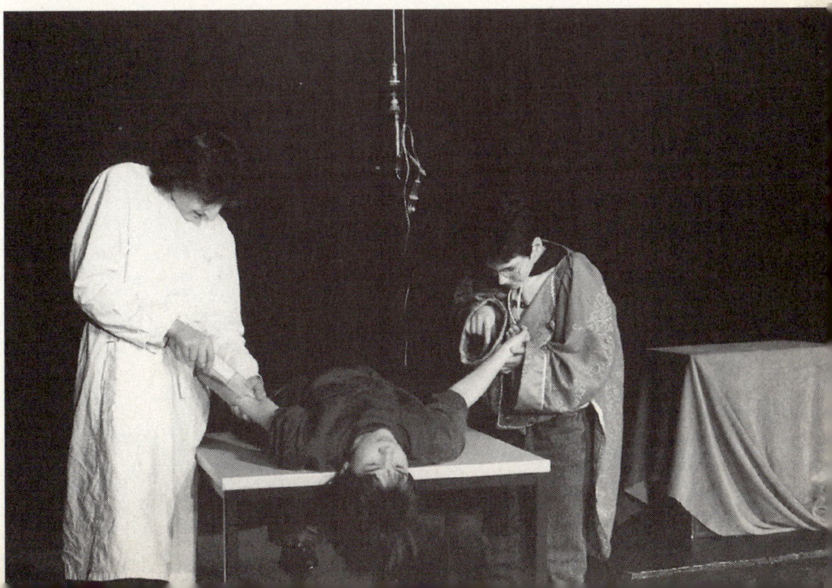

chen. Ziemlich viele bettelnde Kinder kommen zur Zeit vorbei. Kommen mir wie gerufen. Brauche bei meinem Rheuma jemanden für die schweren Drecksarbeiten. Mit dem Pfefferkuchen lock ich sie an, mit der Suppe mach ich sie schläfrig, und dann ab in den Schweinestall! Horch! Waren das nicht Kinderstimmen!?»

Die Falle, die die Hexe den beiden Kindern laut und sichtbar legt, wirkt auf die Darsteller wie ein anziehendes Hindernis, in das sie natürlich nicht hineintappen wollen. Mit der Motivation, die Pläne der Hexe zu vereiteln, denken Hänsel und Gretel (und bald auch die anderen Mitspieler) nach, wie sie gefahrlos ihr Ziel erreichen können und dennoch im Rahmen der vorgegebenen Spielhandlung bleiben. Die folgenden Auseinandersetzungen, deren Ausgang lange offenbleibt, wirken ungemein *spannungssteigernd*.

Mutigeren, aber immer noch oberflächlich spielenden Darstellern begegnet die Spielleiterin in einer *provozierenden Kontrafigur*, z. B. in Gestalt der Katze auf dem Hexenhaus: «He, ihr beiden windschiefen Vogelscheuchen! Habt wohl Hunger, was? Schöner Pfefferkuchen klebt da, oder? Nehmt ruhig noch ein

Der Mäusevater fragt Opa und Oma Hamster, ob sie den Käsedieb gesehen haben. Die beiden Hamster sind «sprachlos» und können nichts antworten. Der Spielleiter verstärkt die Nachfrage: «Die Mäusefamilie hat nämlich nichts mehr zu essen!» Wieder keine Antwort.

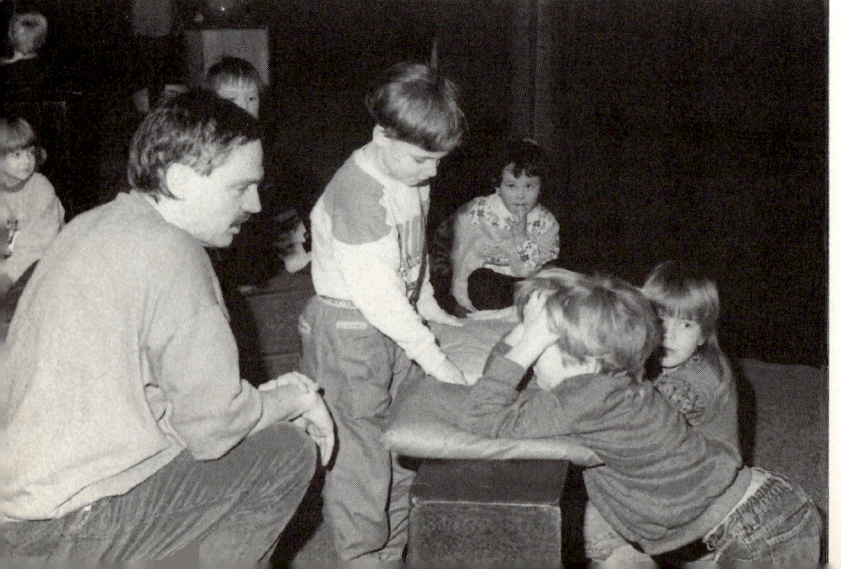

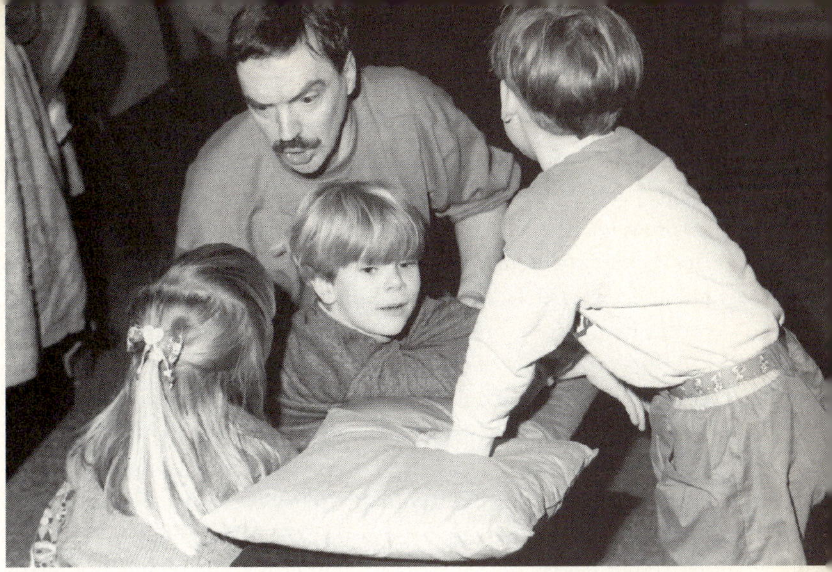

Spielleiter im «Doppel-Ich» des Hamsteropas: «Oma, nun sag ihm doch, daß wir geschlafen haben!»
(Kind)Hamsteroma: «Ich hab nichts gehört!»

Hamsteropa: «Gemein, mich einfach zu wecken!»
Hamsteroma: «Wir haben nichts gesehen und nichts gehört. Aber vielleicht weiß die Eule was!»
(Aus der Theaterarbeit mit 4–6jährigen)

Stück! Der letzte Dummkopf, der eins nahm, endete im Schweinestall. Jetzt traut ihr euch wohl nicht mehr, was? Meine Herrin
hat euch sowieso schon entdeckt. Wetten, daß ihr beiden hier
nicht mehr wegkommt?» 9–11jährige gehen diesen Wettstreit
gern ein (es ist ja alles nur ein Spiel!), der von der Katze als einer
Art Schiedsrichter *kommentierend begleitet* wird. Unerlaubte
Hilfsmittel wird sie genauso beanstanden, wie übersehene Chan-
cen in Erinnerung bringen. Ist ein Spieler mit rettenden Einfällen
überfordert, verrät die Katze großzügig, wie seine Figur sich aus
der Situation befreien kann.

Das Ziel jeder Mitspielvariante besteht darin, Figuren und
Spielsituationen den Darstellern so *vertraut* zu machen, daß sie die
Korrektur ihrer Spielfehler möglichst *selbständig, in Form einer
veränderten Spielaufgabe* vornehmen. Hat die Spielleiterin einen
Darsteller «stark gespielt», d. h. sieht er für seine Figur Perspektiven und fühlt er sich den Anforderungen gewachsen, verschafft sie
ihrer Figur einen begründeten Abgang, um von unten den weiteren Spielverlauf zu kommentieren.

2.9.3 Die Spielleiterin als Katalysatorin
verschiedener Interessen

Als «oben» mitspielende oder «von unten» kommentierende Figur verhindert die Anleiterin mit ihrer korrigierenden Spielbegleitung, daß Darsteller mit ihren Figuren «abstürzen», sich verren-
nen oder aber ihr Spiel, losgelöst vom Zuschauerinteresse, unter
sich ausmachen. Daher haben alle Korrekturen individueller
Spielfehler die *spannende und glaubwürdige Präsentation der
Spielgeschichte* zum Ziel, mit der die Schaubedürfnisse des Publikums befriedigt werden sollen. Diese *Orientierung des Theater-
spiels «nach unten»* geht eine Spielleiterin als *Katalysatorin* an.
Wie sieht das aus?

Verlaufen die Aktionen, Haltungen und Gefühle der Figuren
noch *unbegründet*, klagt die Spielleiterin deren Nachvollziehbar-

keit mit einer *Situationsanalyse aus Sicht der betreffenden Figur* ein: «Wie weit bist du bei der Verfolgung deiner Absichten? Welche Hindernisse liegen noch vor dir? Wer könnte dir bei deren Überwindung helfen? Welche eigenen Mittel brauchst du für deinen Weg zum Ziel?» Geschieht diese Situationsanalyse *öffentlich*, sind alle Mitspieler (und zuschauenden Nichtspieler!) über die Figurenabsichten und den Entwicklungsstand der Spielgeschichte *informiert.*

Fehlen einem Spieler noch die darstellerischen Mittel, die *Besonderheiten* seiner Figur *eigenständig* den anderen mitzuteilen, sucht die Spielleiterin (wiederum im offenen Dialog mit ihm) nach *zusätzlichen, verdeutlichenden* Tätigkeiten, Eigenschaften und Begegnungen, die die Rahmengeschichte zwar erweitern, aber gleichzeitig *erhellen.* Eine Gewähr gegen *unpräzises, oberflächliches* Spielen bieten diese Ergänzungen allerdings noch nicht.

Zu *belangloses* Spielen wird dadurch *gewichtiger*, daß die Figuren mit der Ausgangssituation der Spielhandlung konfrontiert werden, die keinen Aufschub verträgt: «Eure Eltern sind ohne Arbeit, sterben vor Hunger und Kälte, wenn ihr ihnen bis morgen nichts zu essen und zu heizen bringt.»

Die realistischen Verhältnisse auf dem Weg zum Ziel dürfen allerdings *nicht mit irrealen Mitteln* außer Kraft gesetzt werden: «Gretel kann die Tür zu Hänsels Schweinestall nicht ohne Schlüssel öffnen!»

Ein zu *harmonisch-«glatter»* Handlungsverlauf wird von den *konträren Absichten* anderer Figuren aufgehalten: «Eine Eule schickt die ratsuchenden Kinder in die falsche Richtung, weil die sie beim Schlafen gestört haben.»

Eine allzu *harmlos-idyllische Stimmung* wird durch ein *unerwartetes Ereignis* getrübt: «Beide Kinder kommen vom richtigen Weg ab, und Gretel verstaucht sich den Fuß!»

Mit derartigen, von der Spielleiterin mehrfach in den Spielverlauf eingebauten Hindernissen sollen die Spieler zum Nachdenken und zum Gebrauch ihrer Phantasie angeregt werden. Der erfolgreiche Verlauf der Abenteuerreise wird vor allem dann von den

Darstellern genossen, wenn sich die Figuren *bewähren* mußten und das Erreichen des Ziels einige Male vom Scheitern bedroht war.

Spielerfahrene Darsteller unternehmen aus *Lust am risikoreichen Theaterspielen* bald eigenständige Versuche, ihre Figurenaufträge um zusätzliche Konflikte und Auseinandersetzungen zu bereichern (vgl. 4.3.2).

Aber auch Anfänger begeben sich, begleitet von ihrer mitspielenden oder kommentierenden Beraterin, allmählich mutiger auf theatrales Neuland und setzen ihre Figurenaufträge immer selbstbewußter zu anderen in Beziehung.

Das gegenseitige Verständnis für die Spielaufgaben der Mitspieler kann eine Anleiterin auch über einen kurzzeitigen *Figurentausch* verbessern. Übernimmt z. B. die herrschende Hexe die Figur der dienenden Katze (und umgekehrt), sehen beide ihre Original-Figuren aus einer veränderten *Perspektive* in einem anderen *Status* und können sich so besser in deren Biografie hineinversetzen. Weil sich beide in ihrer ursprünglichen Figur bestens auskennen, können sie ihrem Gegenüber mit entsprechenden Darstellungstips oder einem passenden Anspiel weiterhelfen.

Mit dieser Fähigkeit, aus den *Signalen* des Mitspielers *Anlässe* für das eigene Spiel zu empfangen, und umgekehrt, mit deutlichen Impulsen den anderen ins Spiel zu bringen, haben die Darsteller eine wesentliche Voraussetzung für das Improvisationstheater (vgl. 2.7.1) erreicht.

Ob die Spielleiterin ihre Darsteller an deren Figurenaufträge erinnert, ihnen bei den Mitspielern das nötige Gehör für ihre Anliegen verschafft, ob sie ihr Spiel verstärkt, interpretiert oder glaubwürdig macht, ob sie Lücken füllt oder Zusammenhänge herstellt, oder dem Spiel zur angemessenen Präsentation verhilft – alle *Korrekturfunktionen* sind die einer *Katalysatorin*. Damit nimmt die Spielleiterin eine *Mittlerposition* zwischen *Verbündeter* ihrer Darsteller und *Anwältin* des Publikums ein, die *allen* Beteiligten, also auch sich selbst, ein Theatervergnügen bereiten will.

2.10 Proben spannend gestalten bis zur Aufführung

Wenn es nach den Vorstellungen der meisten theaterspielenden Kinder und Jugendlichen ginge, könnte eine Spielgeschichte, nachdem alle ihre Höhepunkte bekannt, eingerichtet und einmal durchgespielt sind, *sofort aufgeführt* werden. Doch selten ist das Produkt erweckter Spiellust in diesem Stadium auch schon genußvoll anzuschauen. Die ersten Spielversuche taugen in der Regel nämlich noch nicht, die *Schaubedürfnisse des Publikums* (nach glaubwürdigem, spannendem und unterhaltendem Theaterspiel) zu befriedigen. Weil dessen Anerkennung für das Selbstverständnis einer Theatergruppe von großer Wichtigkeit ist, kommt eine Spielleiterin nicht umhin, ihre Gruppenmitglieder von der *Notwendigkeit des Übens* zu überzeugen, auch wenn die dafür erforderliche *Ausdauer und Geduld* den Erwartungen der meisten Spieler an ein Theatertreffen zunächst widersprechen mögen. Wie schafft es also eine Spielleiterin, den spontanen Spielspaß der Darsteller für die *kontinuierliche Arbeit am Produkt zu erhalten*?

Vor der Beantwortung dieser Frage wollen wir uns aber zunächst einem anderen Problem widmen, das den Beginn der Probenarbeit unangenehm beeinträchtigen kann, dem *Streit um die Besetzung der Figuren*. Kann er umgangen werden?

Wird der *Figurenwechsel zum Prinzip* erhoben, stellt die Spielleiterin damit klar, daß die Erstbesetzung der Figuren nicht die der Aufführung sein muß. Probieren sich verschiedene Darsteller in einer Figur aus, drücken sie ihr ihren persönlichen Stempel auf, der das Verhaltensrepertoire der Figur in ihrer Endfassung wesentlich erweitern kann. *Wartende Spieler*, sonst eine Quelle permanenter Unruhe, schauen den gerade spielenden Akteuren interessierter zu, weil sie für ihren eigenen Spielversuch gern lohnende Darstellungsdetails übernehmen, andere verbessern, einige auch ganz neu gestalten wollen.

Um der Konkurrenz um die Besetzung vorzubeugen, können zwei Darsteller ein «Synchronisations-Team» für eine Figur bilden (vgl. die entsprechende Übung unter 2.7.2.2): der zuschauende Spieler «leiht» seinem gerade spielenden Double die Stimme bei dessen Aktionen, anschließend umgekehrt. Nachdem mehrere Besetzungsvarianten während der Proben ausprobiert wurden, entscheidet am Ende die *gesamte* Gruppe (meist sehr sachlich und weniger nach Sympathie), welche Figurenkonstellation die größere Spannung verspricht, von der in der Aufführung alle profitieren. Fehlt ein Spieler auf einer Probe, kann dessen Figur problemlos von einem anderen Darsteller übernommen werden, was jede Spielleiterin besonders vor Aufführungen zu schätzen weiß.

Wie erhält eine Spielleiterin das Interesse ihrer Theatergruppe an einer bereits bekannten Spielgeschichte? Die besondere Form des Improvisationstheaters eröffnet einige Möglichkeiten: Weil alle Spielgeschichten *selbst entwickelte* sind (und daher keinem Autor verpflichtet), können deren *Spielsituationen verändert* werden. Bereits 10jährige finden Vergnügen daran, in der vorgegebenen Rahmengeschichte den *Spielort zu verlegen*, *Motivationen auszutauschen und Entwicklungen abzuändern*, wenn sie sich von der *respektlosen Neubetrachtung* einen höheren Spielreiz versprechen. So ließ sich Hans Beutelschneider (vgl. 4.3.5) auf einer Probe statt vom Amtmann auf dem Marktplatz lieber von einer Mutter Oberin im Kloster gefangennehmen. Alle Mitspieler beteiligten sich in zusätzlich erfundenen oder in den bekannten Figuren, denen sie, passend zum neuen Spielort, *veränderte Charaktere*, *Tätigkeiten und Begegnungen* gaben. Auch die *Spielhandlung* selbst erhält mit den neuen Auseinandersetzungen *andere Akzente*, *pikante Verwicklungen und ein anderes Finale*. Dennoch entsteht bei dieser *Umstrukturierung* keine neue Spielgeschichte, eher eine *Episode*, die ermüdende Proben an der Originalgeschichte auffrischt, ohne Anspruch, am Ende auch tatsächlich übernommen zu werden.

Die Einrichtung von *Nebenszenen* helfen auch Darstellern, die Schwierigkeiten haben, die angemessene Haltung ihrer Figuren zu finden. So lohnt es, *die Entstehungsgeschichte* einer Motivation (Wut, Angst, Unterwürfigkeit o. ä.) kurz aufzuzeigen, die eine Figurenhaltung erklären, später aber wegfallen kann.

Zu viele *Handlungsvarianten* können die ursprüngliche Spielgeschichte *leicht überladen und unübersichtlich* machen, was besonders jüngere Darsteller leicht verwirrt. Rechtzeitig vor der Aufführung (und das wird, je nach Alter, ca. 4 – 8 Proben vorher sein), muß die Spielleiterin daher nach der Phase des Ausprobierens die *Spielhandlung wieder verdichten.* Welche Spielsituation für das Verständnis und den Spannungsbogen wichtig und damit erhaltenswert ist, vermögen Kinder und Jugendliche, die in ihre Figuren «verliebt» sind und die Länge ihres Auftritts gern hinauszögern, nicht selber zu entscheiden. Dies nach Aufführungsgesichtspunkten zu beurteilen, bleibt allein der Spielleiterin vorbehalten. Wie geht sie dabei vor?

Sie konzentriert das *Spielthema* auf das *Hauptanliegen einer Figur,* dem die Absichten der anderen Figuren *zu-, nach- und untergeordnet* werden. Dadurch ergibt sich eine *spannungsaufbauende Reihenfolge der Szenen, die Struktur und Spieltempo der Handlung festlegen,* und den Darstellern die für das Improvisieren so wichtige *Orientierung* geben. Entsprechend fällt alles weg, was diesen kontinuierlichen Spannungsaufbau stört.

In der praktischen Probenarbeit zieht die Anleiterin nach jeder gespielten Szene ein *Resümee*: Was ist bis jetzt passiert? Wie weit ist die Hauptfigur auf ihrem Weg zum Ziel gekommen? Welche Hindernisse und Umwege können noch eingebaut werden, um das Unternehmen zu gefährden und damit bis zum Schluß spannend zu halten? Welche Veränderungen ergeben sich dadurch für die beteiligten Figuren?

Diese *dramaturgischen Korrekturen* kann eine Spielleiterin für spielmüde Darsteller aufregend gestalten, wenn sie mit ihnen z. B. die *Kurzfassung* der Geschichte spielt. Aus 2.7.2.3 kennen wir bereits die Übung «Statuen bilden – Film ab!». Mit den dort beschriebenen «Standbildern» («Tableaus») lassen sich einzelne Szenen von den daran beteiligten 3 – 4 Figuren so zusammenfassen, daß nur ein «Extrakt» der Szene gespielt wird, aber so eindeutig, daß z. B. Taubstumme sie verstehen würden. Spielanfängern fällt dies anfangs schwer, weil sie noch zu wenig Vorstellungen von der Wirkung ihres Spiels haben. Zuschauende Spieler formen dann als «Bildhauer» die Standbilder zu ausdrucksstarken Haltungen und Gesten, bis das «Bild spricht». Dazu kann die Spielleiterin (in fortgeschrittenen Gruppen auch ein Teilnehmer) die zum Bild zusammengefaßte Szene in Kurzform spannend beschreiben. Überflüssiges Reden (vgl. 2.7.2.1) wird bei dieser Übung auch dann vermieden, wenn jeder Darsteller im Standbild seine Haltung mit einem Satz verstärken darf. Der Spielgeschichte kommt es zugute, wenn die Spieler sich auf das Wesentliche beschränken lernen.

Eine ähnliche Wirkung geht vom *«Zeitraffer»* aus. Die Spielleiterin stellt ihrer Gruppe die Aufgabe, jede Szene statt in der Normallänge von z. B. zehn Minuten in nur zwei Minuten zu spielen, und alles Wichtige dabei zu zeigen. Die Darsteller überlegen gemeinsam, was überflüssig ist und wegfallen kann und was für das Verständnis unerläßlich ist. Darstellern ab zwölf Jahren, die allmählich einen Sinn für Präzision entwickeln, macht die Übung viel Spaß, vor allem auch deshalb, weil der «Schnelldurchgang» viel Komik erzeugt.

Um Abwechslung in den Probenalltag zu bringen, kann sich die Theatergruppe ihrer Spielgeschichte auch über andere *Medien* nähern. «Hänsel und Gretel» kann man nicht nur im Wald spielen, sondern auch auf einer belebten Straße, die als *Diaprojektion* auf den Bühnenhintergrund geworfen wurde, so daß neue Hindernisse zu reizvollen Auseinandersetzungen führen, die das feste Spielziel spannend hinauszögern.

Rückblenden und Nebenhandlungen, die den normalen Spielfluß über Gebühr verlängern würden, lassen sich z. B. durch *Schattenspiele* dennoch einbauen. Nicht nur die Aufmerksamkeit der Zuschauer wird durch die andere Theaterform belebt, auch den Darstellern wird eine andere Spielpräzision abverlangt.

Abstand und damit mehr Überblick über ihre Figuren gewinnen die Spieler, wenn sie Sequenzen aus der Spielgeschichte als

Scherenschnitt- und/oder Puppentheater vorführen. Bereits die gemeinsame Herstellung der Miniaturfiguren bringt viel Spaß. Sie zu führen, erfordert Geschick und verführt fortgeschrittene Darsteller schließlich zu einer Mischform der Medien:

«Die Pfeffersacks» reisen, von den Spielern hinter einem beleuchteten Vorhang als Scherenschnittfiguren geführt und mit Stimmen versehen, in einer Miniaturkutsche durch den Wald bis zu einem Hindernis, das nebenan, auf der «richtigen» Spielfläche ebenfalls aufgebaut ist, aber nun in Originalgröße. Die Pfeffersackfiguren verlassen ihr Scherenschnittdasein und betreten in menschlicher Gestalt die Szene, um sich an dem Hindernis von Räubern überfallen zu lassen. Vor deren Bandenchef ändern sie wiederum ihr Äußeres und bringen ihre Wehklagen, Drohungen und Versprechungen als Handpuppen vor.

Musikeinlagen, z.B. in Form von resümeeziehenden Liedern einzelner Figuren oder entscheidungsvorbereitenden Moritaten von begleitenden «Bänkelsängern», können sehr spannungssteigernd wirken und die Aufführung zu einem multimedialen Erlebnis machen (vgl. 4.4.5).

Je näher die Aufführung rückt, desto empfänglicher wird eine Theatergruppe für die *Ausstattung* der Spielgeschichte. Auch wenn das Schwergewicht theaterpädagogischen Arbeitens u.E. immer auf der glaubwürdigen Darstellung von Figuren und der Einhaltung des Spannungsbogens liegen sollte, bringen *Technikproben* oft neue Impulse für das Spiel und können dessen Wirkung mit (angedeuteten) selbst hergestellten Kulissen, Kostümteilen, Requisiten, Licht, Geräuschen und Musik erhöhen (vgl. 3.4 und 3.5), wofür bereits 10jährige zu begeistern sind.

Auch in die konkrete *Vorbereitung einer Aufführung* können Kinder bereits einbezogen werden, wenn z.B. für die Vorstellung mit selbst gefertigten Plakaten, Handzetteln, Presseartikeln, Lokalfunkinterviews oder kurz gespielten Szenen in der Fußgängerzone geworben wird.

Testpublikum, bestehend aus Kolleginnen und/oder einzelnen Kindern oder Jugendlichen, die man ca. fünf Proben vor der Aufführung dazubittet, *diszipliniert* nicht nur das Spiel einer Theater-gruppe, es gibt den Spielern auch Hinweise, wo ihre Darstellung noch verdeutlicht, verkürzt oder verlängert, wo sie *zuschauer-orientierter* werden muß. Besonders unerfahrenen Spielleiterinnen kann der Rat fachkundiger Kolleginnen über «Betriebsblindheit» und Unsicherheit hinweghelfen und für die Aufführung größere Gelassenheit bringen.

Mit den hier beschriebenen Möglichkeiten kann das Problem vieler Theatergruppen, die Anfangsspannung einer Spielge-schichte nicht über Wochen bis zur Aufführung durchhalten zu können, zumindest teilweise gelöst werden. Wird am Produkt mit *unterschiedlichen künstlerischen Mitteln* und aus *veränderten Perspektiven* gearbeitet, vermögen Kinder und Jugendliche neue Kräfte freizumachen, angespornt von der Aussicht, mit einer ver-besserten Wirkung ihres Spiels den Erfolg zu vergrößern.

2.11 Spielbegleitung während der Aufführung

Kinder und Jugendliche kann man im Improvisationstheater bei einer Aufführung nicht sich selbst überlassen. Das liegt zum einen an der Rahmengeschichte, die sich aufgrund neuer, spontaner Ein-fälle der Spieler laufend verändert, zum anderen an der Tatsache, daß kein Spieler den wichtigen Spannungsbogen (wegen der allge-meinen Aufregung und Vergeßlichkeit) über die gesamte Auf-führungslänge zu halten vermag. Als «zwölfte Frau ihrer Mann-schaft» wird sich die Spielleiterin deshalb darum bemühen, mit einer *kommentierenden Spielbegleitung* die auf einer der letzten Proben erreichte Darstellungsqualität wiederherzustellen und so-mit den Aufführungserfolg sichern zu helfen. Der Umfang ihrer

Hilfestellung ist in jeder Altersstufe unterschiedlich und wird deshalb im 5. Abschnitt der Kapitel 4.1–4.4 noch ausführlich beschrieben werden. Als *Vermittlerin* zwischen Bühne und Zuschauerraum wird sie bei der Aufführung allerdings in *jeder* Theatergruppe aktiv.

Kommt das Zeichen für den Beginn der Vorstellung, tritt die Spielleiterin zusammen mit ihrer Gruppe vor den Vorhang. Kein Spieler winkt privat seinen Bekannten zu und auch die Spielleiterin entschuldigt sich *nicht* für die Qualität der Aufführung, erbittet keine Nachsicht für die schwierigen Probenbedingungen und gibt auch keine besonderen Schauhinweise. Das Produkt braucht keine (Vor-)Erklärungen, kritisches Schauen ist erwünscht. Wer Informationen über den Probenprozeß wünscht, erhält sie *hinterher* von der gesamten Gruppe.

Verheißungsvoll kündigt sie das Thema an und führt die Figuren der Geschichte ein: «Meine Damen und Herren! Holen Sie tief Luft, halten Sie sich gut fest und nehmen Sie all Ihren Mut zusammen! Den werden Sie nämlich brauchen, wenn Sie gleich Zeuge einer Ungeheuerlichkeit werden! Mitten in einem Unnaer Ausflugslokal, Sie kennen es alle, wird Graf Drache, ein Großneffe des berühmten Grafen Dracula, mit einer Hochzeitsgesellschaft sein Unwesen treiben. Hochzeitsgesellschaft, seid ihr bereit, dem Publikum das schaurige Spektakel vorzuführen? Dann begebt euch auf eure Plätze im Ausflugslokal. Graf Drache, bist du bereit für deine Wiederauferstehung? Dann leg dich in deinen Sarg auf jenem Friedhof dort.»

Haben alle Spieler der 1. Szene auf (vor oder hinter) der Bühne ihre Plätze eingenommen, erzählt die Spielleiterin den Beginn der Spielgeschichte genau so atmosphärisch dicht, wie sie das am Anfang der Probenarbeit in ihrer Theatergruppe getan hat (vgl. 2.5). Dieser Erzähleinstieg dient dem Publikum als Einstimmung in die ungeheuerlichen, einmaligen Ereignisse der Spielgeschichte und ihren Darstellern als konkrete Spielvorbereitung, mit der sie leichter ihre Privatheit ablegen und zu ihrer Figur finden können. Mit dieser Spieleröffnung macht die Spielleiterin einen *Spannungsbo-*

gen auf, den sie zwischendurch immer wieder aufgreifen, ggf. erneuern und am Ende schließen wird, ähnlich einer Klammer, die das ganze Theaterstück zusammenhält.

Jeder Figur oder Figurengruppe, die die Bühne betritt, bereitet die Spielleiterin einen atmosphärischen Teppich (vgl. 2.6.5), den alle Spieler gern betreten. Den Spielbeginn leitet die Spielleiterin, wiederum vom Bühnenrand aus, *erzählend* ein: «Schauen Sie in diese trostlose Dorfkneipe, die lange kein Tageslicht und schon gar keine Putzfrau gesehen hat, und achten Sie auf Heinz, den Wirt, wie er ungewaschen, müde und lustlos versucht, Ordnung in dieses Chaos zu bringen!» Mit der Kommentierung dessen, was alle Zuschauer sehen, wird der Wirt ins Spiel gebracht, ohne von seinen Aktionen etwas vorwegzunehmen. Die Spielleiterin verstärkt und interpretiert seine Darstellung, wiederholt sie aber nicht. Gerade weil Kinder und Jugendliche die Spannung ihrer Figur (wie z.B. Profischauspieler) nicht lange halten können, ergänzt die Kommentierung der Spielleiterin deren Spiel, gleicht Unzulänglichkeiten aus, füllt Verständnislücken, «heizt» dramatische Entwicklungen an, provoziert situations- und verhaltensangemessenes Spiel («Gleich sehen Sie, wie ängstlich Heinz seiner Frau wegen seiner Schlamperei Rede und Antwort stehen wird!»), «stopft» Spannungslöcher, «kittet Filmrisse» (wenn Darsteller den Faden verloren haben) und sorgt so dafür, daß das Spiel für das Publikum verständlich, glaubwürdig und spannend bleibt. Als *Katalysatorin* verhilft sie der Darstellung ihrer Spieler zu der angemessenen Wirkung. (Heinz, der Wirt, hat zu Liz, seiner stets keifenden Frau, zu leise «Halt's Maul!» gesagt. Spielleiterin kommentierend: «Liz wußte genau, wenn Heinz so leise sprach, kochte er innerlich vor Wut, so daß sie ihn besser nicht länger reizte, sondern ihm wortlos seinen Tee hinstellte!»)

Ob die Spielleiterin durchgehend das Spiel ihrer Darsteller begleitet (wie bei 4–9jährigen, vgl. 4.1.5 und 4.2.5) oder sich auf kurze Einwürfe beschränkt (wie bei 10–13jährigen, vgl. 4.3.5), immer will sie mit ihren Kommentierungen die Darsteller zu *eigenständigem* Spiel verleiten.

Dabei gilt es abzuwägen, ob die Darsteller sich untereinander weiterhelfen können oder ob eine Figur Spielhilfe von unten braucht. Wie auch immer die Spielleiterin eingreift, sie tut es stets *offen vom Bühnenrand* aus. Ob als Kommentatorin oder kommentierende Figur, sie bleibt *Mittlerin* zwischen Darstellern und Publikum, die Spiel- oder Verständnishilfen gibt, wenn es die Situation erfordert. Im Gegensatz zu den Proben spielt sie in Aufführungen niemals selber mit, um sich mehrere Möglichkeiten zu erhalten, von unten *alle* Figuren unterstützen zu können.

Einige Mutige lassen sich durch die Spielanstöße von unten zu Abänderungen des Handlungsverlaufs animieren, die dem Improvisationstheater zusätzlichen Reiz verleihen können, wenn die Spieler ein Gespür für die *Dauer* einer Szene haben und alle Mitspieler auf diese Abweichungen vorbereitet sind. Da beides sich erst nach einiger Spielpraxis einstellt, greift die Spielleiterin in *Dialogform* ein, um das *ausufernde Spiel* einer Figur nicht in Langeweile abgleiten zu lassen («Herr Graf, wenn Sie weiterhin so ausführlich Ihre Stiefel putzen lassen, zünden Ihnen die wütenden Bauern inzwischen Ihr Schloß an!»).

Am häufigsten gefordert ist die Spielleiterin, wenn Spieler nicht weiterwissen. Wie verschafft sie allen Spielern die nötige Ruhe und Zeit zum Nachdenken über den Fortgang der Handlung? Indem sie die peinliche Pause auf der Bühne als eingeplante behandelt und zusammenfassend Resümee zieht. Der betreffende Spieler findet sich so schnell wieder zurecht und wird mit einem erneuten Erzähleinstieg von der Spielleiterin ins Spiel zurückgebracht, ohne daß jemand im Publikum diesen «Kunstgriff» als Panne bemerkte! (Der Amtmann weiß auf ein Angebot von Hans Beutelschneider keine Antwort. Spielleiterin: «Der Amtmann schwieg auf Hans' Angebot, ging im Zimmer umher und ließ ihn warten, wie er es mit allen Untergebenen machte, denen er seine Überlegenheit zeigen wollte. Dann schaute er lange seine beiden Wachen an, bis er plötzlich einen genialen, hinterhältigen Einfall hatte! Lächelnd winkte er Hans zu sich heran...») Dem vergeßlichen Amtmann-Darsteller muß nun nichts Neues einfallen, denn die Spielleiterin hat ihn mit ihrer «Kunstpause» nur an den Fortgang der Szene erinnert, von der sie dem Publikum allerdings noch nichts verriet.

Häufig lassen Spieler auch Passagen, die für die Entwicklung und das Verständnis der Handlung wichtig sind, im Übereifer aus. Hier stellt die Spielleiterin der Figur (nicht dem Spieler!) Fragen aus der Sicht des Publikums, die wie ein einstudierter Dialog wirken. Spielleiterin: «Mutter Beutelschneider, wenn Sie Ihrem Sohn zu früh erlauben, auf dem Markt Geld zu stehlen, ohne daß er ausreichend geübt hat, wird er genauso schnell erwischt und aufgehängt werden wie sein Vater! Wollen Sie Ihren letzten Sohn denn auch verlieren?» Der Mutter-Darstellerin wird hierbei kein Spielfehler aufgezeigt, sondern eine Spielaufgabe gestellt, die die ausgelassene Entwicklung der Szene nachholt, ohne daß es unten jemand als Versäumnis registriert hätte.

Während der Aufführung hält die Spielleiterin also *zu jeder Figur, kommentierend oder befragend, direkten Kontakt*, bereit, ihr den «Steigbügel» zu halten, wann immer das nötig ist. Die Gewißheit, daß ihre Anleiterin sie nicht allein und «abstürzen» läßt, gibt allen Spielern jene *Sicherheit und Gelassenheit*, die das improvisierte Theaterspielen als Voraussetzung braucht. An derartiges Befragen gewöhnte Spieler werden ihre Figuren dabei nicht verlassen und privat werden, sondern selbstsicher, und ohne daß es den Spielverlauf stört, die Korrekturen an ihrem Spiel selbständig vornehmen. Dieses «Spielen mit Netz» macht einige Darsteller nach ein paar Aufführungen so mutig, daß sie festgefahrene Situationen im Spiel selber zu retten versuchen. Damit ist die Spielleiterin dann (fast) am Ziel einer *sich selbst regulierenden Theatergruppe* (vgl. 2.12).

Nicht nur ihren Spielern ist die Spielleiterin verpflichtet, ihnen mit ihrer Hilfe zu überzeugender Darstellung zum Erfolg zu verhelfen. Auch beim Publikum steht sie im Wort, die Spielgeschichte zu dem von ihr angekündigten Schauvergnügen aufzubereiten und ggf. nachzubessern. Wie Auserwählte werden die Zuschauer in das einmalige Erlebnis der ungeheuerlichen Geschichte eingeführt und durch das Theaterstück begleitet, mal aufgestachelt, mal beruhigt, mal «hinter vorgehaltener Hand» mit Geheiminformationen über die Spielgeschichte versorgt. Diese *kommentierende Betreuung* des Publikums ist fester Bestandteil jedes Improvisationstheaters und führt in der Regel zu einem intensiveren Aufführungserlebnis.

Auch während der *Umbaupausen* bei Szenenwechseln reißt der Kontakt zwischen Spielleiterin und Zuschauern nicht ab, was allerdings zum Problem werden kann, wenn die Darsteller mit der *selbständigen* Neueinrichtung ihrer Spielsituation überfordert sind. Daher macht die Spielleiterin *Umbauten zum Spielinhalt*, indem sie als Kommentatorin die nötigen Spielanweisungen *von unten* gibt: «Wirtin, dein Mann möchte nicht in eurer Kneipe, sondern in eurem Wohnzimmer Abendbrot essen. Mach's ihm gemütlich! Was hat er denn besonders gern, und was mag er gar nicht?» (Die Wirtin baut im Selbstgespräch den Kneipenraum zum Wohnzimmer um und ruft anschließend ihren Gatten herein.)

Noch bevor die Darsteller zum Applaus vor den Vorhang treten, wird das Publikum «augenzwinkernd» in den Alltag entlassen: «Sie wollen wissen, wie die Geschichte weitergeht? Beehren Sie uns wieder, in einem Jahr, zur selben Zeit am selben Ort. Und Sie dort glauben die Geschichte nicht? Dann kneifen Sie sich in den Arm! Das tat weh? Dann träumen Sie nicht! Sie glauben sie immer noch nicht? Dann fragen Sie Ihren Bäcker! Der hat sie nämlich beim Metzger gehört, dem sie wiederum dessen Friseur erzählt hat... und bei dem habe ich mir neulich die Haare schneiden lassen!»

Die Fähigkeiten der Spielleiterin zur *kommentierenden Spielbegleitung* bestehen in nichts anderem als ihrem *offensiven, flexiblen und zielsicheren Aufgreifen aller Vorkommnisse während einer Aufführung und deren logische Einbindung in den Spielverlauf.* Die für diese Form der Spielbegleitung nötige Souveränität erlangt die Spielleiterin durch häufiges Ausprobieren. Sie verfügt damit über ein Mittel, mit dem sie den Erfolg einer Aufführung (fast) garantieren kann.

2.12 Der Weg zur sich selbst regulierenden Theatergruppe

Die im letzten Abschnitt beschriebene Aufführung einer Spielgeschichte – das krönende Resultat aller theaterpädagogischen Anstrengungen – ist nur mit einer Theatergruppe zu erreichen, die ihr
anfängliches Konkurrenzverhalten abgelegt und zur *Kooperation*
gefunden hat. Daß dieser Prozeß im Laufe der Proben sich keineswegs kontinuierlich und zwangsläufig in die gewünschte Richtung
entwickelt, sondern von der Spielleiterin gesteuert und durchge-
setzt werden muß, soll zum Abschluß dieses Kapitels deutlich werden. Im 4. Kapitel werden wir noch ausführlich beschreiben, daß
die meisten Teilnehmer aller Altersgruppen zu Beginn der Theaterarbeit zum *Zusammenspiel* noch nicht in der Lage sind. Mit
ihrem in Familie, Schule und Straße antrainierten «Einzelkämp-
ferbewußtsein» betreten sie den Theaterraum und zeigen z. B. bei
der Figurenbesetzung, beim versuchten Ausschluß von Außensei-
tern oder Andersgeschlechtlichen oder beim Zusammenspiel ein
Konkurrenzverhalten, das gewöhnlich nur den Stärksten und
Rücksichtslosesten «gewinnen» läßt.

Mit ihrer klaren Anleitungshaltung, mit reizvollen Spielangeboten und mit festen Spielregeln zeigt die Spielleiterin den Kindern
oder Jugendlichen, daß der von allen erwartete Spaß beim Theaterspielen (und spätere Erfolg mit der Aufführung) nur zu erreichen ist, wenn sich alle auf die von ihr eingerichteten Bedingungen
einlassen. Für einige wird das mühsames Umlernen bedeuten, das
sich aber am Ende für jeden Teilnehmer als Genuß am Theaterspielen und einem Aufführungserfolg auszahlen wird.

Praktisch werden die Gruppenmitglieder erleben, daß überzeu-
gendes Theaterspielen nur in einer störungsfreien, konzentrierten
Atmosphäre geübt werden kann, das die Einhaltung bestimmter
Verhaltensregeln einschließt. Private Streitigkeiten und Eifersüch-
teleien sind deshalb fehl am Platze und müssen für die Zeit des

Theatertreffens ausgesetzt werden, weil sie nicht Thema des Treffens sind, die Probenarbeit stören und damit das gemeinsame Ziel gefährden. Nach 3–4 Proben erkennen und akzeptieren die meisten Spieler, daß alle, die zum Theaterspielen gekommen sind, dazu auch die Gelegenheit erhalten, gleichgültig, welche Voraussetzungen sie mitbringen. Wenn Uwe den Räuber nicht spielen mag, weil er Britta privat nicht leiden kann, dann interessiert das die Spielleiterin wenig. Sie wird Uwe weder einen Vorwurf daraus machen, noch seinen Erpressungsversuchen nachgeben, sondern eine Umbesetzung vorschlagen. Dazu läßt Uwe es dann allerdings nicht kommen, weil er zu gern die Postkutsche überfallen möchte, auch wenn die Prinzessin Britta heißt.

Was die Spielleiterin jedem Teilnehmer an Spiel- und Gruppenverhalten abverlangt, ist also von der *Sache her inhaltlich begründet und dient dem gemeinsamen Zweck*. Wer den nicht teilt, ist am falschen Ort.

Mit dieser *Grundhaltung* gibt die Spielleiterin ihrer Theatergruppe vom ersten Treffen an eine klare *Orientierung*.

Für das *kooperative Spielverhalten*, das sich nicht aufgrund ihrer Appelle einstellt, schafft sie die entsprechenden *Spielbedingungen*.

Dazu gehört vor allem das altersgemäße Rahmenprogramm, mit dem sie das Theatertreffen einleitet und ausklingen läßt und das mit seinen Spielen und Übungen die Gruppe auf den Hauptteil, die Darstellung der Spielgeschichte, einstimmt und konkret vorbereitet.

Ob eine Theatergruppe zur Kooperation findet, hängt nicht zuletzt von der Spielgeschichte ab, die den altersspezifischen Bedürfnissen der Gruppe entsprechen muß (vgl. hierzu den jeweils 2. und 3. Unterpunkt der Kapitel 4.1–4.4). Wenn z. B. Hindernisse auf der «Abenteuerreise» von den Figuren nur *zusammen* überwunden, wenn Höhepunkte gemeinsam erreicht und genossen werden können, werden die Darsteller durch den Verlauf der Handlung von einem «Spielrausch» erfaßt, bei dem sie sich wechselseitig vorantreiben.

Schließlich wird die Art, wie die Spielleiterin Kritik übt (und sich selbst kritisieren läßt!), d. h. Verbesserungsvorschläge für Spielfehler der Figuren macht, anstatt die Unfähigkeit der Darsteller herauszustellen, das *Spielklima* der Gruppe und deren Umgangston miteinander wesentlich beeinflussen.

Die bevorstehende Aufführung löst bei allen Gruppenmitgliedern einen Motivationsschub aus, der sich in einem *kollektiven Schaffensprozeß* niederschlägt. Rechtzeitig vorher von ihrer Spielleiterin in wichtige Entscheidungen mit einbezogen, fühlen sich die meisten Spieler aufgefordert, mit eigenen Vorschlägen zum Gelingen des Theaterstückes beizutragen und damit zu ihrer Sache zu machen. Sie merken, daß das Publikum die Gesamtleistung mit Beifall honorieren wird und daß den Erfolg darum nicht einzelne, sondern nur *alle zusammen* erringen können.

Mit nützlichen Darstellungstips für zusätzliche Spannung und Komik helfen sich die Spieler gegenseitig, die Wirkung ihres Spiels zu erhöhen (nach den Figurenwechseln, vgl. 2.10, hat auch jeder zu jeder Figur etwas beizutragen!).

Bei der Übernahme von Aufgaben für die Ausstattung und die organisatorische Vorbereitung der Aufführung zeigen alle Beteiligten, daß sie ausdauernd und konzentriert Verantwortung übernehmen können, wenn das *gemeinsame Produkt ihr Interesse* findet. Vergessen sind Macht- und Rangfolgekämpfe, Mißgunst und Beleidigtsein, wenn man sich gegenseitig zum Erfolg anspornt und alle Albernheiten und Unzuverlässigkeiten als unproduktives Verhalten wechselseitig reguliert.

Daß alle bis zum Schluß an ihrem Ziel festhalten, beeinflußt die Spielleiterin, indem sie ihre Gruppenmitglieder (ihren Fähigkeiten entsprechend) fordert und lobt und damit zeigt, *wie wichtig sie selbst die Sache nimmt*. Selbstbewußtsein schöpfen die Gruppenmitglieder vor allem deshalb aus dem Erfolg einer Aufführung, weil ihnen bewußt wird, daß jeder einzelne mit seinem persönlichen Einsatz dazu beigetragen hat. Weil jeder dieses Erlebnis wiederholen möchte, und weil auch die Spielleiterin (natürlich) mit dem Ergebnis nicht restlos zufrieden war («Ihr wart toll, aber ihr könnt noch mehr!»), drängt es alle zur nächsten Spielgeschichte, deren Erarbeitung mit einem *gewachsenen Gruppengefühl* angegangen wird.

Das «Idealbild» einer Spielleiterin, das zu Beginn dieses Kapitels (vgl. 2.1.1) den Leser vielleicht abschreckte, wird jetzt als *Resultat einzelner Fertigkeiten* deutlich. Damit sollte bewiesen werden, daß theaterpädagogische Spielanleitung ein *erlernbares Handwerk* ist, das keine anderen Voraussetzungen oder «Begabungen» verlangt als die *Begeisterung* für improvisiertes Theaterspielen. Wie der Appetit beim Essen, so kann sich auch die Begeisterung beim Ausprobieren dieses Mittels einstellen, wenn die Spielleiterin den Befürfnissen, Ansichten und Phantasien von Kindern und Jugendlichen zum theatralen, genießbaren Ausdruck verhilft. Wer sich bei den ersten Versuchen auf kleine Erfolge einstellt, kann nicht enttäuscht werden. Um die zu sichern, wenden wir uns nun den äußeren Bedingungen des Improvisationstheaters mit Kindern und Jugendlichen zu.

3. Bedingungen, Ausstattung und Organisation des Improvisationstheaters mit Kindern und Jugendlichen

Spielleiterinnen, die mit den im 2. Kapitel beschriebenen Fähigkeiten das Theaterspiel mit Kindern oder Jugendlichen beginnen wollen, finden in ihren Einrichtungen häufig Bedingungen vor, die dem Improvisationstheater ein Hindernis sind. Das liegt zum einen am Theaterverständnis von Vorgesetzten und Kolleginnen, das in der Regel noch vom Texttheater bestimmt wird. Zum anderen führt theaterpädagogische Arbeit insgesamt in diesem Lande immer noch ein Schattendasein, vergleicht man sie z. B. mit England, Holland oder den skandinavischen Ländern, oder blickt man auf musik- und kunstpädagogische Arbeit, die größere gesellschaftliche Anerkennung genießt. So werden Spielleiterinnen nicht umhinkönnen, in Kindergärten, Schulen, Freizeitheimen und Kulturhäusern Bewußtsein und Raum für das Improvisationstheater erst noch zu schaffen.

Wieviel Ausstattung braucht das Improvisationstheater und wie muß es organisiert sein, um Kindern und Jugendlichen als adäquates theatrales Ausdrucksmittel zu dienen? Diese Frage werden Spielleiterinnen, je nach ihrem Qualitätsmaßstab und künstlerischem Selbstverständnis, unterschiedlich beantworten. Richtig ist sicher, daß anspruchsvolle Theaterprodukte auch ohne üppigen Materialaufwand zu erreichen sind. Daraus allerdings die Formel «Je ärmer, desto kreativer» abzuleiten und jede verordnete finanzielle Einschränkung hinzunehmen, halten wir für verhängnisvoll. Die theaterpädagogische Praxis zeigt eindeutig, daß eine permanente Ausdünnung der Spielbedingungen (Folge fortschreitender Sparbeschlüsse in den Kulturetats) sich früher oder später negativ auf die Qualität von Improvisationstheater auswirkt. Mindere Qualität aber war noch nie ein geeignetes Mittel, finanzielle Kürzungen abzuwenden. Permanenter Selbstverzicht und zunehmende «Selbstausbeutung» einiger Theaterpädagoginnen schaden daher der Theaterarbeit und dem Selbstverständnis dieses Berufsstandes. Es gibt u. E. eine «Schmerzgrenze», unter der mit Improvisationstheater nicht begonnen werden sollte. Wo liegt die, bzw. welches Ausstattungsniveau ist unverzichtbar?

In den folgenden Abschnitten legen wir einen Standard zugrunde, wie er unter den kulturpolitischen Verhältnissen des Jahres 1993 in etlichen der beschriebenen Einrichtungen erreicht wurde, und der darum Maßstab für andere sein kann.

3.1 Wie groß soll eine Theatergruppe sein?

Mit wieviel Darstellern Improvisationstheater sinnvoll und spielbar ist, bestimmt sich aus den Erwartungen aller daran Beteiligten.

Die Spieler erwarten dort vor allem Spaß und Spannung bei den Abenteuern der Spielgeschichte, die sie in reizvollen Figuren erleben.

Die Zuschauer wollen mit spannender und glaubwürdiger Darstellung gut unterhalten werden. *Beide Ansprüche begrenzen die Teilnehmerzahl* einer Improvisationstheatergruppe. Wie versucht die Spielleiterin, sie zu erfüllen?

In ihrer Spielgeschichte bemüht sie sich zunächst, die gründlich biografisierten Figuren (vgl. 2.4) und deren Spielanforderungen mit den Fähigkeiten und Eigenheiten der Darsteller in Einklang zu bringen. Sie gestaltet dazu einen Probenprozeß, der die kreativen Beiträge der Spieler ebenso berücksichtigt, wie deren Bedürfnisse nach einer ausgefüllten Freizeitaktivität, die schnell zum Erfolg führen soll. Unterschiedlich spielfähigen und motivierten Teilnehmern *angemessene* Darstellungsaufgaben zu stellen, sie mit den Mitteln der Improvisation durch die Spielgeschichte zu begleiten, ohne Vernachlässigung des Spannungsbogens, ist selbst fortgeschrittenen Spielleiterinnen nur mit *nicht mehr als zehn bis zwölf Spielern* möglich. Diese Anzahl kann je nach Alter und Vorerfahrung der Teilnehmer verändert werden, läßt sich aber auch aus einem inhaltlichen Grund nicht beliebig ausdehnen: Es gibt kaum eine Spielgeschichte, in der mehr biografisierte und deutlich voneinander abgegrenzte Figuren unterzubringen wären. Auch setzen Ausdauer und Konzentration der Kinder und Jugendlichen einer Ausweitung der Probendauer einer Spielgeschichte Grenzen. Schließlich sind es die künstlerischen Ansprüche der Spielleiterin und die Spiellust der Teilnehmer, die z. B. das passive Herumstehen von Statisten nicht zulassen. Unterbeschäftigte Spieler verbreiten leicht Unruhe und stören damit Spannung und Dichte von Proben und Aufführungen.

Ist das Improvisationstheater mit dieser begrenzten Teilnehmerzahl z. B. in Schulen, wo Lehrerinnen sich häufig auf über zwanzig Theaterspieler einlassen, nicht spielbar? Natürlich bringen auch vielköpfige Theater-AGs erfolgreiche Aufführungen zustande, allerdings mit einer Arbeitsweise, die nicht ohne ständige Disziplinierungen, vorgegebenen Text und strenges Regieführen auskommt. Dagegen besteht das Improvisationstheater auf genügend Zeit, Raum und Atmosphäre, damit jeder Spieler einen eigenkreativen Weg zu seiner Figur finden kann.

3.2 Mädchen-, Jungen- oder gemischte Gruppen?

Geschlechtsspezifische, gegenseitige Abneigungen sind bereits bei Vorschulkindern zu beobachten, prägen das Schul- und Pubertätsalter und lassen sich in einer Theatergruppe nicht einfach abstellen. Wie geht eine Spielleiterin damit um?

Weil ständige wechselseitige Spannungen, «Kabbeleien» und sogar Spielverweigerungen die Probenatmosphäre empfindlich stören können, spielt manche Kollegin von vornherein lieber mit reinen Mädchen- oder Jungengruppen Theater.

An einigen typischen Merkmalen reingeschlechtlicher Gruppen wollen wir (uns der Gefahr einer «Stigmatisierung» durchaus bewußt) deren Nachteile für die theaterpädagogische Arbeit nennen, um dann die Vorzüge «gemischter» Theatergruppen aufzuzeigen, die, dies schon vorweg, insgesamt spannendere Proben und bessere Aufführungen ermöglichen.

Reine Mädchengruppen sind im allgemeinen problemloser anzuleiten. Ihre Konkurrenzkämpfe untereinander tragen sie eher im stillen und nicht so offen-aggressiv und brutal wie Jungen aus.

Bei der Umsetzung von Spielaufträgen zeigen sie die größere Disziplin und agieren sehr viel selbständiger. (Zu) brav halten sie sich an die Anweisungen der Spielleiterin und stellen deren Autorität weniger in Frage. Durcheilen Jungen die Stationen einer Spielgeschichte häufig in «Fast-food-Manier», «verlieren» sich Mädchen gern im umständlichen Ausspielen unwichtiger Nebenszenen, ohne Gespür für den Fortgang der Haupthandlung.

Mit der Übernahme männlicher Figuren haben sie weniger Probleme als Jungen umgekehrt. Insgesamt spielen Mädchen als geschlossenere, homogenere Gruppe Theater, die sich mitunter auch energisch gegen die Aufnahme weiterer Mitglieder zur Wehr setzt. Ein solches «Ingroup-Verhalten» widerspricht der Offenheit und Kreativität eines Improvisationstheaters.

Die «Wildheit» der Jungen, ihr häufigeres spontanes «Ausflippen» fordert der Spielleiterin mehr Energie und Aufmerksamkeit ab, bringt aber oft auch die spannenderen Proben. Spielszenen müssen stärker die «Aktionsbedürfnisse» von Jungen berücksichtigen, die Figuren mit reizvollen Tätigkeiten und Erlebnissen locken. Der Aufgabe: «Traust du dich, als Dracula zehn Minuten in einem echten Sarg zu liegen?» kann kein 9jähriger widerstehen. Ihre Unlust äußern sie direkter als Mädchen, sind eher mit der Konzentration am Ende und verlassen auch schneller den Theaterraum, wenn eine neue Aktivität ruft. Reine Jungengruppen müssen immer wieder neu vom Reiz des Theaterspielens überzeugt werden. In weiblichen Figuren kommen sie sich leicht albern («weibisch») vor und spielen sie, wenn überhaupt, zunächst sehr überzogen und unernst.

Wie läßt sich das Spannungsverhältnis zwischen Jungen und Mädchen in einer *gemischten Theatergruppe* kreativ für die Arbeit nutzen? Wenn die Konkurrenz dazu führt, sich gegenseitig mit guten Einfällen zu überbieten, wird die Spielleiterin diesen «Spielwettstreit» nicht unterbinden, vorausgesetzt, er bleibt auf der Spielebene. Reizvolle Biografien der Figuren tragen dazu bei, daß von der Entwicklung der Spielgeschichte her, also *inhaltlich* begründet werden kann, warum sich ein Paar streiten muß oder Zuneigung zeigt.

Der privaten Abneigung zwischen einem Jungen und einem Mädchen ist die Grundlage entzogen, wenn auf der Spielebene eine Beziehung zwischen festgelegten Figuren dargestellt werden muß. Die Gruppe überlegt gemeinsam, wie ein Streit zwischen den beiden Figuren mit mehr Schärfe gespielt werden kann, wie Neid zu Gemeinheiten führt oder Angeberei sich als lächerlich entlarvt. Voraussetzung dafür, daß dies von allen Spielern so akzeptiert wird, sind die *Spielregeln* der Spielleiterin, die den Verlauf eines Theatertreffens bestimmen und an denen sich jedes Privatverhalten zu orientieren hat.

Nähern sich die Proben dem Ende, tragen die von allen verantwortlich übernommenen Aufgaben mit dazu bei, daß sich Jungen und Mädchen als nützliche Mitglieder ihrer Theatergruppe kennen-, akzeptieren und wechselseitig unterstützen lernen, verbunden in dem gemeinsamen Ziel, eine erfolgreiche Aufführung zu erleben (vgl. 2.12).

Privates Konkurrenzverhalten ist damit keineswegs für alle Zeiten aus dem Theaterraum verbannt, doch haben unsere Beispiele gezeigt, wie deren Auswirkungen auf die Theaterarbeit in Grenzen gehalten bzw. umfunktioniert werden können.

So können gemischte Theatergruppen mit dazu beitragen, das oft angespannte Verhältnis zwischen Jungen und Mädchen, das häufig zur wechselseitigen Blockierung bei ihren Aktivitäten führt, mit der Arbeit am gemeinsamen Theaterprodukt ein wenig zu normalisieren.

Daß in gemischten Theatergruppen häufig besser gespielt wird, liegt sicher auch daran, daß Figuren, gleichgeschlechtlich besetzt, glaubwürdiger dargestellt werden können.

3.3 Theaterraum und Spielfläche

Für das Rahmenprogramm (vgl. den 4. Unterpunkt der Kapitel 4.1–4.4) und das anschließende Theaterspielen brauchen zehn bis zwölf Kinder oder Jugendliche einen entsprechenden störungsfreien Raum, der über eine spielanimierende Atmosphäre verfügt. Wie sollte der ausgestattet sein?

Bewegungsgewohnte Kinder oder Jugendliche brauchen mindestens 60 qm, ausgelegt mit Teppichboden, Parkett oder Linoleum. Für die Wirkung der besonderen Situation der Spielgeschichte muß dieser Theaterraum *verdunkelbar* sein, denn Tageslicht gibt allen Teilnehmern zu wenig Abstand vom Alltag. Fehlt das Geld für lichtundurchlässige Vorhänge oder Jalousien, lassen sich schwarze Bahnen aus Landfolie (sonst zum Abdecken von Rüben benutzt) auf Dachlatten anbringen und auf Schraubhaken hängen. Nun kann man mit verschiedenen Lichtquellen Stimmungen «zaubern», die den Spielern den Einstieg in die Geschichte erleichtern (vgl. 3.5).

Sitzmöbel und einige Tische sind nicht nur für die Gruppengespräche wichtig, sie lassen sich häufig auch gut als Bühnenmöbel verwenden (vgl. 3.4.1). 2–3 abschließbare *Schränke* können Spielutensilien aufnehmen, wenn der Raum bei einer Mehrfachnutzung besenrein hinterlassen werden muß (z. B. in Kindergärten, Schulen, Freizeitheimen). Jedes weitere Inventar, das sich nicht «einspielen» läßt, aber Kinder und Jugendliche leicht ablenkt (z. B. ein unverschlossenes Klavier, Sportgeräte o. ä.), hängt die erfahrene Spielleiterin vorher mit Tüchern ab, um den Spielern die Konzentration auf die Spielgeschichte zu ermöglichen.

Von Vorteil wäre ein *Abstellraum*, in dem Kulissen, Bühnenmöbel, Requisiten und Kostüme (vgl. 3.4) aufbewahrt werden, die nach jeder Produktion zurückbleiben und zu wertvoll sind, um sie wegzuwerfen. Besteht dieser zweite Raum nicht, gerät eine Spielleiterin in Gefahr, sich mit «abgespielten» Utensilien den Theaterraum zuzubauen und die Darsteller abzulenken.

Kommen wir zur *Spielfläche*. Je unerfahrener die Darsteller sind, desto eher brauchen sie beim Theaterspielen eine schützende Wand im Rücken. Darum empfiehlt sich die Einrichtung der Spielfläche am Ende des Theaterraumes. Für präsentationserfahrene Spieler kann man später die Spielfläche in die Mitte des Raumes wie eine Art «Boxring» verlegen, der von allen Seiten einsehbar ist und von dem aus nach allen Seiten hin gespielt werden muß. Um sich für solche Abwandlungen die Flexibilität zu erhalten, bietet sich als Spielfläche eine Bühne aus variablen, rutsch- und knarrsicheren Holzkästen an, etwa in den Maßen 7 x 4 x 0,3 m (Breite x Tiefe x Höhe).

Schulaulen haben oft eine überdimensionale, traditionelle feste Theaterbühne mit zentnerschweren Vorhängen und einer 1,50 m hohen Rampe, die von Kindern und Jugendlichen kaum überwunden werden kann. Steht einer Spielleiterin nur die Aula als Theaterraum zur Verfügung, sollte sie die Spielfläche von dort weg an eine Seite des Zuschauerraums verlegen.

Natürlich kann man auch auf dem Fußboden Theaterspielen. Mit Tesakrepp oder Kreidestrichen wird die Spielfläche gekennzeichnet und mit einem Auf- und Abgang an jeder Seite versehen.

Zur Spielsicherheit finden die Darsteller auch schneller, wenn die Spielfläche mit schwarzen Nesselvorhängen eingegrenzt wird. In einer Höhe zwischen 2,20 m und 2,50 m werden 3 mm starke Stahlseile in den jeweils gegenüberliegenden Wänden fest verankert und straff gespannt, auf denen Stahlringe die Vorhänge besonders leicht und sicher gleiten lassen. Wer gern mit Stoffkulissen, Schattenspiel u. ä. arbeitet, für die empfiehlt sich die Installation zusätzlicher Stahlseile, parallel zum vordersten im Abstand von 1 m, so daß bereits 7jährige bei Szenenwechseln schnell und problemlos die entsprechenden Hintergründe hinein- und hinausziehen können (vgl. 3.4.2). Wenn die Hausordnung es zuläßt, sollten an der Bühnendecke Schraubhaken oder Rollen verankert werden, an denen mit Schnüren Dekorationen, Requisiten o. ä. befestigt werden können.

Die angeführten Beispiele sollen den auf Sparsamkeit bedachten Einrichtungen zeigen, daß mit wenig Geld ein für das Improvisationstheater angemessener Spielraum ausgestattet werden kann.

3.4 Welche Ausstattung braucht das Improvisationstheater?

Das Improvisationstheater kommt im Prinzip ohne jede Ausstattung aus, weil das Spiel seiner Darsteller die nötige Phantasie beim Zuschauer freizusetzen vermag. Vor fast 400 Jahren reichte z. B. auf der Shakespeare-Bühne ein einfaches Schild aus, um das Publikum in einen «Wald am Morgen», auf den «Marktplatz von Rom mittags» oder in den «Königspalast von Athen am Abend» zu versetzen. Für die entsprechenden Illusionen sorgte das situationsangemessene Spiel der Darsteller und das Vorstellungsvermögen der Zuschauer!

Nun hat es eine Spielleiterin in der Regel mit Amateurdarstellern zu tun, deren schauspielerische Fähigkeiten (zumindest die ersten drei Jahre) nicht ausreichen, Ort und Situation ohne Ausstattungshilfen glaubwürdig anzuspielen. Ein mit einem Lattenbaum angedeuteter Wald, eine Holzkastentheke einer Kneipe oder der Rahmen vom Fernseher eines Wohnzimmers helfen Kindern oder Jugendlichen nicht nur, schneller zum situations- und verhaltensangemessenen Spiel ihrer Figuren zu finden, die angedeutete Ausstattung verhindert auch vorschnelles, privates Aussteigen aus der Figur. Das wird nicht überall so gesehen. Wir kennen Kolleginnen, die mindestens ein Drittel der gesamten Probezeit für ein Theaterstück auf das Nähen von Kostümen, Basteln von originalen Requisiten und Bauen eines möglichst echten Königsthrones verwenden. Das Spiel der Darsteller, dessen *Stimmigkeit* die Zuschauer erst zu überzeugen vermag, kann so nicht gründlich genug angeleitet werden. Zu sehen sind dann Aufführungen, in denen das mit einem Spitzenkleid herausgeputzte Dornröschen in aufwendigem Bühnenbild stolz und privat ihr Kostüm spazierenträgt und zu spielen «vergißt» oder «Ritter Kuno» an unpassenden Stellen mit dem Schwert herumfuchtelt oder unentwegt privat mit seinem verrutschenden Helm «kämpft». Wir können festhalten, daß die *Ausstattung um so eher die Darsteller beim Spielen stört oder die Zuschauer ablenkt, je perfekter sie eingerichtet ist.*

Im Improvisationstheater mit Kindern und Jugendlichen beschränken wir uns daher auf *Andeutungen in der Ausstattung*, die das Spiel der Figuren sinnvoll *ergänzen*, den Szenen eine *dichtere Atmosphäre verleihen* und somit die *Spannung* der gesamten Spielgeschichte *erhöhen*. Wieviel Ausstattung ist sinnvoll?

3.4.1 Bühnenmobiliar

2–3 Holztische mit ein paar passenden Stühlen, eine Bank und ein Sessel genügen als *Grundausstattung*. Die läßt sich natürlich erweitern, wenn Wohnungsauflösungen und Sperrmüllaktionen regelmäßig besucht werden: Hier lassen sich fast umsonst ergänzende Spielgegenstände, wie eine Holzstehleiter, ein Kleiderständer, ein Fernseher (nur das leere Gehäuse!), ein Telefon und Küchengeräte besorgen. Aber Vorsicht: je echter diese Gegenstände sind, desto eingeschränkter ihre Verwendung im Spiel. Oder umgekehrt: je neutraler ein Requisit ist, desto vielseitiger seine Verwendungsmöglichkeiten. Ein gutes Beispiel hierfür sind *Holzkästen* in verschiedenen Größen, die als Schatzkiste, Felsen, Mauer, Bett, Theke, Sarg, Kanzel usw. benutzt werden können.

Diese Kästen haben alle dieselbe Höhe, etwa 25 cm, so daß sie, aneinandergelegt, auch als Podest oder Laufsteg begehbar sind. Einzeln haben sie verschiedene Breiten und Längen: 50 x 50 cm (4 Stück), 100 x 50 cm (6 Stück) und 150 x 100 cm (3 Stück). Sie sind unten offen und haben an der Seite Griffmulden zum besseren Tragen. Schreiner oder Hobbywerker verwenden für die Herstellung 2,2 cm starke Tischlerplatte, die entsprechend zugeschnitten, verleimt, verschraubt und an der unteren Gehfläche diagonal mit Dachlatten verstärkt wird. Schwarz-matt lackiert stehen diese Kästen auf der Bühne oder im Theaterraum stets sichtbar für die unterschiedlichsten Spielsituationen bereit.

Stellwände können den Bühnenraum unterteilen, Ein- und Aus-
gänge schaffen oder als «zweite Wand» dienen. In den Maßen
220 x 80 cm werden sie aus Aluminiumrohr oder Rundhölzern zu-
sammengesteckt, mit schwarzem Stoff umspannt und einem ein-
klappbaren Standfuß versehen. So können bereits Kinder diese
sehr leichten Wände transportieren.

Können auf der Bühne Stahlseile nicht in den Wänden verankert werden (vgl. 3.3), helfen auch (Schul-)Kartenständer, die mit
einer Aluminiumstange verbunden und auf verschiedene Höhen
ausfahrbar sind, um Kulissen und Hintergründe aufzuhängen
oder auch die gesamte Spielfläche mit schwarzen Stoffbahnen zu
umrahmen.

3.4.2 Kulissen und Hintergründe

Kinder und Jugendliche spielen eher glaubwürdig, wenn die je-
weilige Spielsituation atmosphärisch verdichtet wird. Die spannende Erzählung der Spielleiterin (vgl. 2.5) läßt sich mit entsprechenden Kulissen untermalen. In die mit schwarzem Stoff
ausgeschlagene Bühne hängt die Spielleiterin farbige Tücher oder
bemalte Hintergründe aus Nessel (z. T. auf Wochenmärkten sehr
günstig zu erwerben), um zusätzlichen Spielanreiz zu schaffen.

Verwenden läßt sich alles, was im Schlußverkauf an Stoffresten
zu bekommen ist: Samt, Seide, Molton, Gaze, Tüll, Sackleinen
usw. Wir bevorzugen Nessel, weil z. B. Papier zu schnell reißt und
sich schlechter lagern läßt. Wer über das nötige Geld verfügt,
schafft sich 6 x 6 m große Spieltücher aus Futtertaft an, mit denen
ganze Landschaften eingerichtet werden: «Unterwasserblau, Urwaldgrün, Wüstengelb, Gebirgsbraun und Höllenrot»! Auch
beim Rahmenprogramm leisten diese riesigen und leichten Tücher
wertvolle Dienste bei allen Bewegungsspielen.

Brauchen wir einen konkreten Hintergrund (z. B. Amtmann-
zimmer, Meeresklippe o. ä.), werden zusammengenähte Nessel-

bahnen auf dem Boden mit Dachlatten gespannt und angetackert. Begabte Jugendliche oder die Spielleiterin selbst zeichnet mit einem Kohlestift die Umrisse vor, die anschließend von Kindern mit Abtönfarben ausgemalt werden. Aufgehängt wird dieser Hintergrund entweder an den erwähnten zusätzlich gespannten Stahlseilen (vgl. 3.3) oder an Kartenständern (vgl. 3.4.1).

3.4.3 Requisiten und Kostüme

Brille, Notizblock und Bleistift helfen einer 11jährigen, die Figur einer Sekretärin zu füllen, eine echte Schreibmaschine dagegen lenkt sie davon ab. Für Kostüme gilt dasselbe: Dornröschen im Spitzenkleid hindert ein Mädchen, sich auf die Darstellung zu konzentrieren, ein Stofftaschentuch und Handschuhe verhelfen ihm dagegen zu gräflichen Gesten.

Eine Spielleiterin ist also gut beraten, für den Einstieg in die Figur *einige wenige Requisiten und Kleidungsteile* sichtbar bereitzulegen, die den Darstellern helfen, die Haltung ihrer Figur zu finden: ein Hut, ein Paar Schuhe, ein Fächer, eine Handtasche, ein Krückstock, ein «blutiger» Verband, ein «Bauch», eine Perücke, eine Servierschürze u. ä. Gerade bei Kindern ist die Neigung groß, mit diesen Spielutensilien zweckentfremdet und privat zu hantieren. So fragt die Spielleiterin einen 10jährigen: «Was macht ein wütender Amtmann mit seiner Peitsche?» Kind: «Er knallt damit rum!» Spielleiterin: «Dann mach das so, daß du niemandem echt weh tust und dennoch alle Angst vor dir zeigen.» Der Junge probiert nun als Amtmann aus, mit welcher Peitschenhaltung er den stärksten Eindruck hinterläßt. Über dieses Requisit soll er eine innere Beziehung zu seiner Figur finden, um ihr beim Spielen eine glaubwürdigere Haltung zu geben.

Auf diese Weise erhalten alle Spieler sehr frühzeitig (nach der Einführung der Spielgeschichte) etwas Charakteristisches für ihre Figuren, allerdings so sparsam, daß ihre Konzentration auf die glaubwürdige Darstellung der Figuren und die Entwicklung der Spielhandlung mit ihrem Spannungsbogen gerichtet bleibt. Verteilt man Requisiten und Kostüme erst kurz vor der Aufführung, bleibt den Spielern zu wenig Zeit, sich in ihre Figuren «einzuleben». Die Spielutensilien wirken dann fremd und äußerlich, stören beim Spielen (anstatt es zu veranschaulichen) und bleiben unter diesen Umständen besser weg. In Erinnerung rufen wollen wir noch einmal den Grundsatz des Improvisationstheaters bei der Ausstattung: anzudeuten lohnt nur, was für die *Haltung der Figuren* und die *Erklärung der Situationen* notwendig ist.

Wie wichtig eine *sparsame Ausstattung* während einer Aufführung werden kann, zeigt sich bei den Szenenwechseln, wenn zu viele Utensilien die Umbauzeiten so verlängern, daß störende Spannungslöcher entstehen.

Um der Spielleiterin eine Vorstellung vom Notwendigsten zu geben und die Zusammenstellung zu erleichtern, nennen wir einige bewährte Utensilien, die bekannte Orte und entsprechende «Typen» charakterisieren.

Arztpraxis oder Krankenhaus: Kittel, Handschuhe, Mundschutz, Spritzen, Infusionsflaschen, Stethoskop, «Pfanne» und Urinflasche, Medikamentenschachteln usw. (bei Ärzten oder im Krankenhaus zu bekommen).

Büro: Telefon, Aktenordner, Computer- bzw. Schreibmaschinenattrappe, Schnapsflaschen, Kaffeebecher usw.

Wohnungseinrichtung in unterschiedlichem «Milieu» (für unsere Prototypenfamilien «Paslack» und «von Splien»): Fernseher bzw. Klavier, Geschirr für Küche bzw. Salon, Haushaltsgeld im Marmeladenglas bzw. Safe, Kerzen in Eierbechern bzw. Kronleuchter usw.

Markt: Sonnenschirm, Kisten, Tücher, Plastikobst, -gemüse usw.

Gericht, Gefängnis, Polizei: Uniform, Robe, Handschellen, Schlagstock, Pistole, Gesetzbuch, Blechgeschirr, «Knacki-Anzug» usw.

Kirche, Friedhof: Sarg und Grabsteine aus Kisten, Kränze, Rosenkranz, Bibel, Meßwein, Talar, Kanzel, Kreuz usw.

Kneipe: Tresen, Gläser, Tische, Bedienungsschürze, Shaker, Putzlappen usw.

Diese Ausstattungen sind bewußt klischeehaft ausgewählt, damit jeder Zuschauer Vertrautes wiedererkennt, machen aber nicht den Reiz des Improvisationstheaters aus. Der entsteht aus dem *Zusammenspiel ungewöhnlicher Figuren,* die sich in der *ungeheuerlichen Spielgeschichte* mit diesen (oft *zweckentfremdet* benutzten) Spielutensilien auseinanderzusetzen haben.

Die (weit verbreitete) Hoffnung, daß Kinder oder Jugendliche mit *geschminkten Gesichtern* ihre Spielhemmungen leichter überwinden oder zu einer überzeugenderen Darstellung finden könnten, hat sich oft genug als Illusion erwiesen. Die Aufführung bekommt einen (dem traditionellen Theater entlehnten) höheren Stellenwert, der die Spieler in *zusätzliche Aufregung* versetzt (Lampenfieber). Jugendliche Darsteller schaffen es zudem kaum, ihr zur Maske geschminktes Gesicht so bewußt einzuspielen (von Extremtypen wie Hexen oder Monstern einmal abgesehen), daß ihre Figuren dadurch zusätzliche Ausdrucksmöglichkeiten erhalten. Die meisten tragen ihre Masken «äußerlich» zur Schau wie z. B. ein zu perfektes Kostüm. Vertrautwerden mit ihren Figuren und sie überzeugend darzustellen, gelingt Kindern und Jugendlichen eher mit *körpersprachlichen Mitteln.* Mit deren Verfeinerung läßt sich kostbare Probezeit sinnvoller nutzen als für aufwendiges Schminken.

3.5 Bühnenlicht, Projektionen, Geräusche, Musik

Der Spielanreiz, der von der stimmungsvollen Erzählung der Spielleiterin ausgeht, kann wesentlich erhöht werden, wenn z. B. ein mittäglicher spanischer Marktplatz, eine laue schwedische Mittsommernacht oder ein nebliger Londoner Friedhof mit entsprechenden Lichtquellen ausgeleuchtet wird. Für Scheinwerfer und Lichtregler fehlt den meisten Amateurtheatern jedoch das Geld.

Eine billige Zwischenlösung findet sich in jedem Heimwerkermarkt: dort gibt es 500-Watt-*Baustrahler* (incl. Halogenstab, Kabel und Stecker), von denen vier Stück ausreichen, um Theater nicht unter Neonbeleuchtung spielen zu müssen. Und man kann zu jedem Strahler einen *Dimmer* kaufen, mit dem das Theaterlicht «zurückgefahren» werden kann. Zusätzliche *Farbfolie*, mit Papprahmen vor die Strahler montiert, macht Schauplätze lebensecht «bunt», von der Abendsonne bis zum Mitternachtsblau, vom Wüstengelb bis zum Urwaldgrün.

Um die gesamte Spielfläche gleichmäßig auszuleuchten und die Darsteller nicht zu blenden, empfiehlt sich die Installation der Strahler an der Decke. Ist das bautechnisch nicht möglich, kauft die Spielleiterin (ebenfalls in einem Baumarkt) zwei Stative mit Quertraversen, an die jeweils zwei Strahler montiert und auf fast drei Meter Höhe ausgefahren werden können. Je nach Finanzlage lassen sich spezielle Scheinwerfer dazu kaufen, für die dann allerdings ein stärkerer Stromanschluß und ein Regelmischpult vorhanden sein müssen. Das Theaterlicht steuern gern «spielunwillige» Kinder und Jugendliche ab zwölf Jahren, die auf diese Weise sinnvoll an der Erarbeitung des Theaterproduktes beteiligt werden können und gleichzeitig die Spielleiterin entlasten.

Diaprojektor und Kassettenrecorder gehören heute zur Standardausrüstung (fast) jeder pädagogischen Einrichtung. Für das Improvisationstheater bringen beide Geräte zusätzliche Gestaltungsmöglichkeiten. Mit einem *Diaprojektor* besitzt die Spielleiterin nicht nur eine Lichtquelle für Schatten- und Scherenschnitt-Theater, mit ihm lassen sich Hintergründe auf ein gespanntes weißes Tuch an der Bühnenrückwand projezieren. Unter Urlaubsdias finden sich mit Sicherheit Wald-, Wiesen-, Wasser- und Gebirgsansichten, vielleicht auch Straßen, Häuser, Plätze und Wohnungen, die schnell und preiswert zur Kulisse von Spielorten werden, wenn z. B. Geld und Zeit für bemalte Nesselbahnen fehlen. Die Improvisationsübung «Ins Dia springen» (zu einem vorgegebenen Hintergrund werden Figuren und Spielhandlungen spontan entwickelt) ist bei Kindern und Jugendlichen als Spielvorlage sehr beliebt.

Mit einem *Kassettenrecorder* können die unterschiedlichsten Szenen mit Geräuschen begleitet werden und so das Spiel der Darsteller ergänzen: vom Babygeschrei über die Polizeisirene bis zum Gewittergrollen läßt sich nahezu jeder Geräuscheffekt von entsprechenden Geräusch-CDs oder -platten (die im Fachhandel erhältlich sind) einspielen. Schon manche Szene ist nach der Vorlage eines «Türknarrens», eines «Wassertropfens im Blechnapf» oder eines «Stöhnens» improvisiert worden. Mit einem dazugehörigen *Mikrofon* läßt sich der Recorder als Verstärker für Spiezialeffekte nutzen: Erbsen, in einem Sieb hin und her bewegt, erzeugen Regengeräusche, eine langsam aufgerissene Streichholzschachtel läßt ein ganzes Haus zusammenstürzen, rhythmisch raschelndes Pergamentpapier täuscht eine marschierende Soldatenkompanie vor. Natürlich werden auch alle Lautsprecherdurchsagen über Mikrofon vorgenommen. Und da wir bei der Beschreibung von *Effekten* sind: ein 1 x 1 m großes, dünnes Stück Blech sorgt für Donner beim Gewitter, ein Fotoapparat läßt Blitze zucken, und Trockeneis in einem Topf voll heißen Wassers nebelt eine ganze Bühne ein! Diese Effekte wirken auf Kinder, Jugendliche und manchmal auch Spielleiterinnen so faszinierend, daß darüber die Arbeit an der spannenden, stimmigen Spielgeschichte und die glaubwürdige Darstellung der Figuren «vergessen» wird. Auch Geräusche sind daher immer nur Anlaß oder Untermalung, nie Ersatz für das Spiel im Improvisationstheater.

Kinder und Jugendliche beherrschen oft schon erstaunlich gut ein *Musik*instrument, so daß es naheliegt, das Theaterspiel hiermit zu begleiten. Beim Theaterspielen zeigt sich aber immer wieder das Problem, daß nicht spielerisch, sondern nur «ernst» mit dem Instrument umgegangen wird, so daß nicht die Figuren, sondern Privatmenschen spielen. Es kommt dann zu gesonderten Musikeinlagen innerhalb des Spielflusses, die den Spannungsbogen so nachhaltig stören, daß wir auf die Originalmusik jugendlicher Darsteller zugunsten von Kassetteneinspielungen verzichtet haben. Allein, weil uns der stimmige Gesamteindruck des Theaterstücks zu wichtig ist. Ist dagegen eine Gruppe jugendlicher Musiker an der Aufführung beteiligt, können sie entscheidend zum Höhepunkt theaterpädagogischer Arbeit beitragen, einem *multimedialen Projekt*. Darin fassen z. B. fortgeschrittene Jugendliche die Spielinhalte kommentierend in selbsterdachten «Songs» zusammen und verstärken so die Aussage ihrer Geschichte.

3.6 Wie wirbt man eine Theatergruppe?

Mit ehrlich gemeinten Aufforderungen auf einem Plakat werben Spielleiterinnen in Schule und Freizeitheim Mitglieder für eine neue Theatergruppe: «Wer hat Lust, Theater zu spielen? Leute mit guten Ideen kommen Mittwoch, um 15 Uhr einfach einmal vorbei!» Oder: «Du langweilst dich? Dann versuch's einmal mit Theaterspielen. Da gibt's jede Menge Spaß und das auch noch umsonst!» Oder es wird ein Spielausschnitt angedeutet: «Der Seeräuber Goldzahn sucht noch eine Mannschaft für seine nächste Schatzsuche. Wer ihn begleiten möchte...»

Alle drei Ankündigungen setzen bei den Angesprochenen Erfahrungen mit Theaterspielen oder theatrale Phantasie voraus, ohne konkret zu werden, welche Anforderungen auf die Teilnehmer zukommen. Die zu allgemeinen Aussagen wirken auf theaterunerfahrene Kinder oder Jugendliche meist langweilig und regen nicht die Spielphantasie an. Zusätzliche Furcht, sich mit einem unbekannten Medium vor Freunden oder Konkurrenten zu blamieren, läßt mögliche Interessenten schließlich fernbleiben. Wie weckt man Bedürfnisse nach Theaterspielen?

Spielleiterinnen sollten von Werbefachleuten lernen, die, ehe sie ihre Zielgruppe ansprechen, in aufwendigen Untersuchungen deren Besonderheiten, Gewohnheiten und Sehnsüchte genau analysiert haben. Auch wenn wir mit Improvisationstheater kein Produkt verkaufen wollen, lohnt es zu wissen, wie man Kinder oder Jugendliche auf Abenteuererlebnisse neugierig macht, wie man ihren Ehrgeiz weckt, mit der Erfüllung bestimmter Aufgaben Erfolg zu haben, wie man ihnen einen Vorgeschmack auf Spaß und Spannung gibt. Wer hier die Nase rümpft, sollte nicht vergessen, daß Kinder und Jugendliche von täglichen Werbespots im Fernsehen vorprogrammiert sind. Die anfangs erwähnten Plakate haben dagegen keine Chance! Erinnern wir uns daran, was Theaterspielen dem Fernsehen voraus hat: es bietet hautnahes, konkretes Durchleben von Abenteuern mit reizvollen Figuren in außergewöhnlichen, vom Alltag abweichenden Spielgeschichten!

Wie kann eine Spielleiterin darauf vorbereiten? Mit ungeheuerlichen, verheißungsvollen *Titeln*: «Im Himmel hat sich der Teufel versteckt! Was er dort Schlimmes anstellt und ob die Engel ihn wieder loswerden, erfahrt Ihr...» – so können 7–9jährige angelockt werden (vgl. 4.2). 10–13jährige wollen wissen, wie Wirt «Schlitzohr» mit einem «Hinterhältigen Gastmahl» eine Reisegruppe vom Weg zum Titicacasee abhalten will (vgl. 4.3). An dem makabren Hobby zweier «Killeromas», die männliche Hüte sammeln wie andere Leute Briefmarken, wollen 14–17jährige teilnehmen.

Derartige Inhalte, auf Plakaten und Handzetteln verbreitet,

machen die Teilnehmer neugierig, bieten aber noch keine Gewähr, daß Kinder und Jugendliche auch tatsächlich zur angekündigten Uhrzeit erscheinen. Darum schlagen wir bei der Werbung für eine neue Theatergruppe das *Vorspiel der Spielleiterin in einer Figur der Spielgeschichte* vor. In einer Schulstunde oder der Eingangshalle eines Kulturzentrums provoziert sie eine bestimmte Altersgruppe mit Hilfe einiger Requisiten und Kostümandeutungen *zum Mitspiel.* Vor 7–9jährigen trat die Spielleiterin in der Grundschule als Maus auf, die eifrig die Eingänge ihrer Höhle verstopft, damit der Plan der Katze, das Mauseloch unter Wasser zu setzen, vereitelt wird. Bei den Zuschauern wirbt sie um Unterstützung für ihre Arbeiten, die ihr einige mutige Kinder verweigern und als Katze ins Spiel eingreifen.

Vor 10–13jährigen erschien die Spielleiterin als Luzifer, der sich vor einem Klostertor in eine Äbtissin verwandelt, um die Nonnen «in Versuchung zu führen». Etliche Mädchen versuchten, diesen Plan als Nonnen zu vereiteln.

14–17jährige brachte sie zum Mitspiel, indem sie als aufgebrachte Mutter die Ankunft ihrer Tochter nach Mitternacht erwartete – mit der Wendung, daß sie dem Freund der Tochter schöne Augen machte.

In allen Altersgruppen spielt die Spielleiterin ihre Figur mit nachvollziehbaren Gefühlen und Absichten, bereitet mit konkreten Tätigkeiten reizvolle Ereignisse vor, die die Zuschauer mit ihrem Mitspiel herbeiführen können, wenn sie wollen (in 90 % aller Fälle wollten sie!). Läßt sich dennoch niemand animieren, spielt die Spielleiterin ihre Vorbereitungsszene ohne Panik oder Enttäuschung zu Ende, wechselt vielleicht noch einmal die Figur, und alles in einer Weise, als hätte sie es nie anders geplant.

Auf keinen Fall «steigt» sie aus ihrer Figur aus, um sich mit einem ernüchternden «Na, wer hat denn mal Lust, die Katze (einen Engel, einen Opa mit Hut) zu spielen?» ans Publikum zu wenden. Auf alle Kommentare oder Provokationen reagiert sie *grundsätzlich* als Figur.

Spielen einzelne Kinder oder Jugendliche mit, lenkt sie das Spiel als Figur, um ein chaotisches Durcheinander und damit einen Mißerfolg für spielunerfahrene Teilnehmer zu verhindern. Bis zum ersten Höhepunkt der Spielgeschichte treibt sie das Spiel voran und läßt sich, trotz des Drängelns der Mitspieler und Zuschauer, nicht überreden, die Fortsetzung und das Ende der Geschichte preiszugeben. Beides kann, wer mag, beim ersten «richtigen» Treffen der Theatergruppe miterleben. Trotz begeisterter, spontaner Ankündigungen der Animierten wird in der Regel nur die Hälfte oder gar ein Drittel der Kinder und Jugendlichen zum angekündigten Treffen erscheinen, aber auch mit fünf oder sechs Spielern kann (und soll) man eine Theatergruppe eröffnen. Wird die gesamte Spielgeschichte mit allen Figuren bekannt, finden sich schnell Freunde und Bekannte der Darsteller, die die Gruppe auffüllen.

Kommt es schließlich zur ersten erfolgreichen Aufführung, ist dieses Produkt Werbung genug für neue Mitglieder. Einigen Spielern wird der Erfolg vielleicht zu Kopf steigen und neue Gruppenmitglieder ablehnen lassen. Dann wird die nächste Spielgeschichte mehr reizvolle Figuren beinhalten, als Darsteller zur Verfügung stehen. Dem Argument, daß anderenfalls die Geschichte nicht gespielt werden könne, konnte sich noch niemand verschließen.

Selten wird eine Theatergruppe ausschließlich aus neuen Mitgliedern aufgebaut. Üblich ist die Erweiterung eines spielbegeisterten Kerns weniger Teilnehmer, der auch meistens allein auf die Suche nach neuen Spielern geht. Deren Eingliederung vollzieht sich in der Regel so reibungslos, daß Qualitätseinbrüche bei den Aufführungen der nächsten Spielgeschichte relativ selten sind.

4. Improvisationstheater mit Kindern und Jugendlichen

Mit ihren Fähigkeiten zur Spielanleitung aus Kapitel 2 und ihrer Kenntnis der Organisationsformen und Spielbedingungen des Improvisationstheaters aus Kapitel 3 verfügt eine Spielleiterin über zwei wesentliche Voraussetzungen für erfolgreiche Theatergruppenarbeit. Eine letzte «unbekannte Größe» ist zu untersuchen: *die altersspezifischen Besonderheiten der Kinder und Jugendlichen.* Wie wichtig deren Klärung vor Beginn der Theaterarbeit ist, zeigt sich z. B. dann, wenn die erfolgreiche Aufführung einer ansonsten spannenden und stimmigen Spielgeschichte deswegen scheitert, weil die Darsteller mit der theatralen Umsetzung über- oder unterfordert sind. Oder Kinder und Jugendliche langweilen ihr Publikum mit einfallslosem Spiel, weil ihnen die Spielleiterin bei der Erarbeitung zu wenig Raum für eigenschöpferische Einfälle ließ.

Entscheidend für den Erfolg von Improvisationstheater ist, daß *Spielgeschichten und Anleitungsmethoden den darstellerischen Möglichkeiten der Theatergruppe angemessen sind.* Ab wieviel Jahren sind Theaterspieler in der Lage, Improvisationstheater so zu spielen, daß sie selbst und ihre Zuschauer Vergnügen daran finden?

Wenn Kinder den Reiz einer Spielidee in der Abweichung vom Normalen, Gewohnten, im Witz, in der Verdrehung und der Respektlosigkeit dem Alltäglichen gegenüber entdecken, wenn sie aus purer Spiellust ihre theatrale Phantasie zielgerichtet für die Ausgestaltung möglichst konfliktreicher Situationen benutzen, dann sind sie «reif» für dieses Improvisationstheater und meistens schon neun oder zehn Jahre alt. Ab diesem Alter beginnen Kinder, sich selbst und ihre Umwelt selbständiger, bewußter und distanzierter wahrzunehmen, mit dem Resultat, *Bestehendes in Frage zu stellen, Alternativen zu denken und im Spiel auszuprobieren.*

So lange Kinder (und Jugendliche) dagegen ängstlich an dem festhalten, was «normal und erlaubt» ist, sie sich nur auf Spielinhalte und -formen einlassen mögen, die ihre eingeschränkten Erfahrungen bestätigen, statt sie zu erweitern, so lange werden sie jeden *flexiblen, verändernden Umgang mit dem Bestehenden* als verunsichernde Störung ihres Weltbildes ablehnen und sich damit den Zugang zu allem Neuen verbauen.

Wie sich Kinder mit ihrer Umwelt auseinandersetzen, hängt auch von ihren Lebensbedingungen ab und den Einflüssen, denen sie dort ausgesetzt sind. Entsprechend der Förderung, die sie in Familie, Kindergarten und Schule erfahren, werden sie auf verschiedene Art und in unterschiedlichem Tempo die oben beschriebenen Fähigkeiten erwerben und sich der neuen Theaterform nähern. Jedem Teilnehmer einer Theatergruppe einen ihm angemessenen Zugang zum Improvisationstheater zu eröffnen, ist Aufgabe der modifizierten Anleitung der Spielleiterin. Erkennt und entwickelt sie die Besonderheiten jedes Spielers, kann Improvisationstheater zum eigenkreativen, theatralen Gestaltungsmittel der gesamten Theatergruppe werden.

Wie alt sollten Kinder für die ersten Spielversuche sein? Bereits 4jährige Kindergartenkinder sind durchaus in der Lage, Ansätze von Improvisationstheater darstellerisch umzusetzen (vgl. 4.1). Wie gut ihnen das gelingt, hängt auch von den Anregungen ab, die *ältere Gruppenkinder* ihnen geben. Wie sieht das in der Praxis aus?

Orientiert die Spielleiterin Programm, Spielgeschichte und Anleitungsmethoden am Spielniveau der «Älteren» (älter an Erfahrung und Entwicklung, nicht unbedingt an Jahren), wirken deren Spielwitz, Mut, Spontaneität und Sprachgewandtheit auf die «Jüngeren» so verführerisch, daß sie ihnen nacheifern wollen.

Hat die Spielleiterin die Figuren zusätzlich so voneinander abhängig gemacht, daß die «Älteren» ihr Spielziel nur mit Hilfestellung der «Jüngeren» erreichen können, werden sie denen Spielangebote machen, die sie verstehen und erfüllen können.

Aus diesem *Spannungsverhältnis wechselseitiger Spielanimation* entsteht ein Zusammenspiel zwischen Spielern, die im Alter 3 Jahre auseinanderliegen. Dennoch läßt sich hieraus kein genereller Schluß für die Zusammensetzung von Altersgruppen ziehen. Ist z. B. der Unterschied der theatralen Spielfähigkeit zu groß, kann das spätere Produkt leicht zur Show von «Alleinunterhaltern und Mauerblümchen» werden. Das vorhandene Entwicklungsgefälle in einer Theatergruppe gilt es also so zu nutzen, daß *alle* Mitglieder Entwicklungsmöglichkeiten finden. Hierfür empfehlen wir die Aufteilung der Teilnehmer in Theatergruppen der 4–6-, der 6–9-, der 10–13- und der 14–17jährigen.

Die einzelnen Altersspannen müssen wegen der beschriebenen Entwicklungsunterschiede flexibel gehandhabt werden. Ihr Ziel, die unterschiedlichen Darstellungsfähigkeiten innerhalb einer Altersgruppe allmählich auf ein *einheitliches Spielniveau* zu bringen, wird eine Spielleiterin nur dann erreichen, wenn sie ihr *Anleitungskonzept modifiziert* anzuwenden weiß, wie wir es für die vier Altersstufen in den folgenden Abschnitten vorführen werden.

All jene alterstypischen Merkmale, die für die theaterpädagogische Anleitung von Bedeutung sind, stellen wir in fünf Unterpunkten jeweils nach demselben Schema zusammen. Das bringt dem Leser den Vorteil, die unterschiedlichen Entwicklungsstadien jeweils im Vergleich verfolgen zu können. Der Gefahr unzulässiger Verallgemeinerungen können wir dabei nicht ganz aus dem Wege gehen. Die von uns zusammengefaßten Verhaltensmerkmale von Kindern und Jugendlichen leiteten wir aus jahrelangen Beobachtungen von «schwierigen», d. h. meist unangepaßten Teilnehmern im Freizeitbereich ab. Dies soll für angehende Spielleiterinnen ein Grund mehr sein, unser Konzept auf andere Bedingungen nicht «blind», sondern modifiziert zu übertragen. Für Berufsanfängerinnen, die vor der Entscheidung stehen, mit welcher Altersgruppe sie beginnen sollen, nennen wir zu Beginn jedes Abschnitts in einer kurzen Zusammenfassung die Schwierigkeiten, die sich bei der Arbeit einstellen können, aber auch den Reiz, der vom Theaterspiel der Gruppe ausgehen kann.

Um altersspezifische Verhaltensweisen, Bedürfnisse und (Un)Fähigkeiten in ihren Auswirkungen auf das Anleitungskonzept aufzuzeigen, braucht es eine nachvollziehbare Grundlage, die wir im 1. Unterpunkt mit einem Erfahrungsbericht über ein exemplarisches Theatertreffen schaffen. Zu welchen theaterpädagogischen Zielen die festgestellten Besonderheiten führen, beschreiben wir im 2. Unterpunkt. Der jeweils 3. Unterpunkt nennt das Repertoire an Spielgeschichten, die wir aus alterstypischen (aber im Theater oft nicht spielbaren) Spielbedürfnissen ableiten. Hier kommt es uns vor allem darauf an, statt fertiger Theaterstücke (die es im Improvisationstheater nicht gibt) Spielideen aufzuzeigen, an denen sich die theatrale eigenkreative Phantasie der Leser entzünden soll, um sie zu spannenden Spielgeschichten selbständig weiterzuspinnen.

Das Rahmenprogramm im 4. Unterpunkt, das jedes Theatertreffen in jeder Altersgruppe begleitet, nennt die Kriterien, nach denen ein bestimmtes Alter für das Theaterspielen eingestimmt und vorbereitet werden kann. Improvisationstheater kann nur mit konzentrierten, phantasiewilligen und partnerbewußten, kurz: *spielfähigen* Darstellern gelingen, die ihr *Alltagsverhalten* (Konkurrenzkämpfe, Bewegungsdrang, Kommunikationsbedürfnisse u. ä.) in entsprechenden Gesprächen, Spielen und Übungen *vor* Beginn der Spielgeschichte abgelegt bzw. befriedigt haben. Auch wenn die Teilnehmer zu Beginn eines Treffens sofort in die Spielgeschichte «springen» möchten, sollte sich keine Spielleiterin verführen lassen, die Darsteller «kalt», d. h. ohne Aufwärmprogramm auf die Bühne zu schicken.

Im jeweils 5. Unterpunkt beschreiben wir dann die unterschiedlichen Methoden altersspezifischer Spielanleitung und Spielbegleitung, die sich im sensiblen Spannungsverhältnis zwischen lenkender Spielleiterin und eigenkreativen Teilnehmern zu bewegen haben.

Das 4. Kapitel zeigt demnach das im 2. Kapitel entwickelte

theaterpädagogische Handwerkszeug in seiner praktischen Anwendung mit vier Altersgruppen, wie es von uns seit über zwanzig Jahren erfolgreich angewendet wurde und wird, in der Hoffnung, damit unseren Lesern den versprochenen Leitfaden für erfolgreiche Theatergruppenarbeit an die Hand zu geben.

4.1 Theater mit 4–6jährigen, den zu «Erweckenden»

Kindergartenkinder lauschen begeistert und tief beeindruckt, wenn ihre Erzieherin mit einer kleinen Veränderung ihrer Körperhaltung und Stimme als trauriger Affe, verwirrte Krümelmonsterhandpuppe oder vornehmer, echter Strohhalm aufregende Erlebnisse erzählt. Ohne Schwierigkeit akzeptieren sie, daß *Alltagsgegenstände* aus ihrer Umgebung ohne jegliche Ausstattung zum Leben erweckt werden, egal ob das ein Kuscheltier, der Gruppenschrank oder das Butterbrotpapier eines Kindes ist. Für ihren Einstieg ins Theaterspielen genügt die anschauliche, gefühlsstarke Erzählung der Spielleiterin. Vor aller Augen setzt sie die Stationen der Spielgeschichte nach den Bedürfnissen des Gegenstandes zusammen, mal aus der Sicht der betroffenen Figur, mal als allwissende Erzählerin (vgl. 2.5.1).

Der ständige *Wechsel zwischen beiden Erzählperspektiven* ist in diesem Alter wichtig, weil die Kinder sich auf das neue und aufregende Abenteuer der Spielgeschichte nur einlassen werden, wenn bei allen Abweichungen vom Gewohnten, Normalen, bei allen unwägbaren Erlebnissen der Figuren stets *Nähe und Schutz der vertrauten Spielleiterin sicht- und fühlbar* bleiben. In dieser Altersgruppe sollte also nie ausschließlich aus der Figur ins Spiel eingeführt werden (vgl. 2.5.4), denn bevor die Kinder ihrer Spielleiterin ins Abenteuer folgen, brauchen sie die Gewißheit, daß die Reise ohne Risiko, Angst und Bedrohung verläuft und daß alle am Ende wieder «zu Hause» ankommen.

Die Spielleiterin wird ihre Gruppe bei der Reise ins Abenteuer so begleiten und über ihr An-, Vor- und Mitspiel in die Figuren locken, daß die Kinder erste Spielerlebnisse in einer *geborgten Identität* genießen können.

4–6jährige bei diesen ersten, noch naiven und vorsichtigen Spielversuchen anzuleiten und zu beobachten, wie sie allmählich immer mutiger und sicherer werden, Absichten und Gefühle von Figuren nur vorzutäuschen und als geplante Illusion vorzuführen, macht den Reiz aus, mit dieser Altersgruppe Theater zu spielen. Für das Improvisationstheater sind damit die ersten Grundlagen gelegt, die sich in einem langsamen, immer wieder von Rückschlägen unterbrochenen Prozeß weiterentwickeln werden. Nicht übersehen sollte man allerdings, daß bestimmte Darstellungsfähigkeiten entwicklungsbedingt sind und sich erst in der nächsten (oder übernächsten) Altersstufe einstellen können. So bleiben 4–6jährige z. B. nach wie vor auf *harmonische Schlüsse* der Spielgeschichten und auf fortwährende Lenkung angewiesen.

4.1.1 Erfahrungsbericht über ein Theaterprojekt in einem Kindergarten

Mit dem Team eines Kindergartens hat die Spielleiterin ein 7wöchiges Theaterprojekt vorbereitet, das an einem Tag in der Woche jeweils zwischen 10.30 und 11.45 Uhr stattfinden soll. Neben der anschaulichen Vermittlung theaterpädagogischen Handwerkszeugs ist die Aufführung einer Spielgeschichte vor Kindern, Kolleginnen und Eltern am Ende des Projektes geplant.

Das Konzept des Improvisationstheaters, aus den Spielbedürfnissen der Kinder Geschichten zu entwickeln, die in situationsgebundener Improvisation (vgl. 2.7) theatral umgesetzt und zur Aufführung gebracht werden, ist den Erzieherinnen noch unbekannt. Riskant erscheint ihnen der Ansatz, daß die Spielleiterin für die Anleitung selber in verschiedene Figuren schlüpft, um den Kindern auf der Spielebene zu begegnen. Die Kinder, so die Meinung, könnten nicht mehr so gut beaufsichtigt und gelenkt werden, weil der Überblick verlorenginge. Die Spielleiterin vermied eine inhaltliche Diskussion über Anleitungsmethoden und versprach statt dessen neue Erfahrungen.

Aus drei verschiedenen Gruppen wurden insgesamt zehn Kinder ausgewählt, die die Spielleiterin an drei Vormittagen bei ihren normalen Gruppenaktivitäten kennengelernt hatte. Auf Initiative der Leiterin und mit Zustimmung des Teams wurden eine fertige Erzieherin und eine Praktikantin für dieses Theaterexperiment in der Freispielzeit zwischen 10.30 und 11.45 Uhr freigestellt. Die beiden wollten sich zunächst auf aktives Zuschauen beschränken und noch nicht selber mitspielen. Auswertung und Planung der Treffen fanden mit dem gesamten Team in der kinderfreien Mittagspause statt.

Als Spielraum steht eine kleine Turnhalle zur Verfügung, die von der Spielleiterin für das Theaterspielen atmosphärisch hergerichtet wird: alles, was an Turnen erinnert und ablenken könnte, hat sie beiseite gestellt, hat aus Tesakreppstreifen eine Spielfläche markiert, die Fenster mit Wolldecken abgehängt und für das Bühnenlicht zwei Stehlampen aus dem Zimmer der Leiterin ausgeborgt. In einer Ecke außerhalb der Spielfläche liegen zwei Turnmatten, auf denen sich später alle für das Geschichtenerzählen zusammenkuscheln werden.

Die Spielgeschichte (die aufregenden Erlebnisse eines «roten Kerzenstummels in einer Küchenschublade») hat die Spielleiterin zusammen mit der Erzieherin und der Praktikantin als Rahmenhandlung vorbereitet. Der erste Teil soll beim 1. Treffen erzählt und gespielt werden, der zweite beim 2. Treffen eine Woche später. Das 3. und 4. Treffen soll der Ausschmückung der Spielgeschichte und der Verfeinerung der Darstellung dienen. Beim 5. und 6. Treffen wird die Spielleiterin die einzelnen Szenen in den Spannungsbogen des Gesamtverlaufs einpassen, wobei sie das Spiel der Darsteller kommentierend begleiten wird. Die Aufführung ist für das 7. Treffen geplant.

Auf die Ankündigung «Theaterspielen» kommen die zehn Kinder zum 1. Treffen mit der Erwartung, eine Puppentheatervorstellung sehen zu können. Als sie hierfür nichts vorbereitet finden, fangen einige an, in der Turnhalle zu toben. Die Spielleiterin schlägt ein kooperatives Bewegungsspiel vor, das nach festen Regeln verläuft: ein Fänger jagt die anderen. Wer abgeschlagen wurde, muß so lange «eingefroren» stehenbleiben, bis er von anderen befreit wird. Zunächst denken alle Kinder nur daran, sich selbst in Sicherheit zu bringen und die Abgeschlagenen stehenzulassen. Erst als die Erwachsenen das Prinzip des Spiels noch einmal erklären und selber mitspielen, übernehmen es einzelne Kinder.

Nach fünf Minuten sind alle erschöpft, aber erwartungsfroh und drängen zur Spielleiterin, die in der Kuschelecke bereits auf die Kinder wartet. Sie läßt sich zunächst Erlebnisse aus dem Kindergartenalltag und von zu Hause erzählen, fragt nach, erzählt von sich und spürt plötzlich einen (gespielten) Druck in ihrer Hosentasche. Alle Kinder schauen gespannt, was sie dort herauszieht und sind ein wenig enttäuscht, daß es «nur» ein roter Kerzenstummel ist. Sofort beginnen einige zu erzählen: von brennenden Kerzen, der Feuerwehr, Löchern in der Hose, Omas Krankenhausaufenthalt usw. Überraschend zieht die Spielleiterin dann ein Feuerzeug aus der Tasche, läßt ein Kind den Kerzenstummel halten und zündet ihn an. Alle blicken gebannt auf die Flamme. Mit verstellter Stimme läßt sie den Kerzenstummel sprechen: «Mach sofort das Feuer aus! Glaubst du, ich will noch mal tropfen? Mir reicht der Ärger bei Frau Reinlich!» Verblüfft blicken die Kinder abwechselnd auf die Kerze und die Spielleiterin, die mit normaler Stimme dem Stummel antwortet: «Aber wieso denn? Kerzen sind doch zum Brennen da, nicht wahr, Kinder?» Kinder: «Ja!» Kerzenstummel: «Aber ich will nicht! Lieber will ich zurück in meine dunkle Schublade!» Spielleiterin: «Aus der ich dich vorhin rausgeholt habe?» Kerzenstummel: «Genau in die will ich zurück. Da warten nämlich meine Freunde auf mich, Stoffmaus und Suppenlöffel.» Spielleiterin: «Wieso sind das denn deine Freunde? Und wie seid ihr überhaupt in die Schublade gekommen?» Kerzenstummel: «Das war vielleicht eine aufregende Geschichte!» Spielleiterin: «Erzählst du sie uns?» Kerzenstummel: «Nur, wenn ihr versprecht, mich nicht mehr anzuzünden!» Spielleiterin: «Versprechen wir ihm das, Kinder?» Kinder: «Jaaa!» Spielleiterin: «Du hörst es, wir versprechen es.» Kerzenstummel: «Dann rückt mal näher zusammen, damit ich nicht so laut sprechen muß. Sonst hört mich noch Frau Reinlich!» Spielleiterin: «Wer ist denn das?» Kerzenstummel: «Das werdet ihr gleich hören.» Die Kinder drängen sich ganz dicht um die Spielleiterin, die nun, in *ständigem Perspektivwechsel* (mal aus der Sicht und mit der Stimme des Kerzenstummels, mal als allwissende Erzählerin [vgl. 2.5.4], mal im Dialog zwischen beiden) die Geschichte erzählt. Die Kinder hören gebannt zu, einige bekommen sogar Angst, besonders, wenn die Spielleiterin gefühlsstark in verschiedene Figuren schlüpft. Sie geht dann sofort zur Erzählerin über, die erklärend und beruhigend zusammenfaßt, Bezüge zu den Alltagserfahrungen der Kinder herstellt, deren Einwürfe in die Geschichte einbaut, und so allen *Distanz* zu den aufregenden Ereignissen der Spielgeschichte verschafft.

Um dennoch keine Spannungslöcher aus diesen Atempausen werden zu lassen, erzeugt die Erzählerin im nächsten Moment *inhaltlichen Zeitdruck*: «Oh, schon halb vier. Gleich kommen die Gäste zu Frau Reinlich! Und die Kerzen stehen noch nicht im Leuchter!» Der Bezug zur Ausgangssituation ist wiederhergestellt, die Geschichte geht weiter und führt nach ca. 20 Minuten zum ersten Höhepunkt: «Die rote Kerze wird von der wütenden Frau Reinlich in die Küchenschublade verbannt, nachdem sie vor allen Kaffeegästen auf die weiße Tischdecke getropft hat.»

Alle wollen sofort wissen, wie es ihr darin ergeht, aber der Kerzenstummel zieht ein Resümee: «Ich hatte vielleicht eine Angst in der dunklen Schublade! Ich traute mich gar nicht, mich zu rühren.

Und als ich da so still lag, bin ich wohl eingeschlafen.» Die Spielleiterin läßt den Kerzenstummel tatsächlich in ihrer Hand «einschlafen» und flüstert zu den Kindern: «Seid leise, damit er nicht aufwacht. Die Geschichte hat ihn so angestrengt, daß er sich erst einmal ausschlafen muß. Kommt, wir schauen mal, ob wir das Wohnzimmer und die Küchenschublade von Frau Reinlich finden!» Damit legt sie den Kerzenstummel in der Kuschelecke schlafen und betritt mit der ganzen Gruppe, *ohne die Atmosphäre zu unterbrechen*, die Spielfläche. Ein Junge geht zurück und legt auch den Suppenlöffel und die Stoffmaus vorsichtig schlafen.

Für den *Spieleinstieg* schlüpft die Spielleiterin in die Figur der Frau Reinlich, die laut und ein bißchen umständlich ihr Wohnzimmer und die Kaffeetafel einrichtet. Alle spielwichtigen Gegenstände und Personen sucht sie sich unter den zuschauenden Kindern (Möbel, Gäste, Kerzen usw.) und stellt alles an den richtigen Platz. Wer noch keine Funktion für die erste Spielsituation erhält, bleibt bei der Gruppe, mit der die Spielleiterin nun die Stationen des ersten Teils der Spielgeschichte *abwandert*, fortwährend den Ort, die Figuren, die Beziehungen, den Handlungsablauf und die Ereignisse *erklärend*:

«Guten Tag, Opa Sauer! Sie sind aber früh! Haben Sie wieder Ihre Uhr vergessen? Na, macht nichts. Legen Sie hier erst mal Ihren Mantel ab. Und wenn Sie mal aufs Klo müssen, da drüben ist das Örtchen. Nehmen Sie schon mal Platz. Hat's da nicht geschellt?» Und damit holt sich die Spielleiterin als Frau Reinlich die nächste Figur aus der Kindergruppe.

Auf diese Weise werden alle Stationen des ersten Geschichtenteils funktional abgewandert, aber noch kaum von den Kindern gespielt. Einige Spieler wollen dennoch bei ihren reizvollen Tätigkeiten bleiben und allein weiterspielen, aber die Spielleiterin kann auf niemanden verzichten, so lange nicht alle den gesamten Handlungsverlauf mitbekommen haben.

Schwierigkeiten gibt es bei der Besetzung «böser» Figuren. Die «giftige Meckerziege» Frau Pipke ist bei den Kindern so unbeliebt, daß sie niemand übernehmen will. Erst als die Spielleiterin deren Verhaltensweisen aus ihren Lebenserfahrungen verständlich macht («Mich haben sie immer geärgert. Kinder haben meine Äpfel gestohlen, Klingeljagd gemacht und einmal sogar meine Fensterscheiben mit Kuhmist vollgeschmiert. Keiner hat mich lieb!») und sie mit ihrer Trauer das Mitleid der Kinder findet, mögen die sich mit ihren *Gefühlen identifizieren* und sie spielen.

Nach ca. 30 Minuten Theaterspiel kommt die «Reisegruppe» bei ihrem Etappenziel an, das sie von der Erzählung her kennen. Harmonisch rundet die Spielleiterin den 1. Teil ab: «Frau Reinlich verabschiedet ihre Gäste, die alles leergegessen haben, deckt den Tisch ab und setzt sich vor den Fernseher. Unsere Kerze aber ist in der Dunkelheit der Schublade eingeschlafen. Ob sie wirklich allein ist, weiß nur der Kerzenstummel. Aber der schläft immer noch. Beim nächstenmal erzählt er uns bestimmt, wie die Geschichte weitergeht!»

Gemeinsam verlassen alle die Spielfläche, aber noch nicht die Turnhalle. Einige wollen sofort toben, andere gehen den Kerzenstummel wecken. Doch der spricht nicht mehr, weil er wieder ein gewöhnlicher Alltagsgegenstand geworden ist. In der Raummitte versammelt die Spielleiterin noch einmal alle Kinder um sich und läßt sie von ihren Spielerlebnissen berichten. Die beiden Erzieherinnen fragen so interessiert nach, als hätten sie nicht zugeschaut. Die Darsteller werden für ihr Spiel gelobt, und die Spielleiterin verspricht, daß der Kerzenstummel bestimmt beim nächsten Mal von der Schublade erzählen wird.

Zur Belohnung für ihr Durchhalten und Mitmachen spielt sie mit den Kindern abschließend ein weiteres Fangspiel.

Zusammenfassung der weiteren Treffen bis zur Aufführung

Das 2. Treffen begann mit einer gemeinsamen Erinnerung an den ersten Teil der Geschichte, von dem die Kinder einiges vergessen hatten. Die Spielleiterin stellte sich deshalb dumm, verwechselte

Figuren und die Reihenfolge der Szenen, damit die Kinder gemeinsam mit ihrem kollektiven Gedächtnis den richtigen Handlungsablauf zusammenstellten. Einige dabei entdeckte logische Brüche wurden bei dieser Nachbetrachtung korrigiert.

Nach dem gemeinsamen Erinnern wurde die Gruppe mit einem neuen Fangspiel und kleineren Darstellungs- und Sensibilisierungsübungen auf den 2. Teil der Spielgeschichte eingestimmt und vorbereitet, der in ähnlicher Weise von der Spielleiterin zunächst erzählt und dann zusammen mit der Gruppe eingerichtet und funktional durchgespielt wurde wie der erste.

Beim 3. und 4. Treffen wurde die ganze Geschichte mit Details angereichert und die Spieler zum Ausspielen von Situationen ermutigt. Absichten und Reaktionen mußten so deutlich gespielt werden, daß unbefangene Zuschauer die Handlung verstanden. Einige Kinder fühlten sich inzwischen in ihren Figuren so sicher, daß sie *zu schnell und oberflächlich* spielten. Ihnen legte die Spielleiterin *logische Hindernisse* in den Weg: «Frau Pipke und Herr Saftig setzen sich einfach im Mantel an die Kaffeetafel, ohne Frau Reinlich einen Blumenstrauß zu geben? Ich glaube, die kriegen dann keinen Kuchen.» Gern nutzten die Spieler diese «Höflichkeiten» zur Ausweitung ihres Spiels.

Andere Figuren spielten zu *langsam und schweiften ab*, so daß die Spannung nachließ. Hier sorgte die Spielleiterin für den nötigen *Zeitdruck*: «Wenn Opa Sauer so lange aufs Klo geht, wird sein Kaffee kalt, und die Kerze kann nicht tropfen.»

Allmählich gewöhnten sich die Kinder an diese Korrekturen «von unten», wenn die Spielleiterin neue Spielaufgaben stellte oder mit einzelnen Figuren laut einen Dialog führte: «Kerze, schau dir mal den scharfen Rand vom Suppenlöffel an! Ob das weh tut, wenn der dich damit kürzt?» Die Kerze spielte «Schmerzen» und verhalf damit der Maus zu ihrem Auftritt.

Einem Jungen fehlte es an Spielideen für den Suppenlöffel. Mit ihm ging die Spielleiterin ins *Doppel-Ich* (vgl. 2.9.2): «Gemein, daß Frau Reinlich uns immer in die Spülmaschine steckt, nicht? Das hält doch kein Holzgriff aus! Messer und Gabel lachen uns ja aus, wenn die uns so sehen! Weißt du noch, als Opa Reinlich noch lebte? Der aß mit uns immer seine Linsensuppe und sonntags unsere Lieblingsspeise: Schokoladenpudding mit Schlagsahne! Anschließend hat er uns immer mit der Hand und warmem Wasser abgewaschen, sorgfältig abgetrocknet und uns jedes Weihnachten mit Walnußöl eingerieben! Oh, wie schön wir beide da geglänzt haben! Und nun? In die Schublade hat sie uns gesteckt! Und jetzt auch noch diese lange Kerze dazu! Ich kann mich gar nicht mehr richtig ausstrecken! Weißt du was? Die muß hier raus. Sagst du es ihr oder soll ich? Du traust dich nicht? Na schön, dann mach ich es. Aber das nächste Mal bist du wieder dran! Kerze! Wir wollen, daß du hier verschwindest, und zwar schnell! (Zum Löffel:) War das gut so?»

Anschließend wollte der Junge die Szene noch einmal spielen, ohne die Hilfe der Spielleiterin. Er verkürzte die Sache auf: «Geh weg hier, sonst sag ich's Frau Reinlich!» und fand darüber seinen Einstieg in die Figur.

Obwohl bereits einige Kinder Vorlieben für bestimmte Figuren zeigten, probierte die Spielleiterin verschiedene Besetzungen aus, um zusätzliche Eigenheiten und verborgene Darstellungsqualitäten der Spieler zu entdecken. Offenbar hatten alle bei den vergangenen Proben gut aufgepaßt, denn kaum jemand bekam größere Probleme, die Figur eines anderen zu übernehmen.

Das 5. und 6. Treffen diente dem Durchlauf des ganzen Stückes in fester Besetzung. Verbesserungen waren kaum noch möglich, weil die Darstellungsmöglichkeiten der meisten Kinder offensichtlich erschöpft waren und die ersten Ermüdungserscheinungen auftraten. Die beiden zuschauenden Erzieherinnen spielten jetzt aktive Zuschauerinnen, denen die Spielleiterin das Spiel der Darsteller verdeutlichte wie später in der Aufführung: Mal verstärkte sie, mal ergänzte sie, mal provozierte sie, mal füllte sie Lücken aus oder stellte logische Zusammenhänge her.

Zum erstenmal hielten die Kinder in ihren Figuren einige Zeit *ohne die Anwesenheit ihrer Anleiterin* auf der Bühne aus, nur über den *Ferndialog* mit ihr verbunden. So wurden sie frühzeitig an das *selbständige Spielen in der Aufführung* gewöhnt, in der die Spiel-leiterin sie nur noch *kommentierend begleitete* (vgl. 2.11).

Für die Aufführung, die beim 7. Treffen vor Kindern, Erziehe-rinnen und Eltern des Kindergartens stattfand, hatten die beiden begleitenden Erzieherinnen im normalen Gruppenalltag mit den Spielern ein paar Requisiten, Kostüm- und Kulissenteile herge-stellt. Insgesamt unterschied sich die Ausstattung aber kaum von den Proben: Es wurde mit denselben Utensilien einer Turnhalle (Seile, Keulen, Reifen, Säcke, Plastikwürfel usw.) gespielt. Auch im Szenenablauf vermied die Spielleiterin Abweichungen von der Probenfassung, um die Spieler nicht zu verwirren. Nur wenn die Kinder eigenmächtig ihr Spiel veränderten (z. B. neue Sätze, Reak-tionen und Tätigkeiten einführten), stellte die Spielleiterin das groß heraus: «Haben Sie gesehen, wie fürchterlich sich Frau Rein-lich über den Kerzenfleck geärgert hat? Vor Schreck ließ Opa Sauer glatt die Kuchengabel fallen!» Nicht jede Abweichung ließ sich in den logischen Handlungsablauf ohne Spannungsverlust einbauen, die Lust am Ausschmücken von Nebenhandlungen mußte hin und wieder gebremst werden: «Die Hühner von Frau Reinlich wollen die Kaffeegäste natürlich erst sehen, wenn sie den ganzen Kuchen aufgegessen haben, vielleicht ist nachher ja nichts mehr da!»

Was auch an Ungewöhnlichem (Spannungslöchern, Filmrissen, Zeitraffern oder Zeitlupen) passierte, alle Spielfehler griff die Spielleiterin *offensiv* auf, baute sie stimmig in die Handlung ein und sorgte so für eine spannende, unterhaltsame Spielgeschichte, als wären die Pannen beabsichtigt gewesen.

4.1.2 Altersspezifische Besonderheiten, umgesetzt in theaterpädagogische Ziele

Nicht als Gruppe, sondern *einzeln* suchen die Kinder der Theatergruppe schon beim ersten Besuch der Spielleiterin im Kindergarten deren *persönlichen Kontakt*. Mit einem Kuscheltier, einem gemalten Bild, einer Bastelei oder auch mit Boxhieben wollen sie Aufmerksamkeit, Anerkennung und individuelle Zuwendung erreichen. Als neue Person mit einem außergewöhnlichen Angebot (dem Theaterspielen) ist jede Spielleiterin im Kindergarten willkommen und ist, weil sie Ungewohntes mit ihnen ausprobieren will, auf das *Zutrauen* der Kinder angewiesen. Bekommt sie es, wird sie ihnen leichter besondere Verhaltensweisen entlocken können, z. B. den *Mut, ihr in die aufregenden Abenteuer einer Spielgeschichte zu folgen.*

Mit welchen Schwierigkeiten muß sie dabei rechnen? Kindergartenkinder können noch nicht selbständig eine Spielgeschichte theatral umsetzen. Darüber können auch nicht ihre «Vater-Mutter-Kind-Rollenspiele» hinwegtäuschen, bei denen sie ihre Alltagserfahrungen in Funktionsspielen aufarbeiten. Zwar verlaufen diese Spiele in «Als-ob-Situationen» getrennt von der Realität («Du wärst jetzt mal ein Kind und würdest mal Hunger haben!»), dennoch geraten ihnen in neuen Spielgeschichten *Schein- und Realwelt* häufig genug *durcheinander* und verunsichern sie (Ängstliche Frage an die anschaulich erzählende Spielleiterin: «Ist das jetzt echt?»). Eine erste Voraussetzung für neue Spielgeschichten ist also, daß sie eine *Nähe zum Alltag der Kinder* aufweisen müssen. Wurde von der Spielleiterin ein Phantasieort ausgewählt (Mond, Wurzelhöhle, Walfischbauch u. ä.) werden 4–6jährige ihn nur betreten, wenn die *Figuren* ihnen mit ihren *Anliegen, Eigenschaften, Gefühlen und Tätigkeiten so vertraut* sind, daß sie sich mit ihnen identifizieren mögen. Bei einer Kerze, die, weil sie gekleckert hat, zur Strafe in eine dunkle Schublade gesperrt wird, erkennen Kinder reale Lebenssituationen wieder. Daß Löffel und Stoffmaus die Kerze als störenden Eindringling zunächst ablehnen, haben die meisten ähnlich in Spielsituationen des Kindergartens erlebt.

Jede Spielgeschichte für 4–6jährige muß also über Figuren verfügen, deren Situationen Aufmerksamkeit und Mitgefühl bei den Kindern finden. *Nur wen sie emotional verstehen, spielen sie auch gern.*

Nun wäre allerdings eine Spielgeschichte langweilig, die nur *positive Figuren* enthielte. Damit Spannung aufkommt, müssen *Negativfiguren mit konträren Interessen* die «Helden» auf ihrem Weg zum Ziel behindern (vgl. 2.3). Negativfiguren stehen jedoch meist allein und müssen es aushalten können, nicht willkommen zu sein. Diese Funktion aber mag kein Kindergartenkind gern übernehmen. Also wird die Spielleiterin zusammen mit den Kindern nach einer Vorgeschichte in der Biografie suchen, die das «böse» Verhalten der Figur verständlich macht (wichtig z.B. beim Spielen von Hexen). Die Biografisierung, verbunden mit einer kleinen «Macke» und reizvollen Tätigkeiten im Verlauf der Handlung, schaffen in der Regel so viel Sympathien, daß die Kinder die Figuren leichter übernehmen.

Auch wenn (oder gerade weil) Kinder sich in einer Figur wohl fühlen, spielen sie sie «privat», d.h. für die passende Situation und das gewünschte Verhalten unangemessen. Weil sie noch ohne Publikumsorientierung spielen, sind sie mit ihrem Eigenspiel zufrieden, funktionieren Figuren, Handlung und Ereignisse zu «Vater-Mutter-Kind-Spielen» um, ohne Scheu vor verharmlosenden Abwandlungen und Umwegen. Konflikten zwischen den Figuren, die das Konzept der Spielleiterin bewußt vorsah, gehen sie gern und schnell aus dem Wege, immer bereit zu harmonischen Lösungen.

Dies zeigt einerseits, wie wichtig in diesem Alter *konfliktarme Handlungsführung und positive Schlüsse in Spielgeschichten* noch sind. Andererseits wird es Zeit für die Erfahrung, daß *Konflikte die Spannung und damit das Vergnügen einer Spielhandlung erhöhen*, zumal dann, wenn andere bei deren Überwindung helfen.

4–6jährige haben auch keine Probleme damit, von der für die

spannende Entwicklung der Handlung so wichtigen Reihenfolge von Szenen abzuweichen. Ohne Gespür für Logik, Zeit und Ort springen sie, wenn man sie ließe, eifrig von Aktion zu Aktion, ohne Sinn und Blick für das Thema der Spielgeschichte und die besonderen Anliegen der Figuren. Die Fähigkeit, das eigene Spiel in einer Figur stimmig in den Zusammenhang einer Geschichte einzufügen und dem Spiel der anderen anzupassen, scheitert noch daran, daß Kindergartenkinder neue Spielsituationen als isoliertes Nachspielen von vertrauten Alltagsfunktionen gestalten.

Mit diesem hier aufgezeigten alterstypischen Spielverhalten lassen sich Spielgeschichten nicht angemessen darstellen. Dazu bedarf es der *fortwährenden Lenkung* der Spielleiterin.

Was können 4–6jährige unter ihrer Spielanleitung *lernen*? Ihre Neugier auf Spielerlebnisse außerhalb ihrer Erfahrungen werden Kindergartenkinder dann begeistert stillen wollen, wenn dieser Ausflug ins Abenteuer ohne Risiko verläuft und sichere Rückkehr verspricht. Verschafft ihnen die Spielleiterin diese Sicherheit (indem sie sie dabei begleitet, vgl. 4.1.5), können diese Kinder die Erweiterung ihres Gesichtskreises als Abweichung vom Gewohnten durchaus genießen.

(Daß eine Ameise im Wald Tannennadeln für ihren Bau sucht, entspricht ihren Erfahrungen. Daß sie heimlich einige beiseite schafft, um sich daraus ein Boot zu basteln, mit dem sie den Waldsee befahren kann, ist außergewöhnlich und läßt die Kinder aufhorchen. Sie wollen dabeisein und miterleben, ob der Plan gelingt.)

Um das Interesse einer Figur glaubwürdig zu verfolgen, müssen die Spieler ihre Handlungen in eine *logische Reihenfolge von Ursache und Wirkung, von Impuls und Reaktion* bringen lernen. Bei dieser rationalen Betrachtung ist auch für Wunder, Zaubermittel u. ä. kein Platz mehr. Was erklärt werden kann, wird entmystifiziert, so daß manches Märchen seinen Schrecken verliert.

Was Kinder durchschauen, macht ihnen nicht mehr so viel Angst, und *Angstfreiheit* ist die Voraussetzung dafür, etwas zu genießen. Natürlich war die Spindel, an der Dornröschen sich stach, von der bösen Fee mit einem Betäubungsmittel eingerieben worden, denn wie sollte man von einem bloßen Stich in Schlaf fallen? Logisch vorzugehen bedeutet keinesfalls, phantasielos zu sein, im Gegenteil! Erst wenn die theatrale Phantasie nicht mehr ausschließlich zur Flucht und Kompensation benutzt wird, sondern zur Überwindung konkreter Spielhindernisse, kann sie ihre nützliche Funktion beweisen. *Zielgerichtet* soll die angesprochene böse Fee ihre Phantasie einsetzen, wie sie nach Dornröschen das ganze Schloß in Schlaf versetzen kann, ohne Zaubermittel. Natürlich wird sie den Küchenjungen ablenken oder bestechen, um dem Essen ein Betäubungsmittel beizumischen.

Weil Kindergartenkinder noch stark zu *monologischem Spiel* neigen, wird das Ziel einer Spielgeschichte nur von Figuren zu erreichen sein, die voneinander abhängig sind, so daß alle miteinander *kooperieren* müssen, um Erfolg zu haben. (Auch Kontrafiguren, deren Interessen gegeneinander gerichtet sind, müssen miteinander kooperieren, indem sie sich in ihren Absichten erkennen, sich wechselseitig Hindernisse in den Weg legen und aus der folgenden Auseinandersetzung die Motivation ziehen, das eigene Ziel zu erreichen.)

Die Erfahrung, die Abenteuerreise nicht allein, sondern mit Hilfe von anderen zu erleben, macht jeden einzelnen wagemutiger und hilft ihm, unheimliche Situationen auszuhalten und zu überwinden.

So kann die Spielgruppe zum Mittel individueller Bedürfnisbefriedigung werden.

Beim ersten Theaterspielen lernen 4–6jährige auch bereits einige *Regeln des Improvisationstheaters* kennen. Wenn sie erleben, daß eine Figur nur mit Hilfe von anderen ihr Spielziel erreichen kann, oder merken, daß eine Handlung nur dann verständlich wird, wenn die Szenen in einer bestimmten Reihenfolge gespielt werden, und wenn sie einsehen, daß nicht alle gleichzeitig drauflosspielen können, sondern warten müssen, bis sie an der Reihe sind, weil die Aufmerksamkeit der Zuschauer immer nur *einer* Spielaktion gewidmet sein kann, dann machen sie die wesentliche

Erfahrung, daß Theaterspielen, damit es funktioniert und Spaß macht, auf Absprachen mit der ganzen Gruppe angewiesen ist, an die sich alle halten müssen.

Lohnt mit dieser Altersgruppe schon eine *Aufführung?* Wenn Kindergartenkinder beim Theaterspielen alles um sich herum vergessen können, zeigt das zum einen, daß sie noch keine theatralen Präsentationsbedürfnisse haben. Andererseits fehlt die Erfahrung, wieviel zusätzliches Vergnügen und Stärkung des Selbstwertgefühls die Anerkennung eines Publikums bringen kann. Aber nicht nur die psychische Befindlichkeit einzelner Kinder spricht für eine Aufführung.

Die Spielgeschichte selbst ist so ungewöhnlich und deren darstellerische Umsetzung durch die Gruppe so vergnüglich anzuschauen, daß Zuschauer daran teilhaben sollten. Deren Schaubedürfnisse wird eine Spielleiterin von Beginn an dadurch berücksichtigen, daß sie auf publikumsorientierte Darstellung achtet und als Kommentatorin das Spiel begleitet.

Der Erfolg wird die gesamte Gruppe motivieren, sich erneut auf eine gespielte Abenteuerreise zu begeben.

Wo stehen Kindergartenkinder nach diesen ersten Spielerfahrungen?

Akzeptiert haben sie eine *Spielgeschichte, deren Thema von ihren gewohnten Erfahrungen stellenweise abwich. Kleinere Konflikte in der Spielhandlung haben sie mit anderen zusammen überwinden gelernt und dabei phasenweise Formen des Zusammenspiels ausprobiert. Schließlich lernten sie mit einer Aufführung ein Präsentationsbedürfnis kennen, das ihr Spiel von den Fesseln des Selbstspiels in Ansätzen zu befreien vermochte.* Berücksichtigt man, daß diese Altersgruppe Theaterspielen im Stadium des «Erwecktwerdens» begann, zeigen diese Erfahrungen, daß es lohnt, bereits mit 4–6jährigen die Grundlagen für das Improvisationstheater zu legen.

4.1.3 Alterstypische Spielbedürfnisse, aufbereitet zu spannenden Spielgeschichten

Fassen wir noch einmal die *Prinzipien* zusammen, nach denen Spielgeschichten für 4–6jährige entwickelt werden (vgl. 2.3): An (un)gewöhnlichen Orten verfolgen positive Figuren mit nachvollziehbaren Eigenschaften und Gefühlen ihre Interessen, die von der Normalität abweichen. Die Befriedigung der Bedürfnisse wird erst möglich, wenn auf einer Abenteuerreise verschiedene Hindernisse überwunden wurden und alle wieder an ihren Ausgangsort zurückgekehrt sind. Was heißt das im einzelnen?

Alle Figuren einer Spielgeschichte haben ein *Eigenleben*, das aus *menschlichen* Eigenschaften, Gefühlen und Bedürfnissen besteht, und dennoch keineswegs auf Personen beschränkt ist. Ebenso wie *Menschen* aus dem Alltagsleben der Kinder (Putzfrau, Briefträger, Müllmann usw.) eignen sich auch *Tiere* aus dem Zoo, dem Fernsehen oder dem Bilderbuch, um spannende Abenteuer zu erleben. *Phantasiefiguren* aus der Bilder- und Märchenwelt (Hexe, Pippi Langstrumpf, Rübezahl u.ä.) erleben ähnlich Ungewöhnliches wie *Gegenstände* aus der unmittelbaren Umgebung der Kinder (Wassertropfen, Butterbrotpapier, Pfirsichkern u.ä.).

Voraussetzung dafür, daß Kinder sich mit ihnen emotional identifizieren, ist, daß die Figuren ihr Anliegen *dringlich* (existentiell) vorbringen können und daß sie der *Erfahrungs- und Vorstellungswelt der Kinder* entstammen. Unter einer Bedingung können Personen, Tiere und Gegenstände auch zusammen in einer Spielgeschichte auftreten: Sie können nicht (wie selbstverständlich) wie Menschen miteinander sprechen. Es stört unser logisch-ästhetisches Empfinden, wenn Rotkäppchen den Wolf nach dem Weg fragt oder ein Kronkorken sich mit dem Biertrinker unterhält. Allein kann jede Figur ihre Not oder Freude dem Publikum sprachlich mitteilen oder das Verhalten eines Andersartigen kommentieren. Untereinander aber können alle Figuren nur «artgerecht» miteinander kommunizieren: Der Wolf knurrt gierig, was Rotkäppchen laut interpretiert; der

Kronkorken klappert blechern, um die Aufmerksamkeit des Biertrinkers zu finden.

Die *Eigenschaften und Gefühle* einer Figur können *untypisch,* müssen aber *verständlich und arglos* sein, damit die Kinder sie nachvollziehen können.

Daß eine Katze Lust verspürt, eine Maus zu fangen, ist so gewöhnlich, daß selbst Kindergartenkinder nichts daran finden. Wie eine Maus dagegen einer Katze eine Falle baut, ist, weil es die normalen Verhältnisse verdreht, so ungewöhnlich, daß alle Kinder gespannt verfolgen, wie die Sache ausgeht. Lockt ein Hund aber eine Maus mit Hinterlist in seine Hütte, um der Katze einen Gefallen zu tun, fühlen sich 4–6jährige von der hinterhältigen Absicht des Hundes abgeschreckt. Die *lauteren Absichten* einer Figur sind eine Vorbedingung dafür, daß Kindergartenkinder sie spielen. Die *Interessen* einer Figur haben in der Regel mit ihrer *Funktion* zu tun. Unser Vorverständnis geht davon aus, daß beide sich decken. Zur Katze gehört das Mäusefangen ebenso, wie zum Schnürsenkel das Schuhezubinden oder zum Käse der Geruch und das Gegessenwerden. Wie spannend aber wird es, wenn das *Interesse im Widerspruch zur Funktion steht!* So geht der *Spielimpuls* etlicher Geschichten von der *Sehnsucht der Figur nach ihrer Funktion* aus, von der sie z. B. wegen eines Mißgeschicks getrennt ist: «Ein Stück Camembert rutschte im Kühlschrank versehentlich ins Eierfach und setzt im Laufe der Geschichte alles daran, doch noch rechtzeitig zum Sonntagsfrühstück auf einem warmen Butterbrötchen zerfließen zu können»; oder: «Ein roter Schnürsenkel möchte, statt zweckentfremdet an einer Angelrute zu hängen, lieber einen Fußballschuh zusammenbinden und Tore schießen helfen.»

Umgekehrt läßt sich eine Spielhandlung natürlich auch aus dem *Überdruß einer Figur an ihrer Funktion* entwickeln: «Statt immer nur mit anderen Kerzen im Leuchter auf langweiligen Kaffeetafeln zu brennen, möchte eine Kerze ihre Ruhe haben. Was kann sie alles anstellen, um nicht mehr benutzt zu werden? Tischdecken mit Wachs betropfen.» Oder: «Einer Tasse ist der Kaffee zu naß geworden, daß sie in Zukunft lieber braunen Kandis in sich aufbe-

wahren möchte. Wie kann sie sich unbrauchbar machen? Ihren
Henkel abbrechen.» Ob die Funktion gesucht oder vermieden
werden soll, in beiden Fällen entsteht die *theatrale Spannung aus
der Reibung von Wunsch und widrigen Verhältnissen* (vgl. 2.2).
Kindergartenkinder brauchen noch die Erfolgserlebnisse ihrer Figuren. Scheitern die, ist es ihnen, als hätten sie selbst eine Nieder-
lage erlitten.

Auch *abweichende Bedürfnisse* können, wenn sie *nachvollziehbar* sind, zu spannenden Spielgeschichten für 4–6jährige werden.
«Wie der Maulwurf zu Hosen kam» (als Buch nach einer tsche-
chischen Fernsehserie erschienen) soll hier prototypisch erwähnt
werden, weil der Handlungsaufbau einer Abenteuerreise dramaturgisch beispielhaft vorgeführt wird: Zur Befriedigung eines abweichenden Bedürfnisses tragen verschiedene Figuren aufgrund
ihrer speziellen Fertigkeiten bei. Das geht in der Buchvorlage allerdings so reibungslos, daß wir in unserer Spielversion ein paar
spannungssteigernde Kontrainteressen eingebaut haben: «Die
Ameisen weben das Leinen für die Hose nur, wenn der Maulwurf
ihnen seinen Hügel als Winterbau zur Verfügung stellt. Der Stieg-
litz will für seine Näharbeiten saftige Regenwürmer haben.» Diese
Beispiele machen deutlich, wie *spielbestimmend die Figuren als
Handlungsträger* einer Spielgeschichte sind. Werden sie von den
Spielern gern übernommen, ist der *Ort* einer Handlung zweitran-
gig. Der kann ungewöhnlich sein, wenn er die Kinder an gewohnte
Umgebungen erinnert.

Der «Mann im Mond» sitzt auf seiner Wolke fast genauso wie
Opa zu Hause in seinem Ohrensessel. Im Krähennest ist es fast so
unordentlich wie im heimischen Kinderzimmer. Im Walfischbauch
ist es so warm, feucht und rutschig wie im Spaßbad.

Ob 4–6jährige ihre Abenteuerreise als *Suchgeschichte* («Wer
hat Familie Maus den Käse gestohlen?», vgl. die Probenfotos im
2. Kapitel), bei der *Abwehr von Gefahren* («Wie die Gans dem
Fuchs den Braten verdarb!», vgl. 2.2) oder in der *Beseitigung
eines Mißgeschicks* («Wie der Plüschelefant den Knick in seinem
Rüssel wieder loswurde») erleben, wichtig für alle Geschichten

der 4–6jährigen ist, daß sämtliche Konflikte ein harmonisches Ende finden. *Zwei weitere Prinzipien* für Spielgeschichten im Improvisationstheater werden hieran deutlich, die altersübergreifend wirken: *Alltägliches oder Erfundenes* wird aus *ungewohnter Perspektive* betrachtet. Das scheinbar *Nebensächliche und Unwichtige* erhält spielentscheidende Bedeutung, indem es in den *Mittelpunkt* der Handlung rückt.

Mit dem Titel wird bereits das Thema der Geschichte vorweggenommen und ein harmonischer Schluß angekündigt. Der Spielspannung tut das übrigens keinen Abbruch, wenn die Kinder vorher bereits das Ziel kennen. Was sie fesselt, sind die *konträren Interessen anderer Figuren*, die das glückliche Ende gefährden können. (Ein Fernsehkrimi wird auch nicht dadurch langweilig, daß das Publikum zu Beginn schon den Mörder kennt. Die Spannung entsteht bei den Versuchen, den Mörder zu überführen. Schafft der es, unentdeckt zu bleiben, oder nicht?)

Wie erleichtert man 4–6jährigen den Zugang zu Spielgeschichten?

Wenn es in Dornröschens Schloßküche zugeht wie bei der Essensvorbereitung der eigenen Eltern, weist die Geschichte Nähe zur Lebenswirklichkeit der Kinder auf, die dann aufgrund eigener Erfahrungen von ihnen gespielt werden kann.

Lädt Rotkäppchen den Wolf zum Picknick ein, um nicht von ihm gefressen zu werden, spielt ein Kind das aufgrund ihm vertrauter Tätigkeiten, die die schwierige sprachliche Annäherung an die Figur zweitrangig machen.

Kann schließlich Frau Reinlich darüber entscheiden, wann eine Kerze zu brennen hat und wann nicht, muß die Kerze das zunächst geschehen lassen, weil sie in einem niederen Status von ihr abhängig ist.

Es sind die Elemente ihrer «Vater-Mutter-Kind-Funktionsspiele» (*erlebter Erfahrungshintergrund, Sprache als Handlungsergänzung, Abhängigkeiten durch Statusunterschiede*), die eine Spielleiterin in ihre Geschichten einbaut, um sie für Kindergartenkinder *spielbar* zu machen.

Neben den bisher erwähnten Phantasiegeschichten kann eine Spielleiterin auch andere Quellen als Spielvorlage nutzen. Als wahre Fundgrube erweisen sich *Bilderbücher*. Deren szenische Bearbeitung scheitert jedoch häufig daran, wenn eine Spielleiterin den (falschen) Anspruch verfolgt, das gesamte Buch in Szene setzen zu wollen. Bilderbücher sind selten als Spielvorlage geschrieben worden, sondern zu dem Zweck, bei den Betrachtern mit Bild und Wort Assoziationen freizusetzen. Um daraus Theaterszenen entstehen zu lassen, reichen die Informationen der Bücher nicht aus. Zusätzliche Fragen ergeben sich zu den Biografien der Figuren, dem Spannungsaufbau, den Beziehungen untereinander, zur Atmosphäre der Situationen usw., die erst beantwortet werden müssen, sollen spielbare Szenen daraus entstehen. Mit Hilfe der zuvor beschriebenen dramaturgischen Elemente (vgl. auch 2.3) können Bilderbücher theaterpädagogisch aufbereitet werden. Wie geht eine Spielleiterin dabei vor?

Bei der Betrachtung bereits eines Bildes sucht ihr «dramaturgisches Auge» nach *spielanimierenden Details* (Gegenständen, Nebenfiguren u. ä.), die, ausgestattet mit *Eigenleben* (Biografie, Eigenschaften, Absichten, Gefühlen), *zum Hauptgeschehen Stellung nehmen*. Zusätzliche Spielimpulse, Konflikte und Nebenszenen ergeben sich, die meistens zu einer spannenden Erweiterung oder Abweichung von der Vorlage führen. Das ursprüngliche Bilderbuch mag durch diesen respektlosen Umgang verfälscht werden, aber damit hat unsere Spielleiterin kein Problem (vgl. 1.4 u. 2.2), wenn dabei eine phantasievolle, dramatische Spielgeschichte herauskommt. Als Beispiel sei das beliebte Kinderbuch «Freunde» von Helme Heine angeführt, in dem Schwein, Maus und Hahn (atypisch und menschlich) auf Abenteuerreise gehen. Dabei kommen die drei u. a. in einen Kuhstall, dessen Bewohner sie mit Musikinstrumenten unsanft wecken. Eine Katze in einem hängenden Weidenkorb scheint darüber besonders erbost, jedenfalls schaut sie grimmig drein. Weil das Bilderbuch sie unerwähnt läßt, machte sich eine Erzieherin mit ihrer Gruppe daran, dieser Katze eine Biografie und einen Spielimpuls zu geben, mit konträren Interessen zur Maus: «Müde Augen und stumpfe Krallen haben ihr das Mäusefangen so schwergemacht, daß sie sich neue Fangmethoden ausdenken mußte. Der musizierenden Maus stellt sie sich als Chefin einer Tanzgruppe vor. Die eitle Maus bringt Hahn und Schwein zu einem Umweg, der alle beinahe in den Kochtopf führt.» «Wie die Katze der Maus das Tanzen beibrachte» kam als spannende Erweiterung des Bilderbuches in einem Kindergarten zur Aufführung.

Märchen können hervorragende Spielgeschichten sein, wenn eine Spielleiterin sie nicht als fertige Theaterstücke, sondern als *zu verändernde Vorlagen* begreift (vgl. 2.2). Doch bei der Bearbeitung bekommt sie Schwierigkeiten. Den meisten Kindern sind die gängigen Märchen von Hörspielkassetten so vertraut, daß jede Veränderung der Originalfassung mit ihrem Widerstand rechnen muß. Selbst wenn in der Theatergruppe alle Irrationalismen hinterfragt und mit logischen Begründungen versehen wurden, spielen sie lieber ihre Originalfassung und stören sich auch nicht daran, wenn die als langweiliges Ritual abläuft, jede Antwort vorher feststeht, nichts auf dem Spiel steht und einige Darsteller sich als unbeschäftigte Nebenfiguren in der Szene langweilen.

Um Märchen zu spannenden Spielgeschichten zu machen, müssen sie genauso *erweitert* werden, wie zuvor die Bilderbücher. Am Ende kommt eine *neue* Spielgeschichte heraus, die zwar gewisse Ähnlichkeiten zu den Grundkonflikten des Originals erkennen läßt, die aber allen Versuchen der Kinder, sie «ihrem» Märchen anzupassen, erfolgreich mit dem Argument widersteht, «in der neuen Spielgeschichte kämen Dinge ans Licht, von denen die Märchenschreiber keine Ahnung hatten». Beim Spielen wird dann allen schnell deutlich, daß die Spielgeschichte «Wer hat dem Koch den Speck gestohlen?» mehr Spannung bringt als das originale «Dornröschen». Wie hat die Spielleiterin das erreicht?

Sie hat bislang unbeachtete *Nebenfiguren zu Handlungsträgern* gemacht (vgl. 2.2). Im Märchen «Dornröschen» ohrfeigt der Koch seinen Küchenjungen. Kein Mensch erfährt den Grund. Hat er etwas anbrennen lassen, zerbrochen, vergessen oder gestohlen?

Die Spielleiterin gibt eine glaubwürdige Antwort: «Der Küchenjunge bezog Prügel, die eigentlich dem Schloßhund galten, hatte der doch aus der Pfanne des Kochs Dornröschens Frühstücksspeck gestohlen. Auf seinem Weg, neuen Speck zu besorgen, traf der Küchenjunge auf die (uns bereits als Dornröschens Kontrafigur bekannte) böse Fee, die ihm den Speck zu schenken verspricht, wenn er ihr für eine Stunde den Küchenschlüssel überließe. (Aus dem letzten Abschnitt wissen wir bereits, was sie dort will: Sie wird dem Essen ein Betäubungsmittel beimischen, das das ganze Schloß in Tiefschlaf versetzt.)»

Die angeführten Beispiele machen deutlich, daß *Phantasiegeschichten, Bilderbücher und Märchen* ein umfangreiches und vielseitiges *Repertoire an Spielgeschichten für 4–6jährige* bieten. Mit ihm braucht keine Spielleiterin mehr auf angestaubte Sketche, harmlose Theaterstücke oder Originalmärchen zurückgreifen. Ihre theatrale Phantasie und ihr theaterpädagogisches Handwerkszeug reichen aus, aus jeder Vorlage spannende Spielgeschichten zu entwickeln. Deren offene Form bringt den unschätzbaren Vorteil, Erfahrungen und Vorschläge der Kinder jederzeit als Gestaltungselemente mit einbeziehen zu können und damit diese Altersgruppe allmählich an ein *selbständiges Ausschmücken der Spielvorlage* zu gewöhnen.

4.1.4 Rahmenprogramm für die Theatertreffen

Zu Beginn dieses Kapitels erwähnten wir, daß jede Altersgruppe mit einem speziellen Rahmenprogramm auf den Höhepunkt des Treffens vorbereitet wird, damit sie entsprechend *eingestimmt, konzentriert und voll kreativer Energie* Theater spielen kann. Um das zu erreichen, bietet sich auch in der Gruppe der 4–6jährigen eine *Fünfteilung des Treffens* an. Der erste Abschnitt wird mit der *Gesprächsrunde* eröffnet, bei der die Spielleiterin die *private Vertrauensbasis* für die neue, besondere Aktivität, das Theaterspielen, legt. Hier suchen Kindergartenkinder «Hautkontakt» zu ihrer Anleiterin (vgl. 4.1.1 und 4.1.2), um sich ihrer Unterstützung zu versichern. Auch wenn jedes Kind seinen individuellen Bezug zur Spielleiterin sucht, schafft diese bei allen die ersten Ansätze von Gruppengefühl, indem sie auf die *gemeinschaftliche Aktivität* hinweist, an der von allen Kindergartenkindern nur diese zehn teilnehmen können. Das Bewußtsein, etwas Besonderem beizuwohnen, läßt einige ihr störendes Individualverhalten von selbst korrigieren. Ist das nicht der Fall, versucht die Spielleiterin ihnen beizubringen, daß nicht zu jeder Zeit jede beliebige Aktivität möglich ist, daß, damit alle zum Zuge kommen, Bedürfnisse eingeteilt und aufgeschoben werden müssen und daß man sich an diese Absprachen halten muß. Diese Einsicht fällt manchem auch deshalb schwer, weil die Erfahrungen des genußvollen Theaterspielens als Gruppe noch ausstehen. Der Ruhepunkt der Gesprächsrunde muß nicht in jedem Falle am Beginn des Theatertreffens liegen, wie unser Beispiel aus dem Erfahrungsbericht zeigte (vgl. 4.1.1). Es gibt Fälle, in denen die Kinder ihre aufgestaute Bewegungsenergie erst austoben *müssen*, ehe sie stillsitzen und zuhören können. Für die Spielvorbereitung macht es keinen Unterschied, ob das Treffen mit der Gesprächsrunde oder dem *kooperativen Fangspiel* eröffnet wird.

In dem Bewegungsteil können sich einige Kinder so sehr verausgaben, daß sie vor Erschöpfung das Theaterspiel nur noch reduziert erleben können. Die Spielleiterin muß sich also um das richtige Verhältnis von benötigter Darstellungsenergie und spielstörendem Bewegungsüberschuß bemühen. Welche Spiele sind geeignet?

Spielekarteien sind inzwischen überall erhältlich und nennen genügend Spiele mit *kooperativer Zielsetzung*, so daß wir auf eine Konkretisierung verzichten können.

Festzuhalten ist das kooperative Prinzip: «Eine Gruppe hilft einzelnen gegen den (die) Fänger!» Das Einzelkind erlebt am eigenen Leibe, wie hilfreich eine Gruppe sein kann, das eigene Ziel zu erreichen, eine Erfahrung, die sich später auf das Verhalten beim Theaterspielen auswirken soll.

Bei den *Sinnes- und Darstellungsübungen*, dem 3. Abschnitt des Treffens, zu dem die Spielleiterin in dieser Altersgruppe etwa nach 15 bis 20 Minuten kommt, machen die Kinder wichtige *Körpererfahrungen*. Die gesamte Gruppe folgt der Spielleiterin über verschiedene Untergründe, die unterschiedliches Gehen erfordern (Brennesseln, Glatteis, heißer Sand, Wasser, Morast). Auf allen vieren schleichen die Kinder zu einem imaginären Baum, klettern zu einem Vogelnest, ertasten das zarte Gefieder der Jungen, werden von den Vogeleltern überrascht, fallen vom Baum und schleppen sich verletzt auf dem Bauch oder Rücken zum Verbandsplatz, wo «Ärzte» die Patienten gründlich untersuchen.

(Dieses Beispiel läßt sich problemlos durch andere ersetzen.) Spielerisch lernen die Kinder bei diesen Übungen, ihre Bewegungsabläufe zu *unterscheiden*, sie zu *koordinieren* und bewußt den jeweils anderen Bedingungen *anzupassen*. Diese Körperübungen gehen nahtlos über zu *Darstellungsaufgaben*, bei denen z. B. Großmutter und Rotkäppchen nebeneinander unterschiedlich Pudding essen, Rübezahl und Rumpelstilzchen nebeneinander einen Purzelbaum versuchen oder Aschenputtel und Frau Holle zur selben Musik tanzen sollen. Haben diese Übungen in dieser Altersstufe einen Sinn? Wir wissen aus unserer Theaterpraxis, daß Kinder bis etwa zum 12. Lebensjahr Schwierigkeiten haben, in ihrem Spieleifer auch noch auf situations- und verhaltensangemessenes Agieren ihrer Figuren zu achten. Unstimmigkeiten können darum nur in Direktkorrektur und nicht mit Vorübungen beseitigt werden. Die hier beschriebene Darstellungsübung, die Unterschiede zwischen alt und jung, groß und klein, schlank und dick deutlich machen soll, findet jeweils zu zweit vor aller Augen auf der Spielfläche statt. Sie dient weniger den Darstellern (die sollen vor allem Spaß haben), als vielmehr jenen Kindern, die der Übung gerade zuschauen. Durch die genaue *Beobachtung anderer* erleben die Zuschauenden, welch *unterschiedliche Wirkung von unterschiedlicher Darstellung* ausgeht. Damit schaffen sie sich eine erste Voraussetzung, das eigene Spiel später einmal *zu kontrollieren und die eigenen Darstellungsmittel zielbewußter einzusetzen.*

Darstellungsübungen können aber auch ihr Ziel, *spielvorbereitend* zu wirken, verfehlen, wenn die Spielleiterin dem Wunsch der Kinder nachgibt, die erwähnten Verhaltensübungen zu ganzen Spielsituationen auszubauen. So reizvoll dies manchmal sein mag, so verkehrt können diese Übungen werden, wenn dabei zuviel *Phantasie- und Darstellungsenergie* verlorengeht. Die Kinder fühlen ihren «Hunger» an Geschichten gesättigt und folgen der Spielleiterin nicht mehr konzentriert zum Höhepunkt des Treffens, der eigentlichen «Abenteuerreise». Zu der kommt die Spielleiterin nach insgesamt 20–30 Minuten Aufwärmprogramm.

Entsprechend seiner Wichtigkeit leitet die Spielleiterin diesen 4. Abschnitt des Theatertreffens mit einem *Atmosphärewechsel* ein. Sie verändert das Licht, den Ort, ihre Funktion und signalisiert damit allen, daß nun ein besonderer Teil beginnt, der große Aufmerksamkeit verlangt. Nach ca. 20 Minuten endet der Erzählteil an einem Höhepunkt, von dem aus, *ohne Unterbrechung der Atmosphäre*, zum Spielteil übergeleitet wird (vgl. 2.6, 4.1.1 und 4.1.5). Das ist in dieser (und der nächsten) Altersgruppe besonders wichtig, weil viele Kinder nach 20 Minuten Zuhören sofort wild drauflosspielen möchten. Nach weiteren ca. 20 Minuten (der gesamte 4. Abschnitt dauert in dieser Altersgruppe also zwischen 40 und 45 Minuten) wird «das Geschichtenbuch zugeschlagen». Die Gruppe verläßt gemeinsam den letzten Spielort und kehrt wie von einer Reise zurück. Die konzentrierte Anspannung beim Durchleben der Spielgeschichte strengt alle beteiligten Kinder so an, daß sie nach einem Ausgleich drängen. Einige wollen sofort den Raum verlassen, andere beginnen zu toben, dritte provozieren oder streicheln die Spielleiterin.

Damit die Spielgeschichte positiv nachwirkt und die Teilnehmer den Bezug zum Inhalt behalten, geht die Spielleiterin in einer *Abschlußrunde*, dem 5. Abschnitt, noch einmal die Höhepunkte der Geschichte mit ihnen durch, lobt das Spiel der Darsteller und gibt, ohne etwas zu verraten, einen Ausblick für das nächste Treffen in einer Woche. Danach werden gemeinsam alle Spielutensilien aufgeräumt, um im Anschluß das Hochgefühl des gemeinsamen Theatererlebnisses in einem 10minütigen Fang- oder Gesellschaftsspiel auszuleben, als Ausgleich für die disziplinierende und anstrengende Spielanleitung.

Unsere Erfahrungen haben gezeigt, daß das Rahmenprogramm für die Theatertreffen mit 4–6jährigen, von denen jedes einzelne nicht länger als 75 Minuten dauern sollte, Kinder in diesem Alter bereits an eine *Struktur* zu gewöhnen vermag, die genußvolles Theaterspielen in der Gruppe als Gestaltungsprinzip benötigt.

4.1.5 Altersgemäße Spielanleitung

Aus den bisherigen Abschnitten wurde deutlich, daß 4–6jährige mit der *eigenständigen Gestaltung* von Spielaufgaben, d. h. mit der glaubwürdigen Darstellung von Figuren und Situationen *überfordert* sind. Aus diesem Grunde bedürfen sie einer *fortwährenden Anleitung* der Spielleiterin. In den Proben und auch noch während der Aufführung ist sie daher *zentraler Bezugs- und Orientierungspunkt* für alle Kinder, von dem aus sie den Verlauf des Spiels bestimmt. Ihre Einführung und Begleitung wird sie, dem unterschiedlichen Entwicklungsstand einzelner Spieler entsprechend, deren Möglichkeiten in einer Weise anpassen, daß Gestaltungswünsche und Figurenanforderungen eine angemessene darstellerische Form erhalten.

Wie sieht das im einzelnen aus?

4–6jährige finden ihren Genuß im *unmittelbaren Miterleben* von Spielsituationen, in denen sie alles um sich herum vergessen, auch die Schaubedürfnisse des Publikums. Die zu befriedigen, bedarf es der Fähigkeit, *darstellerische Mittel distanziert und gezielt zu präsentieren*, über die Kinder in diesem Alter noch nicht verfügen.

Die Spielleiterin sieht sich mit dieser Altersgruppe daher in einer *Doppelfunktion*: Ihrer Spielgruppe will sie mit einer Aufführung die während der Proben erarbeiteten Einzelszenen als *ganzes, spannendes Erlebnis* aufbereiten, den Zuschauern will sie gleichzeitig dieselbe Spielgeschichte als außergewöhnliches Spektakel mit Hilfe ihrer Darsteller vorführen. Diese beiden unterschiedlichen Erwartungen theaterpädagogisch zu erfüllen, machen den Reiz und die Schwierigkeit von Spielanleitung in dieser Altersgruppe aus.

Können Kinder in diesem Alter schon *eigenkreative* Vorschläge machen? Die von der Spielleiterin vorbereitete Rahmengeschichte wird bereits so viele *Elemente aus der Erfahrungswelt der Kinder* enthalten, daß die sich bei der einführenden Erzählung zu eigenen Beiträgen animiert fühlen. Jedes Kind kennt Kerzenstummel und Küchenschubladen, hat Ameisen Tannennadeln tragen sehen und kann sich einen Maulwurf in Hosen vorstellen. Je häufiger Kinder in den vorgestellten Orten, Figuren, Gefühlen und Tätigkeiten *Vertrautes wiedererkennen*, um so eher wird die Spielgeschichte zu ihrer Sache werden. Mit immer neuen Erlebnissen wollen sie die Geschichte ausschmücken helfen, so daß die Spielleiterin eine Erzählstunde einrichten könnte, wäre da nicht noch eine «Abenteuerreise», die mit der spannenden Erzählung zur Darstellung locken soll. So wird sie alle Einwürfe, die diese Spannung erhöhen, einbauen, und die, die ablenken, überbieten.

Vor Entscheidungen holt die Erzählerin den Rat der Kinder ein: «Was meint ihr, wie die Kerze aus der Schublade verschwinden könnte?» Die Vorschläge werden sofort auf ihre Realisierbarkeit überprüft: «Weglaufen? Wie soll das eine Kerze ohne Beine schaffen?» Erst wenn kein Teilnehmervorschlag zum Erfolg führt, nennt die Spielleiterin ihre Lösung.

Noch bevor die Geschichte gespielt wird, sollen sich die Kinder so mit den Figuren identifiziert haben, daß sie die Verfolgung von deren Interessen mit Spannung «leibhaftig» miterleben wollen.

Die Techniken des *spannenden Geschichtenerzählens* (vgl. 2.5) bedürfen in dieser Altersgruppe einer Modifizierung. Erweist sich

in allen anderen Altersgruppen der atmosphärisch stimmungsvolle Einstieg fast immer als die beste Spielvorbereitung, erleben
4–6jährige die Momente höchster Spannung einer *Phantasiege-
schichte* wegen ihres noch fehlenden Abstraktionsvermögens als
beängstigende Realität. Praktisch bedeutet dies, daß die Spielleiterin die Spannung nicht auf den Höhepunkt treiben und auskosten
darf, sondern daß sie statt dessen im entscheidenden Moment für
beruhigende Entspannung sorgen muß. Sie wechselt dazu die Perspektive und beginnt zusammen mit den Kindern, als deren *Verbündete,* die Situation zu analysieren, nach Lösungen zu suchen,
um so die Geschichte jederzeit durchschaubar, erträglich und ge-
nießbar zu machen. Dazu ein Beispiel. Die Erzählerin beginnt:
«Rotkäppchen hatte beim Blumenpflücken im Wald so sehr ge-
trödelt, daß sie gar nicht merkte, wie dunkel es inzwischen geworden war. Um diese Zeit aber ging der gefährliche Wolf im
Wald auf Jagd.» (Erzählerin als Wolf:) «Mmh, ich rieche leckeres
Menschenfleisch! Uah, hab ich einen Hunger! Das kleine
Mädchen dort kommt mir gerade recht!» (Die Kinder werden unruhig, die Erzählerin wechselt darum erneut die Erzählerperspektive:) «Was meint ihr, ob Rotkäppchen Angst hatte? Natürlich
hatte sie die, aber was sollte sie tun? Weglaufen? Der Wolf war
schneller. Sich verstecken? Der Wolf hatte eine gute Nase. Richtig,
da war ja noch der Korb mit den leckeren Eßsachen für die
Großmutter. Sollte sie die aufbewahren oder dem Wolf geben?
Weil sie nicht gefressen werden wollte, gab sie dem Wolf Rosi-
nenkuchen zu essen und den süßen Rotwein zu trinken.» Die unmittelbare Gefahr war zunächst beseitigt, so daß man ohne Druck
weiter überlegte, wie Rotkäppchen den Wolf endgültig loswerden
konnte.

Der *Spieleinstieg* fällt den Kindern um so leichter, je vertrauter
ihnen die dringlichen Bedürfnisse der Figuren bei der Erzählung
wurden. In unserem Erfahrungsbericht (vgl. 4.1.1) eröffnet die
Spielleiterin die Geschichte *aus der Figur* des Kerzenstummels, der
sich mit der Erzählerin im Aufbau der Spannung abwechselt. Die
Kinder bekommen auf diese Weise einen *unmittelbaren Bezug* zur

Situation der Figur und wollen bei deren Rückerinnerung dabei-sein.

Den *Übergang vom Erzählen zum Spielen* gestaltet die Spielleiterin so, daß Alltagsstimmung erst gar nicht aufkommen kann (vgl. 2.6): In einer *anderen Figur*, der der Frau Reinlich, stattet sie die erste Szene mit einigen Spielutensilien aus.

Erzählend legt sie dabei eine anschauliche Stimmung über die Szene, wendet sich zur Gruppe und entdeckt an einem Kind «zufällig» passendes Aussehen, Verhalten, die geeigneten Eigenschaften und Fähigkeiten einer zu spielenden Figur. Diesem *Anspiel* will sich kein Kind entziehen, besonders dann nicht, wenn es von der Spielleiterin zum Spielort gebracht und mit Tätigkeiten ausgestattet wird. Was es da als Figur auch unternehmen mag, alles wird von der Spielleiterin aufgegriffen, wohlwollend interpretiert und den anderen als beispielhaft vermittelt. Hat die Figur alle ihre Funktionen erfüllt, wird sie gelobt und in die Gruppe zurückgeholt, bevor alle zur nächsten Station weiterwandern. Das ist wichtig, weil zunächst alle Kinder den Verlauf der Handlung und die Funktionen sämtlicher Figuren mitbekommen sollen. Der Hang zum egozentrisch-monologischen Spielen in diesem Alter kann so eher durchbrochen werden, wenn die Kinder gelernt haben, nur dann zu spielen, wenn die Aufmerksamkeit (der «Focus») bei ihnen liegt.

Im *ersten Spieldurchgang* werden alle «Figurennester» so *funktional* eingerichtet, daß alle Kinder eine *Orientierung* bekommen. Kinder in diesem Alter brauchen einen *persönlichen Einstieg* in Figur und Spielsituation. Muß einer *mitleidig bemuttert* werden («Ach herrje! Frau Maus! Ihnen fehlt ja ein Zahn! Wie ist das denn passiert? Das muß aber weh getan haben! Kommen Sie, ruhen Sie sich erst mal aus. Ich habe Ihnen hier ein Bett gemacht. Und hier steht Limonade zum Kühlen!»), reicht einem anderen ein *Lob*, («Oh, Herr Löffel, Sie haben ja den schärfsten Rand im ganzen Besteckkasten! Und Sie will man nicht mehr haben? Ich würde zu gern mit Ihnen meine Suppe auslöffeln. Hier habe ich mir einen Becher Joghurt mitgebracht. Darf ich den mit Ihnen

Jedem Spieler hat der Spielleiter für die erste Szene der Spielgeschichte «Wer hat Familie Maus den Käse gestohlen?» eine Figur mit
einer Biografie eingerichtet. Das 2. Durchspielen leitet er mit einer
stimmungsvollen Erzählung ein: «Es ist früh am Morgen. In der Mau-
sehöhle schlafen noch alle und merken gar nicht, wie kalt und naß es
draußen geworden ist.»

essen?»), verträgt ein drittes Kind bereits eine *provozierende An-
sprache* («Sag mal, Kerze, wie machst du das nur, zu tropfen? So
heiß ich auch zu brennen versuche, ich bleibe immer trocken! Ver-
rätst du's mir? Nicht? Ich wette, du hast einen Trick! Warte nur,
ich komm schon noch dahinter!»). Mit jeder zum Leben erweckten Figur führt die Spielleiterin also zunächst einen *Dialog, indem
sie die Fragen so stellt, daß die Figur durch Spiel antworten kann.*
Die Fragen sind so einfach, daß sie immer schon die Antworten
enthalten. Dennoch passiert es, daß nicht jedes Kind die Anspra-
che der Spielleiterin als Handlungsanweisung begreift. In solchen
Fällen stellt sich die Spielleiterin als *Doppel-Ich* (vgl. 2.9.2) zur Figur und führt einen «Intim-Dialog»: «Hallo Kerze! Freust du dich
auch so auf den Leuchter wie ich? Wie schön wir beide brennen
werden! Meinst du, wir sind blank genug? Komm, wir reiben uns

Der Spielleiter begleitet erzählend die Tätigkeiten der Figuren: «Als erste wacht die Mutter auf, schaut aus dem Mauseloch und will sehen, wie kalt es ist und ob Gefahr droht.» (Spielleiter öffnet das Mauseloch.)
Spielleiter: «Na, Mutter, was siehst du?»
Mutter Maus: «Keiner da.»
Spielleiter: «Wunderbar. Dann schick mal deine Familie los zum Essensammeln.»

gegenseitig blank. Würdest du mir deine Hand geben? Allein trau ich mich nicht!»

Zögern Kinder vor *unheimlichen Situationen*, z. B. der dunklen Schublade (einem Turnkasten), wagt sich die Spielleiterin allein vor zum *Probehandeln*: «Huch, ist das hier dunkel! Ist da jemand? Ich bin nämlich die Kerze und habe fast keine Angst! Oh, was war das? Ich glaube, ich bin gegen etwas Hartes gestoßen! Können Sie nicht besser aufpassen? Machen Sie mal ein bißchen Platz für mich, ich bin nämlich ziemlich lang!»

Dieses *Vorspiel* der Spielleiterin hat einige Mutige angelockt, die bestätigen, daß einem in der Schublade nichts passieren kann.

Mit den beschriebenen verschiedenen *Anspielformen* werden

Sohn Maus verändert spontan seine Aufgaben und nascht vorzeitig an einer Schnecke. Vater Maus ist so überrascht, daß er nicht reagieren kann. Der Spielleiter hilft ihm als sein «Doppel-Ich»:
Spielleiter: «Schau dir unsern Sohn an! Knabbert der doch einfach schon an einer Schnecke! Wenn das die Mutter merkt, kriegen wir Ärger. Ich finde, wir sollten ihm das verbieten. Sagst du es ihm oder soll ich?»
Vater Maus: «Gib die Schnecke her!»

unterschiedlich spielfähige Kinder zur Darstellung gebracht. Sie alle auf ein *gleiches, allgemein verständliches Spielniveau* zu heben, bleibt der *assistierenden und kommentierenden Spielbegleitung* vorbehalten, die die Proben bis zur Aufführung kennzeichnet.

Was geschieht mit jenen Kindern, die gerade nicht spielen und auch nicht in ihrem «Figurennest» ausharren? Neben den Darstellern gibt es während aller Proben immer noch die «Reisegruppe» (vom Beginn des Spiels), die dem Bühnengeschehen zuschaut, der die Spielleiterin den Verlauf der Handlung und das undeutliche Spiel einiger Figuren erklärt und aus der sie neue Figuren in die Spielsituationen lockt. Es gibt also keine Kinder, die

Mutter Maus traut sich nicht, einen kleinen Sandsack als Spinne an-
zufassen, um damit ihre Suppe zu würzen. Der Spielleiter hilft durch
«Probehandeln»:
Spielleiter: «Nun schau dir diese schöne, fette Spinne an, Mutter!
Mmhh, auf die freue ich mich schon. Wenn wir die noch ein bißchen
pfeffern und salzen, schmeckt sie doppelt so gut in der Suppe. Mutter, reich mir mal Pfeffer und Salz von da drüben! Willst du das vielleicht machen? Du bist ja die Köchin!» (Mutter Maus wollte.)

während des Theaterspielens in der Turnhalle etwas anderes tun
und ablenken. Bevor beim 2. Treffen der zweite Teil der Geschichte in ähnlicher Weise eingerichtet wird, erinnern sich alle gemeinsam an den ersten Teil, der mit Hilfe des «kollektiven Gedächtnisses» der Gruppe (von der «begriffsstutzigen» Spielleiterin
provoziert) jedoch nur kurz erzählt, aber noch nicht wieder gespielt wird. Das geschieht beim 3. Treffen, wenn die gesamte Geschichte funktional von allen Kindern durchwandert worden ist
und alle Figuren mit der *Kenntnis des Höhepunktes und des Fina-
les zielbewußter spielen* können. Wie werden sie dazu gebracht?

Das 3. und 4. Treffen dient der *Präzisierung* des Spiels. Der
Handlungsablauf ist den Kindern inzwischen bekannt und ihre Fi-

guren ihnen so vertraut, daß sie erstmals *allein* auf der Spielfläche bleiben und sich in ihren «Figurennestern» einrichten. Dort besucht die Spielleiterin jede einzeln (entweder in einer Figur oder als Spielleiterin!) und verwickelt sie in einen *Dialog*. Dieser soll den Spielern helfen, Absichten und Gefühle ihrer Figuren deutlicher zu zeigen, Tätigkeiten genauer auszuführen und Verbindungen zu anderen Figuren aufzunehmen.

Spielleiterin: «Haben Sie gehört, Herr Koch? Die Prinzessin hat nach dem Frühstücksspeck geschellt! Ist der Speck fertig? Die Prinzessin mag nicht warten. (Der Koch grinst verlegen und zuckt die Schultern.) Wo ist denn Ihre Pfanne und der Herd? (Der Koch zeigt in eine Ecke.) Aber die Pfanne ist ja leer! Sie riecht aber nach Speck! Hier, riechen Sie selbst! (Spielleiterin und Koch riechen gemeinsam.) Also war auch welcher drin! Haben Sie den vielleicht selbst aufgegessen? (Koch verneint.) Aber wer hat ihn dann? (Der Koch antwortet: ‹Hat der Hund geklaut!›) Wo ist denn hier ein Hund? Hier waren nur Sie und der Küchenjunge. Den würde ich zuerst mal fragen. (Koch zum Küchenjungen: ‹Hast du den Speck?› Der Küchenjunge grinst und schüttelt den Kopf.) Herr Koch, haben Sie das gesehen? Der grinst so komisch. Dem würde ich nicht glauben. Der lügt bestimmt. (An alle gewandt:) Und was tut der Koch jetzt? (Alle Kinder: ‹Der haut ihm eine!›) Richtig. Der Koch gibt dem Küchenjungen eine Ohrfeige. Aber nicht so fest, Herr Koch! (Der Küchenjunge läuft weg, weil er sich nicht schlagen lassen will.) Lauf nicht weg, Küchenjunge, du bekommst jetzt eine Ohrfeige, die sieht zwar echt aus, tut aber nicht weh! (Der Koch gibt dem Küchenjungen einen zarten Schlag, den die Spielleiterin mit einem kräftigen Händeklatschen akustisch unterstützt. (Alle Kinder sind verdutzt.) So gibt man auf dem Theater eine Ohrfeige, ohne daß es weh tut. Wer will in die Hände klatschen, wenn der Koch schlägt? (Drei Kinder melden sich als ‹Akustiker›.) Das wirkt aber nur echt, wenn der Küchenjunge laut ‹Au!› schreit.» (Der Schlag wird dreimal geübt, bis er relativ echt wirkt.)

Mit diesem «Ins-Spiel-Verwickeln» paßt die Spielleiterin die

Darstellung den *Verhältnissen der Wirklichkeit an,* die dadurch *detaillierter, umfangreicher und damit glaubwürdiger* wird. Hätte sie Koch und Küchenjunge nur verbal dazu aufgefordert («Spielt mal, wie der Koch den fehlenden Speck entdeckt und den Küchenjungen dafür ohrfeigt!»), wäre deren Spiel sehr viel schneller, glatter und spannungsloser verlaufen.

Einige Kinder lassen sich auch bereits mit *logischen Hindernissen* zu ausführlicherem Spiel animieren. Welche sind das?

Mit *Abhängigkeiten der Figuren untereinander* kann man monologisches Spielen verhindern. Der Suppenlöffel ist auf die Maus angewiesen, wenn er die Kerze loswerden will. Er muß mit ihr Kontakt aufnehmen und sie um eine Gefälligkeit bitten (evtl. mit Gegenleistung), z. B. daß sie ein größeres Loch in den Schubladenboden nagt.

An ihr Ziel, das ganze Schloß zu betäuben, kommt die böse Fee nur dann, wenn sie den Schlüssel vom Küchenjungen bekommt. Der gibt ihn aber nur gegen Speck heraus.

Zu *retardierenden Elementen* greift eine Spielleiterin immer dann, wenn das Spiel der Darsteller zu *schnell und oberflächlich* verläuft. Frau Reinlich wollte die Kaffeegäste bereits loswerden, als die noch gar keinen Kuchen gegessen hatten. Die Spielleiterin mischte sich als Opa ins Spiel ein und begann, Kuchen für zu Hause einzupacken. Die folgende Auseinandersetzung brachte Frau Reinlich zu ausführlicherem Spiel.

Zeitdruck erzeugt die Spielleiterin, wenn die Kinder (in «Vater-Mutter-Kind-Manier») Nebenhandlungen so ausweiten, daß die Haupthandlung darüber in Vergessenheit gerät und die Spannung verlorengeht.

Ihren benötigten Speck wollte die böse Fee erst umständlich auf einem (dazuerfundenen) Markt einkaufen gehen, so lange, daß sie ihre Absicht vergaß. Als schnell erfundener Haushofmeister entdeckte die Spielleiterin das bereits betäubte Dornröschen, schlug Alarm, ließ alle Türen versperren, so daß die Fee mit ihrem Betäubungsmittel und dem geborgten Küchenschlüssel zu spät kam. Hätte sie doch nicht so lange eingekauft! Die Spielleiterin hatte ein

Einsehen und ließ die Szene noch einmal spielen. Dieses Mal beeilte sich die Fee.

Mit den hier beschriebenen Eingreifmöglichkeiten *korrigiert* die Spielleiterin diese (wie auch ältere) Kinder nicht als Privatpersonen, sondern als *Figuren*. Über ihr *Mitspiel* (z. B. als Dienerin, Herrscherin, Kontrafigur oder Doppel-Ich, vgl. 2.9.2) *unterstützt* sie die Spieler anfangs noch durch ihre *Nähe*, eine Spielsituation mit den vorgeschlagenen Verbesserungen zu präzisieren.

Im Laufe der weiteren Proben greift sie jedoch immer öfter auch vom *Spielflächenrand* aus ins Spiel ein (vgl. 2.9.1). So hinterfragt sie *als Erzählerin* unlogisches Spiel: «Woher wissen Löffel und Maus denn schon, daß gleich eine Kerze zu ihnen in die Schublade kommen wird?»

Oder sie geht mit einer Figur in einen *Ferndialog*: «Herr Koch, wundern Sie sich nicht, was die Fee in Ihrer Küche will? Richtig, die darf erst kommen, wenn Sie gerade Ihr Mittagsschläfchen halten. Also, es ist 14 Uhr, dann werden Sie mal müde!»

Als *Kommentatorin* wird die Spielleiterin Lücken mit spielbegleitendem Text füllen, der das *Spieltempo* der Darsteller lenkt und ihnen zusätzliche *Spielideen* gibt: «Die böse Fee schaute lachend auf das betäubte Dornröschen herab und war sehr zufrieden mit ihrem Werk. Aber das war noch nicht alles! Das ganze Schloß wollte sie betäuben, was natürlich sehr viel schwieriger war. Sie kletterte unbemerkt aus dem Turmzimmer, wäre dabei fast in die Rosen gestürzt und hörte, nachdem sie glücklich wieder auf der Erde stand, lautes Schimpfen aus dem Küchenfenster. ‹Das ist die Lösung!› freute sie sich. ‹Ich schütte Betäubungssaft in die Mahlzeit, von der alle essen werden!› Sie schlich vorsichtig zum Fenster, um zu sehen, wie sie in die Küche gelangen konnte.» Das Kind begriff diese begleitende Erzählung als Handlungsanleitung und spielte jetzt viel ausführlicher die Gefahr abzustürzen, entdeckt zu werden und eine «Idee zu bekommen».

Jede Form der *Provokation* (als naive Zuschauerin z. B., vgl. 2.9.1, die ab dem 10. Lebensjahr sehr beliebt ist, vgl. 4.3.5) legen 4–6jährige, selbst wenn sie ihnen nicht privat, sondern ihren Figuren gelten, als Beschimpfung aus, die sie *verunsichert*. Sie brauchen ihre Anleiterin noch als *Verbündete* und nicht als (gespielte) Gegnerin in einem Spielwettstreit.

Das 5. und 6. Treffen mit der Theatergruppe bringt den Durchlauf der gesamten Spielgeschichte. Erst jetzt spielen die Kinder ihre Figuren in der *endgültigen Besetzung*. Vorher hat die Spielleiterin die Proben dazu genutzt, verschiedene Kinder in Figuren auszuprobieren, um evtl. verborgene theatrale Fähigkeiten nicht unentdeckt zu lassen. Natürlich wollte sie auch ein zu frühes, eifersüchtiges «Einnisten» in bestimmte Figuren vermeiden.

Die letzten beiden Proben nutzt die Spielleiterin dazu, die verschiedenen Einzelszenen in den *Spannungsbogen der Gesamtgeschichte einzubinden*, immer in bezug zum Ausgangsbedürfnis der Hauptfigur, das den Spielimpuls für die Handlung gab.

Die Spielfläche betritt sie jetzt kaum noch, führt auch nur noch selten mit einer Figur einen Dialog, sondern «ruft» als Erzählerin vom Spielflächenrand aus das Spiel der Darsteller «ab»: «Nun seht euch diese schöne, große Kerze in dem Leuchter an, wie sie sich über ihren roten Wachsfleck auf der weißen Tischdecke erschrickt! (Die Kerze spielt ‹Erschrecken› und will sich kleinmachen.) Am liebsten würde sie unter den Tisch kriechen, aber dazu steckte sie zu fest im Leuchter. (Die Kerze ruckelt hin und her.) Die Kaffeegäste hatten den Fleck natürlich bemerkt. Frau Pipke meckerte (Frau Pipke: ‹Immer passiert so was hier!›), Frau Reinlich schämt sich (Frau Reinlich: ‹So ein Mist!› rief sie dann wütend). Nur Opa Sauer bekam nichts mit. (Opa: ‹Ich muß aufs Klo.›) Das mußte Opa Sauer immer, wenn er zuviel Kaffee trank.»

Als *begleitende Erzählerin* bereitet die Spielleiterin jeder Figur deren Spielsituation vor, immer bemüht, die Kinder zu *eigenständigem Spiel zu verleiten*, deren Darstellung stets wohlmeinend zu *kommentieren*, notfalls zu *verstärken* und in den Zusammenhang der Handlung zu stellen.

Diese letzten beiden Proben reichen allen Kindern aus, um ihr Spielbedürfnis zu befriedigen. Für sie wäre eine Aufführung überflüssig, wenn da nicht noch die (bereits vorinformierten) Zuschauer mit ihren Schaubedürfnissen wären. Die Anleitungsaufgaben der Spielleiterin *während der Aufführung* unterscheiden sich nur unwesentlich von denen der letzten Proben (vgl. 2.11): Sie begleitet das Spiel der Figuren *als kommentierende Erzählerin vom Spielflächenrand* aus. Das ist deshalb notwendig, weil die Kinder viel auslassen, häufig falsch reagieren oder unwichtige Nebenhandlungen spielen, die das Verständnis erschweren und die Spannung abfallen lassen.

Um *jeder* Aktion ihrer Darsteller die nötige Aufmerksamkeit zu verschaffen, begleitet die Spielleiterin deren Spiel in der Aufführung grundsätzlich *offensiv*. Jede Auslassung, jeden Umweg bessert sie so nach, daß das Spiel immer seinen *Sinn* behält und *gewichtig* ist. Die anerkennenden Reaktionen des Publikums ermutigen die Spieler, so daß sie die Furcht vor Fehlern allmählich verlieren. Früh an die *kommentierende Begleitung* ihrer Anleiterin gewöhnt, läßt sich kein Spieler mehr irritieren, sondern leiten, gelegentlich auch zu spontanen Erweiterungen des Spiels inspirieren. Die Spielleiterin wird niemanden bei eigenmächtigen Ausflügen «abstürzen» lassen und dem Publikum alles als spannende Unterhaltung servieren.

Wie beginnt die Aufführung? Mit einer angemessenen *Einführung* stimmt die Spielleiterin das Publikum auf die Geschichte ein: «Sie werden sogleich an einem ungeheuerlichen Ereignis teilnehmen, das Sie nie zuvor gesehen haben und das Sie auch so schnell nicht vergessen werden! Wer von Ihnen hätte je geglaubt, daß es Kerzen gibt, die nicht brennen mögen? Niemand, denn Sie alle zünden jeden Tag welche an, ohne sich Gedanken zu machen. So etwas gäbe es nicht? Dann schauen Sie selbst, was eine Kerze alles unternahm, nie wieder angezündet zu werden.» Die Darsteller sitzen sichtbar vor dem Publikum und werden nun der Reihe nach von der Spielleiterin als Figuren der Spielgeschichte vorgestellt und auf ihren Platz in der 1. Szene geschickt. Dort warten sie, bis die Anleiterin die Erzählung wie einen Scheinwerfer auf sie richtet, um sie zum «Bühnenleben zu erwecken».

4.2 Theater mit 6–9jährigen, den «Abenteurern mit Rückfahrschein»

Für die Anleitung dieser Altersgruppe lohnt der Blick auf die Besonderheiten der Vor- und der Folgegruppe (vgl. 4.1 und 4.3), denn in keiner anderen Altersstufe ist das Entwicklungsgefälle so ausgeprägt wie bei den 6–9jährigen. Was bei den Schulanfängern z. B. als ängstlich-neugieriges Hineinschnuppern in vertraute Spielvorlagen der *Realität* beginnt, hat sich bei den Älteren längst zur selbstbewußten Auseinandersetzung mit *Abenteuern der Phantasiewelt* entwickelt.

Um *beiden* Erwartungen innerhalb *einer* Gruppe zu entsprechen, wird die Spielleiterin das Spielthema an Bedürfnissen und Entwicklungsstand der Älteren orientieren und dabei die Spielaufgaben so differenzieren, daß sie den eingeschränkteren Möglichkeiten und Sicherheitsbedürfnissen der Jüngeren entsprechen. Nichts wird die 6–7jährigen schneller voranbringen, als *Mut und Aktionsbereitschaft* spielbegeisterter 8–9jähriger!

Wo empfangen die Älteren ihre Entwicklungsimpulse?

Auf der Straße, ihrem neuen Orientierungsfeld, haben sie sich in täglichen Auseinandersetzungen der Konkurrenz in einer Gruppe Gleichgesinnter auszusetzen. Behaupten sie sich dabei, werden sie von der Gruppe akzeptiert und beschützt, was die Kräfte jedes einzelnen potenziert. Zu spüren bekommt das die Spielleiterin, wenn im Schutz der Gruppe ihrem Spielvorschlag mutig ein eigener entgegengesetzt wird, mit dem ihre Kompetenz angezweifelt wird. Zu den Abenteuern *ihrer Spielgeschichte* wird die Anleiterin die Gruppe nur führen können, wenn ihre angekündigten Aktionsszenen die der Gruppe zu übertreffen versprechen. Die theatrale Umsetzung einer Spielgeschichte wird mit dieser Gruppe nur gelingen, wenn der *Bewegungsdrang* der Teilnehmer mit der *Strukturierung des Treffens* auf mehrere Aktivitäten verteilt und zusätzlich in der *Biografisierung der Figuren* berücksichtigt wird. Die permanente Aktionsbereitschaft der Kinder im richtigen Verhältnis von *spielfördernd und spielstörend* auszubalancieren, macht Spielanleitung in dieser Gruppe so anstrengend.

Wie lassen sich die Schwierigkeiten bewältigen?

Die neuen Umwelterfahrungen (hier besonders das Fernsehen) haben die Phantasie dieser Kinder so gereizt, daß ihre Spielgeschichten *anspruchsvoller* als in der Vorgruppe entwickelt werden können: *Ein aufregendes Abenteuer, dessen Ausgang lange Zeit ungewiß bleiben kann, am Ende aber positiv enden muß, kann am ungewöhnlichen Ort passieren.* Die Figuren haben *komplexere Biografien*: Das abweichende Verhalten der Helden (z. B. «menschliche Schwächen») führt sie in Konflikte und Abhängigkeiten, die nur mit rationalen Mitteln, vor allem aber durch Besinnung auf die eigenen, realen Kräfte überwunden werden.

Sind die Anliegen der Figuren nachvollziehbar und verfügen sie über einen ähnlichen Erlebnisdrang, können sich die Spieler leichter mit ihnen identifizieren. Einen Schritt weiter als die 4–6jährigen geht diese Altersgruppe, wenn sie mit zunehmender Lust an der Umkehrung der Verhältnisse erstmals *Distanz* zu den Bedürfnissen ihrer Figuren zeigen, die nicht mehr nur nachgelebt, sondern *vorgezeigt* werden. Damit schaffen sie sich eine wichtige Voraussetzung für das spätere Improvisationstheater.

Dennoch ist diese Altersgruppe noch nicht in der Lage, die Spielgeschichte *selbständig* zu spielen. Ohne Anleitung vermögen sie weder die *logische Reihenfolge von Szenen* noch die *Interessen anderer Figuren im Zusammenspiel zu berücksichtigen*. Als entscheidende Voraussetzung fehlt ihnen dazu das *Bewußtsein über die Wirkung eigener darstellerischer Mittel*, das die Spielleiterin mit dem Einbau reflektorischer Spielelemente fördern wird.

Zu *eigenkreativen* Spielvorschlägen kommt es in diesem Alter dann, wenn die Spielsituationen an ihren Alltagserfahrungen anknüpfen. Die Spieler fühlen sich jetzt zwar wohl, aber ihre Darstellung wird dadurch nicht zwangsläufig besser. Ohne Probleme weichen sie vom vorgegebenen Handlungsverlauf ab, jagen oberflächlich und harmonistisch über alle Hindernisse hinweg, notfalls mit Tricks aus der «Zauberkiste».

Kurz, ihr Spielverhalten erfordert noch die *andauernde Spielbegleitung* der Anleiterin, die *Ordnung* in ihr Spiel bringt: Sie schafft Spielanlässe, setzt Orientierungspunkte, stellt Beziehungen her, gibt Entscheidungshilfen, klagt Glaubwürdigkeit ein, macht insgesamt das Spiel der Kinder präsentationswürdig.

Korrekturvorschlägen stehen die Darsteller dann aufgeschlossen gegenüber und versuchen sie umzusetzen, wenn damit die Wirkung ihres Spiels erhöht werden kann. Mit dem *Publikumsinteresse*, das eine spannende, unterhaltsame Aufführung erleben möchte, kann in dieser Altersgruppe jeder Verbesserungsvorschlag begründet werden.

Die *Aufführung* kann zur Sache der ganzen Gruppe werden, wenn es der Spielleiterin gelingt, *jeden* Teilnehmer mit seinen *speziellen Fähigkeiten* für die Vorbereitung zu gewinnen.

Der Erfolg wird sich dann einstellen, wenn die Spielleiterin es verstanden hat, *die Anforderungen der Spielgeschichte mit den Gestaltungsmöglichkeiten der Gruppe in einem Produkt zu vereinen.*

Mit dem feststellbaren, erwachenden *Sinn für Spannung und Komik* und der Fähigkeit, erste Spielpassagen *selbständig* zu spielen, zeigen die 6–9jährigen Darstellungsfähigkeiten, die den «theatralen Entwicklungsstand» der nächsthöheren Altersgruppe vorbereiten.

4.2.1 Erfahrungsbericht über einen Theaterkurs in einer Kulturwerkstatt

Eine Kulturwerkstatt hat einen gebührenpflichtigen Improvisationstheater-Kurs für 6–9jährige eingerichtet, der jeden Mittwoch zwischen 15.30 und 17 Uhr stattfindet. Angemeldet haben sich ausschließlich Kinder wohlhabender Eltern, die bereit sind, für die theatrale Förderung ihrer Kinder eine Kursgebühr zu zahlen. In der Kulturwerkstatt ist das keineswegs selbstverständlich, weil Theaterspielen sonst nicht dieselbe künstlerisch-pädagogische Wertschätzung genießt wie die Musik-, Tanz- und Gestaltungsangebote.

Zum 1. Treffen erscheinen vier Jungen und acht Mädchen, von denen sich sechs bereits aus Kindergarten, Wohnumfeld und Grundschule kennen, der Rest wird von ihren Müttern oder Großeltern gebracht. Drei Mütter wollen gern zuschauen, aber die Spielleiterin kann ihnen einsichtig machen, daß ihr Zuschauen die Kinder in deren eigenkreative Entwicklung behindern könnte, daß sie aber zur geplanten Aufführung in jedem Falle eingeladen würden.

Der Theaterraum der Einrichtung strahlt Atmosphäre aus: Er ist ca. 60 qm groß, hat einen Teppichboden, verdunkelbare Fenster und am Ende eine 30 cm hohe, 6 m breite und 4 m tiefe Bühne, die mit schwarzen Vorhängen ausgeschlagen ist und über eine kleine Lichtanlage verfügt.

Das 1. Treffen dient dem Kennenlernen. Wechselseitig schlagen die Kinder und die Spielleiterin Bewegungs- und Gesellschaftsspiele vor, die keinen anderen Zweck verfolgten, als Spaß miteinander zu haben. Auffällt, daß alle Jungen (bis auf einen) wild toben, zwei sich auch echt prügeln und sich gegenseitig mit kleinen Kunststücken zu übertreffen versuchen. Die Mädchen sind zu Beginn still in ihrer Clique zusammen, nehmen aber angesichts der wenig produktiven Jungen die Spielvorschläge bald allein in die Hand. Während die Jungen immer wieder mit ihrer Wildheit die Spielleiterin zu provozieren versuchen, fragen die Mädchen nach ihrem Privatleben.

Als *Einstieg in das Theaterspielen* schlägt die Spielleiterin Darstellungsübungen mit Ratecharakter vor: Verschiedene Haushaltsgegenstände (Zahnbürste, Brauseschlauch usw.) sollen in einer zu ratenden Tätigkeit *zweckentfremdet* benutzt werden. Die Kinder verstehen schnell und überbieten sich mit immer ausgefalleneren *Verfremdungen*: Aus dem Telefonhörer wird ein Brause-

Entfremden von Gegenständen: Aus einem Schnorchel wird ein Krückstock für eine Oma. (Aus der Theaterarbeit mit 7–9jährigen)

Entfremden von Gegenständen: Aus einem Duschschlauch wird ein Lasso, an dem ein Pferd zieht.
(Aus der Theaterarbeit mit 9–11jährigen)

Entfremden von Gegenständen: Aus einem Bügeleisen wird ein trauriger Dackel an der Leine. (Aus der Theaterarbeit mit 9–11jährigen)

kopf, aus dem Bügeleisen ein widerspenstiger Dackel und aus dem Duschschlauch das Lasso eines Cowboys. Besonders die Älteren spielen schon recht präzise. Wird die Tätigkeit von einem jüngeren Kind zu ungenau gespielt, stellt die Spielleiterin laut Fragen, macht Ergänzungsvorschläge, bis auch diese Kinder für ihre Darstellung Applaus erhalten. Mit einem abschließenden Suchspiel lernen die Teilnehmer den gesamten Raum und dessen Einrichtung kennen.

Auf die Frage eines Mädchens, ob beim nächsten Treffen andere Spiele gespielt würden, antwortet die Spielleiterin: «Überlegt euch welche, ich denke mir auch ein neues aus. Außerdem habe ich dann eine Überraschung für euch!» Einige wollen deren Inhalt wissen, aber die Spielleiterin läßt sich nichts entlocken.

Zum 2. Treffen kommen nur noch zehn Kinder, zwei Mädchen blieben weg und erschienen auch nie wieder. Bereits 15 Minuten vor der vereinbarten Zeit raufen, klopfen und schreien die Teilnehmer vor der Tür, die die Spielleiterin dennoch nicht vorzeitig öffnet. Die Kinder sollen frühzeitig den Unterschied zwischen einer normalen Spielgruppe und einem Theatertreffen merken, dessen anderer Zweck ein *besonderes Verhalten* und die *Einhaltung der angekündigten Zeit* erfordert. Entsprechend gibt die Spielleiterin zur vereinbarten Öffnungszeit auch nicht den Raum zum Toben frei, sondern setzt sich sehr bestimmt in die Mitte des Raumes auf den Fußboden. Die Kinder bemerken den geschlossenen Vorhang, doch darf noch niemand dahinter schauen. Spielleiterin: «Dort ist meine Überraschung für euch! Genau um 16 Uhr schauen wir uns die gemeinsam an!» Alle Kinder drängen sich dicht um die Spielleiterin, bis auf die drei «wilden» Jungen, die sich selbstbewußt in einigem Abstand hinsetzen. Einer schlägt vor, den Krimi vom Vorabend zu spielen. Weil der erst um 20.15 Uhr begonnen hatte, kennen ihn nur wenige. Auf die Frage, ob sie Angst dabei gehabt hätten, verneinen die drei Jungen. Ihre großen Brüder brächten aus der Videothek öfter Gruselfilme mit, z. B. über «Killerameisen, Vampire und Werwölfe». Ehe eine Diskussion darüber entsteht, wieviel jeder an Gruselfilmen aushielte, schlägt die Spielleiterin «Katz und Maus», die *kooperative Variante* zum bekannten Ausscheidungsspiel, vor: «Die Mäuse können nur dann gegen eine Katze gewinnen, wenn sie es schaffen, ihre Schwächste bis zum Schluß zu schützen.» Da alle Mäuse sich nur selbst in Sicherheit bringen, gewinnt in zwei Durchgängen jedesmal die Katze. Die Kinder sind enttäuscht und lassen sich erst trösten, als die Spielleiterin ihnen den Trick verrät: Die normalen Mäuse müssen sich bewußt als erste von der Katze abschlagen lassen, damit ihre Schwächste bis zum Schluß übrigbleibt. Für einen dritten Durchgang fehlt die Zeit, denn es ist 1 Minute vor 16 Uhr. Die Spielleiterin setzt sich geheimnisvoll auf die Bühnenstufe vor den immer noch geschlossenen Vorhang. «Kommt alle her zu mir, aber seid leise!» flüstert sie geheimnisvoll. «Hinter diesem Vorhang wartet meine Überraschung auf euch. Dorthin dürfen nur Eingeweihte! Wollt ihr das Geheimnis hören?» Natürlich wollen alle, es versucht auch niemand, heimlich hinter den Vorhang zu schauen, und so beginnt die Spielleiterin den 1. Teil ihrer Spielge-

Die Spieler versuchen in der Spielgeschichte «Die Honigfalle», die logische Reihenfolge der Szenen einzuhalten. Während Vater Wurzel mit seinem Pillenbestellbuch und Sohn Max vor dem Eulenbaum warten, schimpft Mutter Wurzel: «Warum hast du den Schnaps ausgetrunken, Opa?»
Opa Wurzel: «Mir taten vom vielen Stampfen die Füße weh!»

schichte («Die Honigfalle») zu erzählen (die beiden restlichen wird sie an den nächsten beiden Treffen erzählen).

Erzählerin: «In meinem letzten Urlaub in Schweden wollte ich an einem Montag im Wald Pilze sammeln. Ein fester, großer Steinpilz stand neben einer Kiefer, die von oben bis unten mit Baumflechte bewachsen war. ‹Nichts Besonderes›, dachte ich und wollte gerade den Pilz mit meinem Messer abschneiden, als mir die Wurzeln der Kiefer auffielen: die waren nämlich nicht unter der Erde, sondern lagen frei und so sauber, als hätte sie jemand gründlich abgeputzt. ‹Wer putzt schon Wurzeln im Wald›, dachte ich gerade, als ich ein seltsames Rascheln und Tuscheln hörte. ‹Mäuse›, dachte ich, aber ich sollte mich getäuscht haben! Was ich da entdeckte, hatte ich noch nie im Leben gesehen!»

Sohn Max: «Frau Eule, könnte ich noch ein bißchen mehr Flechte pflücken?»
Eule: «Das könnte dir so passen!»

(Die Spielleiterin wechselt ihre Sitzstellung im Zuhörerkreis, schlüpft in die Figur der Mutter Wurzel und *spielt* mit verstellter Stimme und einer leeren Schnapsflasche in der Hand die Geschichte weiter:) «Schlamperei! Gestern war die Flasche noch halb voll, und heute ist sie leer! Wer hat den Wurzelschnaps ausgetrunken? Opa, hauch mich mal an! (Die Spielleiterin läßt sich von einem Jungen anhauchen, die ‹Mutter› verzieht ihr Gesicht, alle lachen.) Aha, dachte ich's mir doch! Und wovon sollen wir jetzt die Miete bezahlen? Du weißt genau, daß die Eule keinen Tag länger auf den Schnaps warten mag!» (Erneut wechselt die Spielleiterin die Erzählperspektive und fährt als Erzählerin fort.)

«Ihr könnt euch vorstellen, wie überrascht ich war, daß ich beim Pilzesammeln auf eine echte Wurzelmännchenfamilie gestoßen war.

‹Woraus machen Wurzelmännchen wohl Schnaps?› dachte ich.

197

Es dauerte einige Zeit, bis ich merkte, daß Opa und Mutter Wurzel nicht allein waren. Max, der Sohn, war ein guter Kletterer, dem kein Baum zu hoch war. Und weil ihm dabei nie schwindelig wurde, mußte er jeden Tag die Kiefer hinaufklettern und grüne, saftige Baumflechte pflücken. Zu hoch durfte er dabei nicht kommen, sonst weckte er die Eule in ihrem Nest. Ihr wißt ja, das war die Vermieterin, der Familie Wurzel jede Woche eine Flasche Wurzelschnaps dafür bringen mußte, daß sie in der Wurzelwohnung wohnen durften. Mit dem Schnaps, behauptete sie, könnte sie doppelt soviel Mäuse auf dem Waldboden entdecken wie sonst. Weil sie aber nur nachts wach war und tagsüber schlief, mußte Max beim Flechtepflücken so leise sein. Eulen können nämlich schrecklich wütend werden.

Max brachte also jeden Tag seiner Schwester Lisbeth frische Baumflechte, die nie gern helfen wollte und sich vor der Arbeit immer versteckte. Wenn die Mutter sie dann unter dem Bett oder im Schrank entdeckte, schimpfte sie und schickte sie an den Küchentisch, wo sie die Flechte so kleinschneiden mußte, daß Opa sie in einem Holzfaß zusammen mit Wasser weichstampfen konnte. Aus dem Sud, der da herauslief, kochte die Mutter den Schnaps, von dem sie die Miete bezahlten und den Opa heimlich gegen sein Rheuma trank.

Aus dem Flechtenmus, das unten im Faß übrigblieb, drehte die ganze Familie abends Schlankheitspillen, und wißt ihr, für wen? Na, für die anderen Wurzelmännchenfamilien! Die blieben damit nämlich schön schlank, so daß sie zum Saubermachen in alle Wurzelgänge, Baumritzen und Astlöcher hineinkriechen konnten. Vater Wurzel besuchte sie alle mit seinem Bestellbuch und schrieb darin die Pillen auf, die gebraucht wurden. Von morgens bis abends hatte also die ganze Familie Wurzel ganz schön viel zu tun.»

(Einige Kinder werden unruhig, so daß die Spielleiterin beschließt, den Rest des ersten Teils aus der Szene heraus weiterzuerzählen.) «Wenn ihr ganz leise seid, können wir die Wurzelfamilie jetzt in ihrer Wohnung sehen. Kommt alle hinter mich und macht euch klein, ich weiß, wo der Eingang ist, und der ist eng.»

(Damit kriecht die Spielleiterin mit den Kindern unter dem Vorhang hindurch auf die Bühne, auf der die Wohnstube von Familie Wurzel fertig eingerichtet ist: Wolldecken als Betten, ein Eßtisch mit Hockern, eine Kiste für Opa als Stampffaß und eine umgedrehte Kiste mit Plastikschüssel als Herd mit Kochtopf. Am Rande steht eine Stehleiter mit grünen Stoffresten, die den Baum mit Flechten darstellen soll. Eine leere Schnapsflasche, ein Bestellbuch, ein Holzstab als Rührholz, eine Brille für die Eule liegen als Requisiten bereit. Ehe die Kinder sich auf die «Arbeitsplätze» stürzen können, dreht sich die Spielleiterin um und spielt die Kinder als Mutter Wurzel an:) «Da seid ihr ja, ihr Faulpelze. Rasch an die Arbeit. Opa hat den ganzen Schnaps leergetrunken, wir müssen neuen machen, sonst schmeißt uns die Eule raus.»

Als Mutter weist sie *allen* auf der Bühne anwesenden Kindern eine *Funktion* in der Wurzelwohnung zu. Alle Kinder lassen sich von der «Mutter» gern Figuren und Tätigkeiten (vgl. 2.5.3) zuweisen: «Hier ist der Schrank, in dem Lisbeth sich immer versteckt, wenn sie keine Flechte schneiden will.» (Zwei Kinder bilden den Schrank, in den Lisbeth hineinkriecht.) «Das Nest der Eule braucht eine feste Stütze, damit sie nicht herausfällt, wenn sie Schnaps getrunken hat.» (Ein Kind hält die Leiter, auf die ein anderes als Eule steigt.)

So hilft *jedes* Kind mit einer *Tätigkeit*, die Erzählung zu *veranschaulichen*, aber *noch spielt niemand Theater*! Vor auf diese Weise aktivierten Zuhörern fährt die Spielleiterin mit ihrer Erzählung fort: «Gerade als die Mutter zum Mittagessen rufen will, stürzt Lisa, das Mädchen von der benachbarten Wurzelfamilie, herein.» (Die Spielleiterin in der Figur der Lisa:) «Hilfe! Rettet euch! Die Ameisen kommen! Unsere Wohnung haben sie schon leer gefressen! Ihr müßt weg!»

(Lisa berichtet von den gefährlichen chinesischen Kampfameisen, die mit dem Schiff aus China in Karlskrona gelandet seien und nun auf ihrem Marsch nach Norden alles kahl fräßen. Ehe die Kinder weglaufen können, erzählt die Spielleiterin als Erzählerin weiter:) «Ihr könnt euch vorstellen, wie sich alle erschreckt haben. Max versteckte sich oben im Baum...»

(Allen weist sie eine Fluchtreaktion zu und kriecht selbst als zusätzliche Oma aus einer Schlafkammer:) «Was ist hier für ein Lärm? Wer soll denn dabei schlafen können?» (Mehrere Kinder rufen ihr entgegen, daß gefährliche Ameisen kämen.) «Ja und? Die gehen auch wieder!» (Die Kinder wollen Oma zur Flucht überreden!) «Weglaufen? Wohin denn? So eine schöne Wohnung finden wir nicht wieder, laßt uns lieber überlegen, wie wir die Ameisen ablenken können. Mutter, reich mir meinen Hocker, und dann kommt alle her!»

Einige Kinder machen Vorschläge (Tür verrammeln, totschießen, vergiften usw.), die die Oma der Reihe nach auf ihre Durchführbarkeit hin überprüft. Noch ist keine brauchbare Lösung dabei. Erst als die Oma nach den Eßgewohnheiten von Ameisen fragt, findet man gemeinsam einen gangbaren Weg, die Gefahr abzuwehren: Vater und Sohn sollen die Bienenkönigin bitten, von ihren Arbeiterinnen eine Honigstraße um die Kiefer der Wurzelfamilie herumzulegen und so die Ameisen abzulenken.

Die Erzählerin schließt den ersten Teil der Geschichte mit einer Perspektive: «Mutter Wurzel packt ihrem Mann und Sohn ein paar Eßsachen ein und gibt ihnen auch ein paar Schlankheitspillen und ein wenig Schnaps mit, für alle Fälle. Das Raupentaxi wird bestellt, und nachdem alle sich lange und herzlich voneinander verabschiedet hatten, konnte die Reise endlich losgehen. Niemand von ihnen wußte aber, daß der Weg zur Bienenkönigin durch den gefährlichen Moorwald führte, wo viele Gefahren auf Vater und Sohn warteten. Ob sie die alle heil überstehen, das erfahrt ihr das nächste Mal!»

Die Kinder sind nicht enttäuscht über diesen Abbruch, weil sie sofort die Geschichte von vorn spielen wollen. Nur die Kinder, die als Schrank und Neststütze fungieren, sind unzufrieden. Die anderen wollen ihre Figuren aber nicht mehr hergeben. Ehe ein Streit beginnen kann, erfindet die Spielleiterin schnell einige *Hilfsfiguren*: Die Eule bekommt ein freches Junges ins Nest auf die Leiter gesetzt, das sie beim Schlafen stört. Das Raupentaxi erhält einen Lehrling als Beifahrer, dem immer schlecht wird. Die Oma möchte niemand übernehmen, weil sie wenig zu tun, aber viel zu sprechen hat. Diese Figur hält sich die Spielleiterin für ihr späteres Eingreifen bereit.

Ausgestattet mit ihren passenden Requisiten wollen alle Darsteller gleichzeitig mit dem Spiel beginnen. Dafür fehlen ihnen aber noch wichtige Informationen über ihre Figuren. Mit einer einleitenden Erzählung beginnt die Spielleiterin daher mit der *Biografisierung*: «Es ist Montag morgen, kurz vor 6 Uhr. Die ganze Wurzelfamilie schläft noch. (Alle Figuren legen sich im Schlafzimmer hin.) Als erstes wacht das freche Eulenkind auf und zieht seine Mutter an deren Schwanzfeder…» Der Reihe nach werden alle Figuren von der Spielleiterin aufgeweckt. Im Frage-Antwort-Verfahren erhalten alle Spieler die nötigen Informationen über ihre Situation, werden in *Beziehung* zu anderen Figuren gebracht und bekommen eine *Tätigkeit*, die sie, ohne die anderen abzulenken, ausüben, bis sie mit ihrem «richtigen» Spiel an der Reihe sind. Spielleiterin: «Hallo, Eule! Ist heute nicht Montag? Da wird doch die Miete fällig! Wird aber auch Zeit, deine Flasche Schnaps ist schon wieder leer! Warst wohl wieder betrunken gestern abend, was? Na, wenn auch einfach der Bussard mit einer fetten Maus überraschend zu Besuch kommt. Es ist schon 9 Uhr! Wo der Schnaps nur bleibt! Wieder sind sie unpünktlich, diese Wurzels! Nichts als Ärger hat man mit seinen Mietern. Besonders dieser freche Max, der immer so nahe an dein Nest klettert und dein Söhnchen zum Quatschmachen verführt. Na, heute legst du dich auf die Lauer und wirst ihn an seinen Ohren ziehen, wenn er wieder so nahe kommt!»

Gerade für Kinder, die nach bewegungsreichen Tätigkeiten drängen, erweist sich die *rückblickende und vorausschauende Klärung der Situation* als gutes Mittel, sie ihr Baumklettern, Auflauern, Flechtestampfen, Schnapskochen, Bestellbuchführen usw. *in einer bestimmten Stimmung und mit einer deutlichen Absicht* ausführen zu lassen.

Auch wenn die Kinder mit Informationen über ihre Figuren und den Handlungsverlauf versorgt sind, haben sie viele Details und vor allem die Reihenfolge der Szenen beim anschließenden «richtigen» Durchspielen der Geschichte schon wieder vergessen, so daß ihnen *selbständiges* Spielen noch nicht möglich ist. So muß die Spielleiterin mit entsprechendem Anspiel jeder Figur das angemessene Verhalten und die nötigen Aufgaben wieder in Erinnerung rufen.

Erzählerin: «Die Eule hatte schlecht geschlafen und wurde wütend, als ihr Söhnchen sie viel zu früh an der Schwanzfeder zog. (Das Söhnchen zieht und die Eule schimpft: ‹Laß das, sonst hau ich dir eine!›) Aber das schreckte das Söhnchen nicht ab, weil er wußte, daß seine Mutter ihn nie traf, wenn sie am Vorabend zuviel getrunken hatte. Heute ist Montag. (Die Eule reagiert nicht.) Eule, fällt dir da nicht was ein? (Eule: ‹Ach, ja, ich kriege Schnaps. Wo bleiben die denn? Söhnchen, geh mal nachsehen!›)»

Für *eigenkreative Erweiterungen ihrer Figuren* sind den Kindern die Spielsituationen noch nicht *vertraut* genug. Die werden sich erst beim 2. Spieldurchgang in drei Wochen einstellen. Die vorgesehene Zeit des Treffens ist bereits um fünf Minuten überschritten, als der erste *Höhepunkt der Geschichte* erreicht wird. Die Jüngeren sind überfordert, alle drei Phasen der Annäherung an die Spielgeschichte (*Erzählen, Einrichten, Spielen*) in gleicher Konzentration durchzustehen. Dennoch wollen alle auf das abschließende «Verstecken im Dunkeln», bei dem auch die Spielleiterin mitspielt, nicht verzichten.

Zusammenfassung der weiteren Treffen bis zur Aufführung

Die Gruppe erschien vollzählig zum 3. Treffen, um den Fortgang der Geschichte mitzuerleben. Inzwischen hatten sich alle an diese Form der Spieleinführung gewöhnt, die die Spielleiterin wiederum in einer *Mischung von Verbal- und Spielerzählung* vornahm. Dem

Problem, das anfangs niemand dem Spiel der anderen zuschauen mochte, begegnete sie dadurch, daß sie bereits bekannte Figuren in *neuer Besetzung* spielen ließ. Nun achteten die Kinder wechselseitig auf alle Darstellungsdetails, mit denen beim Publikum Eindruck zu machen war, übernahmen gute Einfälle der Vorgänger und fügten neue hinzu.

Ein echtes Spielhindernis trat auf, als ein Junge sich als gefährlicher Maulwurf nicht von Vater und Sohn Wurzel überlisten lassen mochte, was er offensichtlich als persönliche Schmach empfand. Das Ziel der Reise war gefährdet, als die beiden Wurzelmännchen bei ihm eingesperrt blieben. Erst als die Spielleiterin ihm einen Diener an die Seite gab, dem er die Schuld für die Überlistung zuweisen und ihn bestrafen konnte, gab er sich zufrieden und war bereit, seine Figurenanforderung zu erfüllen.

Das 4. Treffen brachte den Abschluß und Höhepunkt der Geschichte: «Die dicke Bienenkönigin weigerte sich zunächst, den Wurzelmännchen gegen die Ameisen zu helfen. Erst als sie wegen ihrer Leibesfülle nicht durch den Ausgang paßte und so die Hochzeit ihrer Schwester versäumt hätte, willigte sie ein, weil die Schlankheitspillen der Wurzelfamilie sie schnell abnehmen ließen.

So dauerte es gar nicht lange, bis die Bienen mit einer Honigstraße die Ameisen um die Kiefer der Familie Wurzel herumgeführt hatten. Die konnte in ihrer Höhle wohnen bleiben und weiterhin alle Wurzelmännchen der Umgebung mit Schlankheitspillen versorgen.»

Nachdem die Geschichte den Kindern bekannt war und sie alle drei Einzelteile durchgespielt hatten, wollten sie spontan beim 5. Treffen vor Publikum aufführen. Für die Spielleiterin stellte sich die Frage, wie sie diese Altersgruppe zum weiteren Üben motivieren und dabei die Proben für die Spieler spannend halten konnte (vgl. 2.10).

Folgende Möglichkeiten probierte sie mit Erfolg aus: Darstellern, die sich noch unwohl in ihren Figuren fühlten und deswegen häufig ausstiegen, gab sie *zusätzliche Beschäftigungen*. (Tochter Lisbeth schüttet versehentlich zuviel Kastaniensirup in den

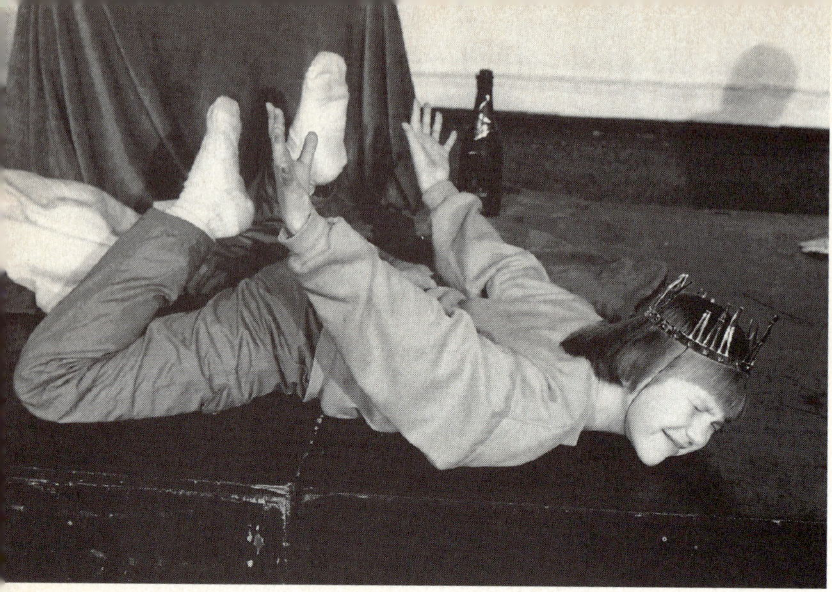

Die Bienenkönigin stürzt bei ihrem Flugversuch ab, weil sie zu dick geworden ist.
Bienenkönigin: «Aua! Hilfe! Wache! Doktor!»

Bienenarzt Dr. Stachel: «Majestät, Ihr braucht eine süße Beruhigungsspritze!»
Bienenkönigin: «Aber noch süßer als beim letztenmal!»

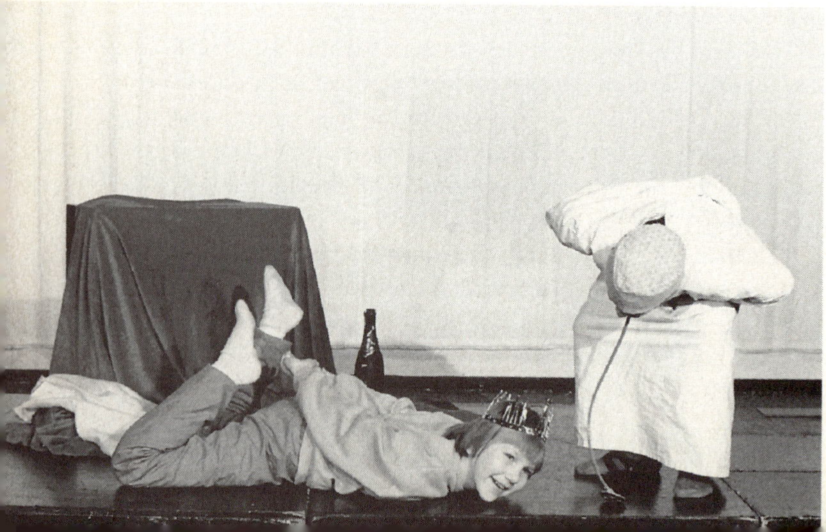

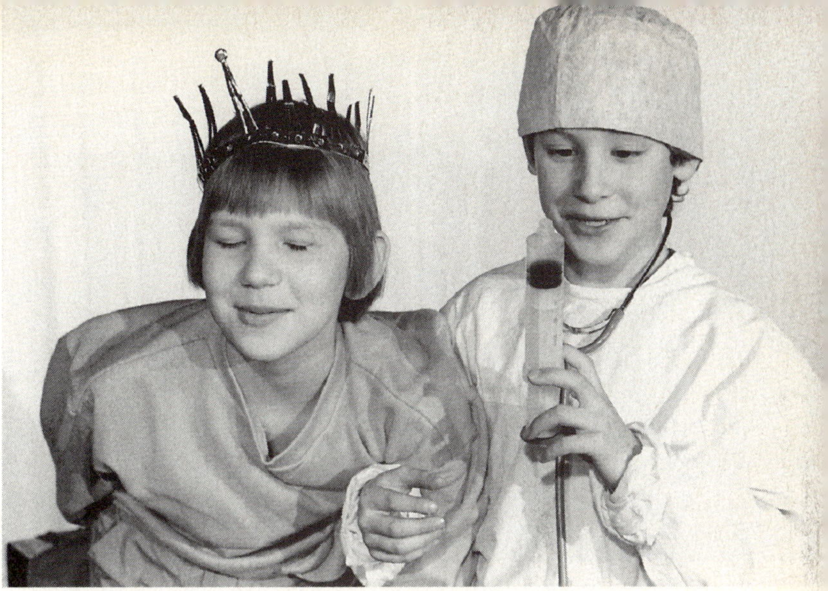

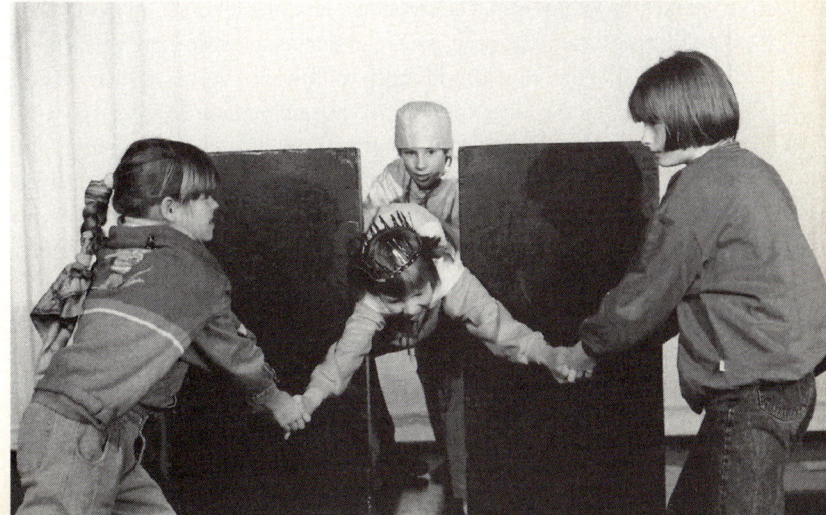

Bienenkönigin: «Ich glaube, die Spritze wirkt schon!»
Dr. Stachel: «Der kleine Rest hier ist für mich!»

Die Bienenkönigin klemmt im Eingangsloch des Bienenstocks fest.
Zwei Wachen und Dr. Stachel versuchen sie zu befreien.

Die Maus handelt zwischen Bienenkönigin und den beiden Wurzel-
männchen den Preis für die Schlankheitspillen aus.
Maus: «Die Wurzelmännchen brauchen eine Honigstraße.»
Bienenkönigin: «Kriegen sie nicht!»
Dr. Stachel: «Majestät, die beiden haben ein Mittel, mit dem Ihr wie-
der freikommt!»
Vater Wurzel: «Hier ist die Schlankheitspille!»
Sohn Max: «Hilft in fünf Sekunden!»

Wurzelsud, so daß die Pillen Durchfall erzeugen. Die Eule darf zusätzlich Max aus den Fängen eines Eichhörnchens befreien.)

Einige dieser Figurenerweiterungen verselbständigten sich beim
Spielen so sehr, daß die Haupthandlung in Vergessenheit geriet.
(Die Eule feierte mit dem Bussard ausgiebig eine Mäuseparty und
fiel damit als Mitspielerin für die Wurzelfamilie vorübergehend
aus.) Hier spielte die Anleiterin das Geräusch von marschierenden
Kampfameisen und Hilferufen verfolgter Wurzelmännchen ein, so
daß ein inhaltlicher Zeitdruck entstand, der die Nebenszene verkürzte.

Ausufernde Spielszenen konnte sie auf einer anderen Probe
auch mit *Schattenspielen* auf das Wesentliche *verdichten*. Die

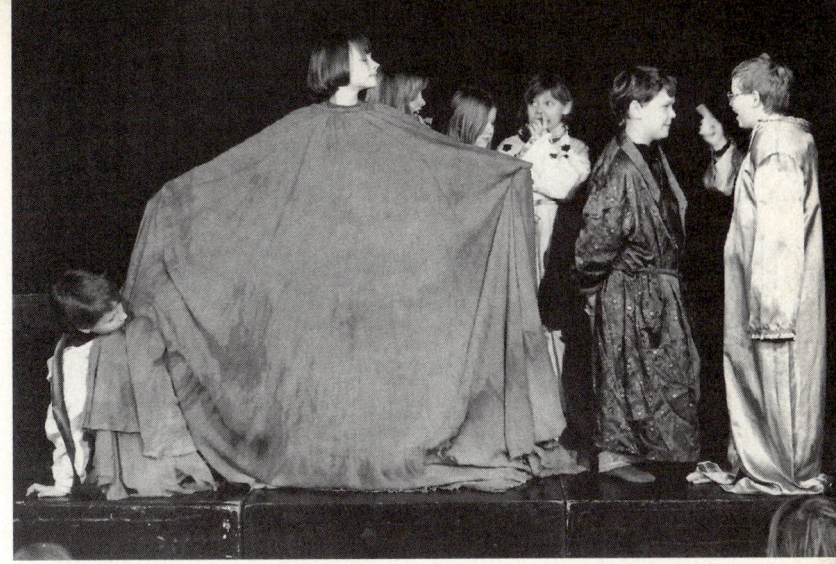

Aus der Arbeit an der Spielgeschichte «Das Himmelfahrtskommando». Das zu harmonische Spiel der Gruppe wurde mit einem zusätzlichen Konflikt zwischen Petrus und dem Mann im Mond spannender gemacht.
Stern Figaro: «Da kommt der Chef!»
Wolke: «Gebt mir noch 'n Milchshake!»
Stern Halogen: «Psst! Der darf das doch nicht wissen!»
Mann im Mond: «Chef, wir wollten uns gerade an die Arbeit machen...»
Petrus: «Das sehe ich! Sternklare Nacht hatte ich angeordnet, und ihr feiert mit der Wolke eine Party!»

nötige Präzision der Bewegungen erreichten allerdings nur die älteren Kinder.

Beim 7. Treffen wurde die Besetzung der Figuren *endgültig* festgelegt, was bei allen Spielern einen zusätzlichen Motivationsschub auslöste, die Darstellung aber nicht mehr verbesserte. Auf zu viele Spieldetails hatten die Kinder inzwischen zu achten, daß besonders die Jüngeren froh waren, wenn sie nichts vergaßen, die Szenen in der richtigen Reihenfolge spielten und dafür von der Spielleiterin besonders gelobt wurden.

Bei zu glattem und harmonischem Spiel legte sich die Spielleiterin als echtes Hindernis in den Weg. (Das Raupentaxi stößt an
einen großen Stein, daß alle herausfallen. Anschließend führt der
Weg durch zähen Schlamm, so daß alle Insassen schieben helfen
müssen, vgl. Fotos im 2. Kapitel.)

Beim 12. Treffen, also nach gut drei Monaten, fand die *Aufführung* vor etwa 40 Zuschauern statt. Ein Mitarbeiter der Kulturwerkstatt hatte ein einfaches, aber zweckmäßiges Bühnenbild
aus unterschiedlich bemalten Würfeln gebaut, die bei jedem Szenenwechsel von den Kindern selbständig gedreht und stimmig zusammengesetzt werden konnten. Für einige spielerleichternde Requisiten und Kostümandeutungen hatte die Anleiterin selbst
gesorgt.

Die Aufregung vor der Vorstellung war unter den Kindern so
groß, daß die Spielleiterin beschloß, zur Beruhigung auf der Wiese
vor dem Haus «Katz und Maus» zu spielen (wobei die Mäuse die
Katze erstmals freiwillig berührten, statt sich von ihr abschlagen
zu lassen).

Als alle Zuschauer versammelt waren, nahm die Theatergruppe
vor dem geschlossenen Vorhang Platz, und die Spielleiterin kün-
digte Thema und Figuren der Spielgeschichte stimmungsvoll an:
«Unter der Erde soll es Wesen geben, von denen wir zwar eine
Ahnung, aber bisher keinen Beweis haben. Bis heute! Denn eine
Gruppe mutiger Jungen und Mädchen hat das gefährliche Abenteuer gewagt und ist den Spuren dieser Wesen bis in den hohen
Norden Europas, bis nach Schweden, gefolgt. Was sie dort erleb-
ten, ist so unglaublich, daß es nicht erzählt werden kann, es *muß
gespielt werden*!

Sie werden einen Opa mit großen Füßen zu sehen bekommen,
hier steht er vor Ihnen! (Sie holt sich das Opa-Kind aus der
Gruppe, der Junge steht angemessen krumm vor ihr.) Opa, warum
gehst du so krumm?» Opa-Kind: «Rheuma.» Erzählerin: «Und
was tust du dagegen?» Opa-Kind: «Schnaps trinken!» Erzählerin: «Woher kriegst du den denn?» (Opa kichert und läßt sich von
der Spielleiterin durch den Vorhang auf die Bühne schieben.)

In ähnlicher Weise stellt sie alle Figuren dem Publikum vor, schickt einige in die 1. Szene, sammelt die anderen zu ihren Füßen. Dann beginnt sie nach einem Lichtwechsel die Geschichte von vorn zu erzählen: «Es ist Montag morgen, kurz vor 6 Uhr. In der Höhle von Familie Wurzel schläft noch alles.» Sie geht und öffnet den Vorhang, das Spiel beginnt. Ähnlich wie bei den 4–6jährigen begleitet die Spielleiterin die Gruppe während der Aufführung vom Bühnenrand aus. Wenn sie einzelne Passagen kommentierend vorbereitete, waren einige Spieler durchaus in der Lage, sie *selbständig* zu spielen. Riß der Spielfaden (und das passierte mehrmals), brachte die Kommentatorin mit einem *Ferndialog* wieder die vertraute Ordnung in die Spielsituation: «Eule, nun schau dir dein freches Söhnchen an! Schon wieder hat er einen verfaulten Maikäfer in dein frisch geputztes Nest angeschleppt. Von wem hat er das nur? Von dir nicht? Dann sicher von diesem Max Wurzel, der immer die Flechte pflücken kommt. Nichts als Ärger mit diesen Mietern! Denen müßtest du mal gehörig die Meinung sagen! Oh, ich glaube da kommt der Max gerade wieder hochgeklettert. Knöpf ihn dir gleich mal vor!» (Spieler Max verstand das als Aufforderung und kletterte los.)

Derartige *Zwischenkommentare* erhielten dem Publikum die *Spannung* und gaben den Darstellern den nötigen *Überblick*, ihre Szenen in der festgelegten Reihenfolge wiederzuerkennen und einzuhalten.

So fand die Spielleiterin für jede Panne eine logische Erklärung. Nach 40 Minuten Spielzeit rundete sie die Geschichte ab: «Daß die Familie Wurzel mit Hilfe der Bienen die Ameisen von ihrer Kiefer abgelenkt hatte, sprach sich in Windeseile in ganz Schweden herum. So kam es, daß es auch heute immer noch Wurzelmännchen dort gibt. Sie glauben mir nicht? Dann fahren Sie hin und halten Sie nach sauberen Wurzeln Ausschau. Sie werden einige Bäume finden! Und wenn in den Geschäften der Honig knapp und teuer geworden ist, dann wissen Sie jetzt, warum!»

Daß die Kinder die gelungene Aufführung als *Gruppenerfolg*

werteten, war daran zu sehen, daß sie sich beim Applaus geschlossen verbeugten.

Das Publikum ließ aus Anerkennung «den Hut kreisen», dessen Inhalt die Gruppe anschließend in die Eisdiele trug...

4.2.2 Altersspezifische Besonderheiten, umgesetzt in theaterpädagogische Ziele

Welche Veränderungen können wir bei dieser Altersgruppe gegenüber den 4–6jährigen feststellen?

Mit dem Schuleintritt beginnt die Außenorientierung dieser Kinder, die mit einer Fülle spannender, aber auch beängstigender Eindrücke verbunden ist. Die Neugier, mit der 6–9jährige sich allem Unbekannten nähern, zeigt, daß sie ihren gewachsenen körperlichen und geistigen Kräften einiges zutrauen. Die Zeiten, die sie frei von (beschützender, aber auch einengender) Erwachsenenaufsicht verbringen können, nutzen sie begeistert für die Erforschung fremder Gärten, für waghalsige Wasserspiele und das Austesten der verschiedenen Süßigkeiten am Kiosk. Die Straße wird ihr zweites Zuhause. Hier eignen sie sich ihre Umwelt vor allem in der *Straßengruppe* Gleichaltriger an, die nach dem Kindergarten und neben der Familie zum gleichrangigen *Orientierungsfeld* wird.

Jeder 6–9jährige möchte in einer solchen Gruppe anerkannt sein, die ihm bei allen bevorstehenden Auseinandersetzungen Schutz allerdings nur dann bietet, wenn er sich ihren Wertvorstellungen und Verhaltensnormen anpaßt.

Mit dem Problem, daß eine Gruppe einerseits zum Mittel für den einzelnen werden kann, individuelle Bedürfnisse (auch gegen die Spielleiterin) durchzusetzen, oder andererseits jemanden an der Entwicklung besonderer Fähigkeiten hindert, wird eine Spielleiterin schon beim 1. Treffen konfrontiert. So versuchen einzelne, sich einen Konkurrenzvorteil *gegen die Gruppe* dadurch zu verschaffen, daß sie die individuelle Aufmerksamkeit und Zuwendung der Spielleiterin beanspruchen. Hat dieses Vorhaben keinen Erfolg, provoziert dasselbe Kind im Schutz der Gruppe mit Störungen oder opponiert gegen die Vorschläge und Anweisungen der Spielleiterin. Gegen die Geschmacksvorstellungen der Gruppe traut sich kaum jemand in dieser Altersgruppe, *eigene Interessen* anzumelden. Aus Sorge, mit einer abweichenden Meinung als Außenseiter verlacht zu werden, schweigen diese Kinder lieber und passen sich an.

Weil aber eine Gruppe auch die Kräfte jedes einzelnen *zur Entfaltung bringen und potenzieren kann*, wird sich die Spielleiterin diese positive Funktion für ihr theaterpädagogisches Konzept zunutze machen.

Wo kann sie ansetzen?

Aus den bisherigen Kapiteln wissen wir, daß theatrale Fähigkeiten *im Zusammenspiel mit anderen* ausgebildet werden. Wie jemand sich seiner Figur nähert und allmählich deren Spielanforderungen erfüllt, hängt von den *Hilfestellungen* ab, die die Spielleiterin und die Mitspieler ihm zu geben vermögen. Dazu bereit sind Darsteller nur, wenn sie *mit der Förderung des Spielpartners ihre eigene Figurenentwicklung voranbringen* können. (Max Wurzel macht so lange Unsinn, bis die Eule ihren Figurenauftrag, kräftig zu schimpfen, erfüllen kann.) 6–9jährige können auf diese Weise Theaterspielen als ein *Agieren in wechselseitigen Abhängigkeiten* kennenlernen.

Die Aufführung einer Spielgeschichte lernen diese Kinder als ein Produkt kennen, das vor allem durch das *Zusammenwirken von Leistungen einzelner* zustande kam. Zwar ist der Prozeß dorthin oft genug von Konkurrenzkämpfen begleitet, bei denen einzelne ihren persönlichen Vorteil gegen andere suchen, doch wird der Erfolg der Aufführung seinen Garanten, *die Gruppe*, wieder in den Mittelpunkt rücken.

Kinder auf die Spielgruppe zu orientieren und umgekehrt die Gruppe zum Mittel jedes einzelnen Spielers werden zu lassen, ist daher *vorrangiges theaterpädagogisches Ziel* für die Theaterarbeit mit 6–9jährigen. Diesem Ziel steht das Spielverhalten der Kinder anfangs allerdings noch entgegen. Mit ihrem *starken Aktionsbedürfnis* verhindert diese Altersgruppe jeden geordneten Spielverlauf, wenn z. B. eine unerfahrene Spielleiterin den Fehler begeht, das Theaterspiel der Eigeninitiative der Gruppe zu überlassen. Selbst fest vorstrukturierte Märchen, wie «Hänsel und Gretel», geraten zu einem «Nummernprogramm von Aktionszenen»: spielt eine Untergruppe «Hausanknabbern, Hexeärgern, Weglaufen», überbietet sie die andere mit «Einsperren, Mästen, Ausbrechen, Verprügeln». Alle Versuche, ihr Spiel stimmiger zu machen, d. h. sie zum Ausspielen von Situationen zu bringen, Haupt- von Nebenszenen zu trennen, andere Figuren mit deren Anliegen zu akzeptieren und auf sie zu reagieren, Hindernisse mit realistischen Mitteln zu überwinden, und am Ende ihr Ausgangsbedürfnis nicht zu vergessen, gehen im wilden Aktionismus von Verfolgungs-, Bestrafungs- und Befreiungsszenen unter. Alle Figuren verfügen über Superkräfte, «überfliegen» verschiedene Spielorte, um es überall mit jedem aufzunehmen. Stillere Spieler verlieren sich in ihrem Spiel, indem sie ohne Ende «einkaufen», pausenlos «Tee trinken» oder sich mit «Endlosbinden» verarzten. Ein Spiel, das in dieser Weise abläuft (ohne Vermittlungsanspruch und abgekoppelt von allen Gesetzen der Logik), dient bestenfalls dem Ausagieren primärer Spielbedürfnisse, bereitet dem Publikum nur Langeweile und hat mit Theaterspielen nichts zu tun. Wie macht man eine anschaubare, spannende Spielgeschichte daraus?

Mit der *Strukturierung des Theatertreffens* (vgl. 4.2.4) versucht die Spielleiterin, die *Aktionsbedürfnisse der Kinder mit den Anforderungen des Theaterspielens in Einklang zu bringen*. Das bedeutet, den Bewegungsdrang der Teilnehmer getrennt vom Theaterspielen mit Übungen zu befriedigen, die gleichzeitig ihre *Spielfähigkeit* vorbereiten.

Eine wichtige Grundlage für das spätere Improvisationstheater schaffen sich 6–9jährige, wenn sie *Gegenstände abweichend von deren Funktion* benutzen lernen und dabei *Komik* erzeugen. Ohne Schwierigkeiten läßt sich diese Verkehrung der Verhältnisse mit dieser Altersgruppe auf das *atypische Verhalten von Personen und Tieren* erweitern: Der mächtige Bauer zittert vor seinem klugen Knecht, und der gefährliche Kater erschrickt vor der mutigen Maus.

Mit derartig abweichendem Verhalten können die Figuren einer Spielgeschichte *komplexer* angelegt werden, als das noch bei der Vorgruppe möglich war (vgl. 4.1.3 und 4.2.3).

Mit der *eigenen, außergewöhnlichen Spielidee* verfügt eine Spielleiterin über das Mittel, die (fernsehgeschädigten) Spielwünsche der Gruppe zu *überbieten*. Tarzan nur immer siegen zu sehen, ist nichts Neues und wird schnell langweilig. Eine Abenteuergeschichte um seine «Zahnschmerzen» zu erfinden, macht die Kinder dagegen neugierig. Helden dürfen in dieser Altersgruppe auch mal Schwächen zeigen.

Auch 6–9jährige werden mit dem *spannenden Geschichtenerzählen* (vgl. 2.5) in die Spielgeschichte eingeführt. Mußte die Erzählerin die Vorgruppe bei allzu großer Spannung noch mit zwischenzeitlichen Demaskierungen beruhigen, kann sie hier alle Mittel der *atmosphärischen Stimmungserzeugung* einsetzen. Allerdings wird sie die schnell erlahmende Aufmerksamkeit ihrer Zuhörer mit einigen *Perspektivwechseln beim Erzählen* auffrischen müssen (vgl. 4.2.1). Für den *Spieleinstieg* reicht 6–9jährigen die anschauliche Erzählung häufig noch nicht aus. Sie wollen mit dem An- und Vorspiel der Anleiterin in die Figuren gelockt werden, denen sie sich am liebsten mit *reizvollen Tätigkeiten* nähern. Diese *Annäherung an die Figur* vollzieht die Spielleiterin in drei Schritten: Während der *Erzählung* weckt sie zunächst eine *Vorstellung* in den Köpfen; beim *Biografisieren* paßt sie die *Eigenheiten und Möglichkeiten der Spieler den Anforderungen der Figuren an*; beim *Spielen* soll sich schließlich ein Gespür für das *Agieren in einer fremden Haut* entwickeln.

Dennoch wäre es verfrüht, von dieser Altersgruppe bereits *situations- und verhaltensangemessenes* Theaterspielen zu erwarten. Dazu fehlt ihnen noch ein *Bewußtsein über die Wirkung eigener darstellerischer Mittel*. Das kann sich erst einstellen, wenn ihnen die Spielsituationen so vertraut gemacht wurden, daß sie erste *eigenkreative Erweiterungen* von Figuren und Situationen einbringen. Möglich wird das, wenn ihr emotionaler Abstand zum Eigenleben ihrer Figuren in diesem Alter bereits so groß geworden ist, daß die Spielleiterin *Unstimmigkeiten hinterfragen und logische Begründungen verlangen* kann.

Mit derartigen *reflektorischen Elementen* werden 6–9jährige bei der Entwicklung einer Spielhandlung zum *Nachdenken* gebracht. Diese Durchleuchtung ihres Spiels wird zur wesentlichen Voraussetzung für ein *bewußteres Agieren* ihrer Figuren.

Mit *Abhängigkeiten zwischen den Figuren* verhindert eine Spielleiterin *monologisches Spielen* der Darsteller. Deren Zusammenspiel wird aber auch aus der Sicht des zu erwartenden Publikums wichtig. Dessen Schaubedürfnisse vertragen keine durchhetzten Szenen oder irrationalen Hilfsmittel bei der Überwindung von Hindernissen. Sie wollen *Anlaß und Stimmung* bei allen Aktionen der Figuren verstehen, wollen *Auswirkungen und Reaktionen* bei den Kontrafiguren entdecken und miterleben, wie *Auseinandersetzungen* die Figuren *verändern*.

Die Spieler machen hier erstmals die wichtige Erfahrung, daß ihre Darstellung nicht mehr nur der *Befriedigung eigener Aktionsbedürfnisse* dient, sondern gleichzeitig auf das *Publikumsinteresse* orientiert werden muß. Die Spielleiterin wird ihr Spiel daher nach den Kriterien der Spannung, Glaubwürdigkeit und Komik ausrichten und ggf. korrigieren. Die anfangs noch fehlende Bereitschaft zum *Üben* kann darüber gefördert werden, daß bereits bekannte Szenen zu neuen, spannenden Erlebnissen für die Kinder werden, wenn sie mit unterschiedlichen Sichtweisen und Darstellungsformen wiederholt und verbessert werden.

Der *Erfolg der Aufführung* hängt auch in dieser Altersgruppe noch von den *spielbegleitenden Funktionen* der Spielleiterin ab. An ihrer «Sicherheitsleine» lernen 6–9jährige schnell, einzelne Szenen immer selbständiger zu spielen. Uns interessiert nun, mit welchem theaterpädagogischen Handwerkszeug sie diesen Prozeß theatraler Emanzipation vorantreiben kann.

4.2.3 Alterstypische Spielbedürfnisse, aufbereitet zu spannenden Spielgeschichten

Die veränderten Spielbedürfnisse von 6–9jährigen erweitern das Spektrum an Spielgeschichten für dieses Alter erheblich. Zwar bilden immer noch die *Alltagserfahrungen* der Kinder die *Grundlage*, nach denen sie die Anliegen ihrer Figuren nachvollziehen und Situationen spielen können.

Ihr erwachter Erlebnisdrang ermöglicht nun zusätzliche «Ausflüge» zu ungewöhnlichen, aber aufregenden Ereignissen *im Reich der Phantasie*, die Fernsehen und Comics täglich in ihre Köpfe tragen.

Damit stehen als *Helden* der Spielgeschichten nicht mehr ausschließlich *Gegenstände, Tiere und Personen der Realität* zur Verfügung (die natürlich auch weiterhin!), sondern darüber hinaus reizvolle *Phantasiegestalten*, wie «Superman», «Tarzan», «Pippi Langstrumpf», «E. T.» u. v. a. m. Alle Figuren können in dieser Altersgruppe mit einer viel *komplexeren Biografie* ausgestattet werden, die die Spielspannung erhöhen wird. Aus Kapitel 2.2 und 2.3 wissen wir bereits, wie diese Spannungssteigerung zustande kommt: Spieler wie Zuschauer fasziniert nicht das Nachvollziehen bekannter, erwarteter Funktionen der Figuren, sondern deren *untypische Eigenschaften, überraschende Anliegen und unerwartete Tätigkeiten*, einschließlich aller sich daraus ergebenden *spannenden und komischen Verwicklungen*. «Supermans vergebliche Mühe, eine Waschmaschine zu reparieren» oder «Tarzans Angst vor dem Zahnarzt» werden von dieser Altersgruppe deshalb genüßlich nacherlebt, weil die Helden Schwächen offenbaren, die sie zu fehlbaren Alltagsmenschen machen.

Vom Status ihrer Unfehlbarkeit befreit, geraten sie mit ihren Anliegen in Widerspruch zur gewohnten Ordnung, treffen auf Figuren mit konträren Interessen und haben lebensbedrohliche Situationen zu überstehen, deren *Ausgang lange ungewiß* bleibt. Sie werden sich auf ihren Abenteuerreisen an unbekannten Orten verirren, abends auch mal ohne Bett und Essen schlafen gehen müssen und am Ende gar den Zündschlüssel für ihr Schnellboot (Flugzeug, Jeep o. ä.) verlegt haben (derartige «Belastungen» hält diese Altersgruppe inzwischen aus!), am Ende aber gehören *das Böse bestraft, die Welt wieder ins Lot und der positive Held an den heimischen Herd* zurück. Deren Scheitern in der Fremde verträgt das Gemüt der 6–9jährigen noch nicht.

Immerhin hat der Ausflug in unbekanntes Neuland den Horizont der Spieler um einiges erweitert, und besonders bei den Älteren die Lust an der ungewohnten Abweichung vom Normalen geweckt, womit ein weiterer Schritt in Richtung Improvisationstheater vorbereitet wäre.

Die Abenteuer ihrer Figuren werden 6–9jährige allerdings nur durchstehen, wenn sie *permanent beschäftigt* sind. Ihr Bewegungsdrang und ihre vorwärtstreibende Neugier müssen bei der Biografisierung von der Spielleiterin als *altersspezifische Gestaltungselemente* berücksichtigt werden. Gibt die Spielleiterin eine überschaubare, vertraute Spielsituation vor, kann sie mit eigenkreativen Spielvorschlägen rechnen. (Im Räuberhaus überlegen die vier «Bremer Stadtmusikanten» selbständig, wie sie den Angriff der Räuber abwehren können.)

Daß ihre Lösungen den logischen Rahmen nicht überschreiten, kann die Anleiterin den Spielern abverlangen, indem sie auf «artgerechten» Möglichkeiten besteht. Das Publikumsinteresse verlangt *glaubwürdige* Handlungen. Mit diesem Argument sind 6–9jährige bereit, ihr Spiel korrigieren zu lassen. Neben Alltag und Phantasiewelt geben auch in diesem Alter literarische Vorlagen reichlich Stoff für außergewöhnliche Spielgeschichten her, und dies um so mehr, weil diese Kinder angefangen haben, Comics, Bilderbücher, Märchen, Fabeln, Geschichten u. a. selbständig zu lesen. Hier kann eine Spielleiterin auf das (aus Kapitel 2.2 bereits bekannte) *Prinzip für den kreativen Umgang mit literarischen Vorlagen* zurückgreifen: Aufgrund ihrer besonderen Interessen ändern Nebenfiguren (oder Hauptfiguren mit abweichenden Wünschen) den vorgesehenen Verlauf einer Handlung ab. Das *bewußte Herbeiführen von Konflikten* («Reibungen») sollen die

Spieler als *Mittel theatraler Spannungserzeugung* kennen- und allmählich selber anwenden lernen.

Abschließend wollen wir zeigen, welcher *Fundus an Spielgeschichten* dieser Altersgruppe zur Verfügung steht. Wegen der Fülle an Spielmöglichkeiten beschränken wir uns auf die Nennung von Kategorien, die mit jeweils einem Spielthema (oder Titel) verdeutlicht werden sollen. Wir vertrauen da auf die inzwischen (hoffentlich) fortentwickelte theatrale Phantasie unserer Leser, die aus einer Spielidee ohne große Mühe eine passende Spielgeschichte selbständig entwickeln können müßten.

Ungewöhnliches Bedürfnis aufgrund besonderer Eigenschaften oder Fähigkeiten: «Eine Spinne mit roten Lackschuhen kann steppen und begibt sich auf die Reise zu einem Badezimmer.»

Abwehr von Gefahren: «In einem alten Fabrikgebäude werden Glühwürmchen von Nachtfaltern bedroht, die es auf ihr Gemüsebeet abgesehen haben.» (Auch die «Honigfalle» aus 4.2.1 gehört unter diese Kategorie.)

Rettung Hilfsbedürftiger: «Zwei Kinder helfen einem Kirmespony auf der Flucht vor seinem Schinder.»

Abenteuerlust aufgrund eines Überdrusses an der gewohnten Funktion: «Eine Ameise baut sich aus Tannennadeln lieber ein Floß für eine Seefahrt, statt den Ameisenhügel aufzuschichten.» (Die Geschichte vom «Wassertropfen Plitsch» gehört auch hierher.)

Helden mit Schwächen: «Tarzan wird bei einem Zahnarztbesuch in den Zookäfig gesperrt und muß von einem seiner Fanclubs befreit werden.»

Abweichendes Interesse wird gegen alle Erwartungen verfolgt: «Statt seinem Herrn den Weg zum König zu ebnen, will der gestiefelte Kater lieber selber Herr der Tiere werden.»

(Fast) alle unter Kapitel 4.1.2 erwähnten Spielgeschichten für 4–6jährige lassen sich auch von dieser Altersgruppe spielen, wenn sie mit den bekannten altersspezifischen Spielelementen angereichert werden.

4.2.4 Rahmenprogramm für die Theatertreffen

Einen reizvollen Theaterraum wollen 6–9jährige zunächst vordringlich nach *ihren* Vorstellungen nutzen: zum Toben, Verstecken und Quatschmachen. Im Schutz der Gruppe scheuen sich einige nicht, diese Bedürfnisse ohne Absprache umzusetzen und dabei die Toleranzgrenze der Spielleiterin mutig auszutesten.

Auch wenn sie dem besonderen Zweck des Treffens – der theatralen Umsetzung einer Spielgeschichte – zunächst entgegenstehen, kommt die Spielleiterin nicht umhin, die geäußerten Aktionsbedürfnisse der Kinder so zu befriedigen, daß sie das Theaterspielen nicht verhindern. Mehr noch: Sie darf den Aktionismus nicht als Störung begreifen und vom Theaterspielen getrennt halten, sondern soll ihn umgekehrt als *konstruktives Gestaltungselement* des Treffens nutzen. Das wird gelingen, wenn sie für ihr Rahmenprogramm nach *Übungen* sucht, die nicht nur die Erwartungen der Teilnehmer erfüllen, sondern *gleichzeitig spielvorbereitend* wirken (z. B. ist das bei bewegungsreichen Gesellschaftsspielen mit Darstellungscharakter der Fall). Darüber hinaus wird die Spielleiterin bei der *Biografisierung* (vgl. 4.2.3) die *Figuren mit reizvollen Tätigkeiten* ausstatten, bei denen 6–9jährige ihren Aktionismus ausleben und *gleichzeitig* konstruktiv Theaterspielen können.

Beide Maßnahmen können noch nicht den ungestörten Verlauf des Treffens garantieren. Auch in dieser Gruppe wird die Spielleiterin daher die *Fünfteilung des Treffens* vornehmen, die mit klaren, als Verhaltensnorm der Gruppe abverlangten Regeln vorher festgelegt wird.

Das *einleitende Gruppengespräch* erweist sich auch in dieser Altersgruppe als *Umschaltstelle*, an der alles, was an Alltag erinnert, allmählich in den Hintergrund tritt. Einige erzählen kurze Erlebnisse aus ihrem Privatleben, einschließlich der Spielleiterin, die auf diesem Wege wichtige *Informationen* für den aktuellen Bezug ihrer späteren Spielgeschichte erhält. Mit der *verbindlichen* Festlegung der weiteren Abschnitte des Treffens erhält jedes Kind einen Überblick, wann es mit seinem speziellen Interesse an der Reihe ist. Das Wichtigste ist den meisten das *kooperative Bewegungsspiel*, zu dem die Spielleiterin nach ca. 10–15 Minuten, und damit zum 2. Abschnitt, überleitet. Ob als bekanntes (oder abgewandeltes) *Gesellschaftsspiel, Geschicklichkeitsübung, Phantasiereise oder Rateaufgabe* angeboten, alle verfolgen dasselbe *Ziel*: Die Kinder sollen hierbei ihre *körperlichen Bedürfnisse in Kooperation mit anderen* ausleben. (Auch hier verweisen wir auf einschlägige Fachliteratur.)

Nach weiteren 10–15 Minuten schlägt die Spielleiterin für den 3. Abschnitt *Darstellungsspiele* vor. In *Scharaden, Pantomimenketten, Suchspielen und ersten Improvisationsübungen* werden von den Kindern Tätigkeiten, Eigenschaften und Gefühle in kurzen Spielsequenzen (meist verschlüsselt) vorgespielt und vom Rest der Gruppe, die so zum *konzentrierten Zuschauen* gezwungen ist, geraten. Der *Spielspaß* nimmt allen die Scheu vor der Bühne, übt die Darsteller im genauen Ausführen von Haltungen, Gesten und Handlungen und hilft ihnen nebenbei, sich besser auf ihre Mitspieler einzustellen, deren andere *Spielrhythmen* zu erkennen und einen gemeinsamen neuen zu suchen. Diese Erfahrung *gemeinsamen Handelns* erleichtert das spätere *Zusammenspiel* in der Spielgeschichte.

Ungenaues Spielen wird von der Spielleiterin laut nachgefragt, als hätte sie es nicht verstanden, von dem Kind durch *genaueres Spiel* beantwortet, mit dem Ergebnis, daß die *beobachtenden* Kinder allmählich ein Gefühl für stimmige und fehlerhafte Darstellung entwickeln. Nach den letzten 15 (insgesamt nach 30–45) Minuten erreicht die Gruppe normalerweise den höchsten Stand ihrer *Konzentration und Spielbereitschaft*. Den nutzt die Spielleiterin – nach einem Atmosphärewechsel – zur Einführung der Spielgeschichte, dem 4. Abschnitt und Höhepunkt des Treffens (vgl. 4.2.1 und 4.2.5).

Ob als *Verbal- oder Spielerzählerin*, in dieser Altersgruppe kann die Anleiterin alle *Mittel des spannenden Geschichtenerzählens* (vgl. 2.5) einsetzen, ohne mit ängstlichen Zuhörern rechnen zu müssen. Ein häufiger *Perspektivwechsel zwischen den Erzählpositionen* wird allerdings nötig sein, weil 6–9jährige nach wie vor jede Spannungsunterbrechung gern dazu nutzen, ihrem persönlichen Interesse außer der Reihe nachzugehen. Besonders Unruhige wird sie *direkt* anspielen und sie neben sich Platz nehmen lassen.

Damit Szenenaufbau und Figurenbesetzung beim *Spieleinstieg* nicht zum Spannungsverlust führen, wird die Spielleiterin *als Figur* die Kinder nacheinander in die Szene locken (vgl. 2.6, 4.2.1 und 4.2.5).

Während des Spiels wird sie jeden Spieler *grundsätzlich nur als Figur ansprechen*, sie mit passenden Fähigkeiten vor dem «Privatwerden» bewahren und auch dann noch zu ihnen Kontakt halten, wenn der Focus zur nächsten Aktion übergewechselt ist.

Nach 40–50 Minuten konzentrierten Spiels werden die Teilnehmer von der Anspannung erlöst. Sie haben ihren Teil der Absprache gehalten, nun ist es an der Spielleiterin, im 5. Abschnitt ihr Versprechen einzulösen: sie spielt mit ihnen «Verstecken im Dunkeln» oder ein anderes Spiel nach Vorschlag der Gruppe.

Eine abschließende Zusammenfassung oder eine besondere Einstimmung auf das nächste Treffen ist selten erforderlich, weil 6–9jährige in ihren Figuren genügend Spielreiz entdeckt haben, der über die Woche in ihnen weiterarbeitet.

Nach 2–3 Treffen hat jedes Gruppenmitglied praktisch erfahren, daß der von der Spielleiterin *vorstrukturierte Verlauf* eine sichere Gewähr dafür bietet, daß alle Erwartungen erfüllt werden.

4.2.5 Altersgemäße Spielanleitung

Die darstellerischen Fähigkeiten dieser Altersgruppe sind noch so unentwickelt, daß sie nicht ohne die *fortlaufende Unterstützung* der Spielleiterin Theaterspielen können. Von ihrem Ziel, Figuren und Situationen *glaubwürdig* zu spielen, sind sie vor allem wegen ihres noch *fehlenden Bewußtseins über die Wirkung ihrer eigenen darstellerischen Mittel* entfernt. Wie kann eine Spielleiterin diesen theatralen Erkenntnisprozeß in Gang setzen?

Über *bewegungsreiche Tätigkeiten*, mit denen die Spielleiterin alle Figuren bereits bei der Planung ausgestattet hat, nähern sich 6–9jährige allmählich den *Anforderungen ihrer Figuren*. (Vater Wurzel holt Pillenbestellungen bei verschiedenen Wurzelmännchenfamilien ein, deren Höhlen nur kriechend und kletternd zu erreichen sind).

Dieser Weg zur Figur wird mit retardierenden und reflektorischen Elementen zu *Hindernissen* geführt, vor deren Überwindung *nachgedacht* werden muß. (Vater und Max Wurzel überlegen, mit welchen Hilfsmitteln sie unbeschadet die gefährliche Maulwurfwiese auf ihrem Weg zur Bienenkönigin überqueren können). Das wird nur mit *realistischen*, d. h. Wurzelmännchen entsprechenden Möglichkeiten zu schaffen sein (und nicht dadurch, daß sie plötzlich fliegen oder unsichtbar werden können).

So reizvoll das Neuland und das abweichende Verhalten der Figuren für die Kinder auch sein mögen, ihre *darstellerischen Fähigkeiten* können sie nur anhand *ihrer Alltagserfahrungen in einer vertrauten Spiellandschaft* ausbilden. (Wassertropfen Plitsch langweilt sich neben Schwamm, Seife und Plastikente auf dem Badewannenrand, bis sein Wunsch entsteht, den Ozean kennenzulernen. Überlegen muß er, wie er ohne Gefahr die Reise dorthin als Wassertropfen überstehen kann.) Allen Kindern sind die Verhältnisse in einer Badewanne vertraut, Gefühle und Eigenschaften der Gegenstände «menschlich» und daher nachvollziehbar und die Sehnsucht nach dem fernen Ozean so spannend, daß sie den Wassertropfen auf seiner Reise begleiten wollen.

Ob eine Spielgeschichte von dieser Altersgruppe überhaupt angenommen wird und damit zum Mittel wird, Darstellungsfähigkeiten daran auszubilden, entscheidet eine Spielleiterin also bereits bei der *Planung*, wenn sie die Spielgeschichte als *angemessenes Betätigungsfeld für den Erlebnisdrang der Kinder* einrichtet.

Die angemessene Spielgeschichte *allein* bietet noch keine Gewähr, daß die Teilnehmer sich mit dem Thema und den Figuren der Spielgeschichte *identifizieren*. Erst die *Erzähltechnik* der Spielleiterin vermag die Spielgeschichte zu dem *ungeheuerlichen Ereignis* zu machen, dessen Verlauf alle miterleben möchten. Grundlage für das *spannende Geschichtenerzählen* ist die Fähigkeit der Erzählerin, einen *unmittelbaren Bezug zwischen den Zuhörern und den Anliegen der Figuren herzustellen*. Die Neugier der 6–9jährigen erlahmt jedoch so schnell, daß die Erzählerin mit mehreren *Perspektivwechseln* die *Aufmerksamkeit* immer wieder neu fesseln muß. Ein Beispiel:

Als *außenstehende Erzählerin* (vgl. 2.5) bereitet die Spielleiterin ein aufregendes Ereignis vor, dessen Ablauf sie dann aus der Sicht einer *betroffenen Figur* schildert: «Plitsch hörte ein gieriges Schlürfen hinter sich. Als er sich vorsichtig umsah, schauten ihn die ausgetrockneten Löcher des Badeschwamms an, die sich nichts lieber wünschten, als diesen Wassertropfen aufzusaugen. (Erzählerin fährt als Schwamm fort:) Hallo, du leckeres Tröpfchen! Du liegst da so klar und prall, daß ich die größte Lust hätte, dich einzuschlürfen, schön langsam, damit alle meine Löcher naß werden! (Erneuter Wechsel zur Erzählerin:) Was sollte der arme Wassertropfen tun?» An dieser Stelle machen die Kinder Vorschläge, die von der Spielleiterin auf ihre Durchführbarkeit hin der Reihe nach überprüft werden.

Diese Mischung aus *Verbal- und Figurenerzählung* eignet sich nicht nur für die bessere *Veranschaulichung* der Geschichte, sie gibt den Kindern darüber hinaus eine lebhafte Vorstellung von der *Spielbarkeit der Figuren* (Körperlichkeit, Stimme, «Macke», Komik). Drittens werden die Zuhörer auf die *Kommentatorin* vorbereitet, die später ihr Spiel *begleiten* wird. Wird die Handlung einigen Kindern zu unheimlich (immerhin sind ja 6- und 7jährige in der Gruppe), kann die Spielleiterin jederzeit zur Position der beruhigenden Erzählerin zurückwechseln.

Die während der Erzählung aufgebaute *Spannung* ins Spiel hinüberzuretten, ist in dieser Altersgruppe oft schwierig. Eine *vor-*

her eingerichtete Szene (vgl. 4.2.1) ermöglicht einen *nahtlosen Übergang*, der in dem geschilderten Beispiel darüber hinaus die (seltene) Gelegenheit bot, die Geschichte inmitten bereits tätiger (noch nicht spielender!) Figuren zu Ende zu erzählen: für den Rest der Gruppe wurden die Ereignisse der Geschichte dadurch lebendiger.

Dieser Spieleinstieg bietet den in dieser Altersgruppe wichtigen Vorteil, daß das gemeinsam betretene «Flußbett» die Spielhandlung so eindeutig vorgibt, daß ein selbständiges Ausbrechen der Figuren bei Spielbeginn (fast) ausgeschlossen ist. Voraussetzung hierfür ist allerdings, daß die Spielleiterin *auf der Bühne* anwesend ist, wenn sie den Figuren mit ihrem Vor- und Anspiel Biografien gibt, und dafür Spielsituationen einrichtet. Spielleiterin: «Hier am Rand liegt der fette Schwamm, ganz ausgetrocknet. Er hat deshalb seit drei Tagen schlechte Laune und mag sich nicht ansprechen lassen. Etwas weiter weg liegt Frau von Duft, die vornehme lila Seife. Die ist froh, daß sie niemand benutzt, denn so kommen keine Kratzer in ihre glatte Haut. Den ganzen Morgen streichelt sie sich schon und träumt von Veilchen auf der Wiese. Nur den groben Schwamm neben sich kann sie nicht ausstehen und paßt deswegen auf, daß er ihr nicht zu nahe kommt. Noch ein Stückchen weiter sitzt die gelbe Plastikente, die von allem wenig mitbekommt. Sie hat nämlich nur noch ein Auge. Bestimmt hat sie deswegen so lange niemand mehr gequietscht. Nicht einmal Schwamm und Seife mochten sie eindrücken, weil sie keine Gummiente, sondern nur aus Plastik ist. So versucht sie, sich selber zum Quietschen zu bringen. Während die drei so vor sich hin puzzeln, kommt Frau Sorglos, die Hausfrau, um die einzige Grünpflanze auf der Fensterbank zu gießen.» (Dabei wird dann der Wassertropfen Plitsch auf den Badewannenrand fallen.)

Unbeschäftigte Kinder stören in diesem Alter gern die gerade Spielenden. Einige mit einer Kurzbiografie ausgestattete *Hilfsfiguren* (Diener, Wachen, Boten, Haustiere u. ä.) bieten allen Spielbegeisterten die Möglichkeit zur Teilnahme am Bühnengeschehen, ohne daß der Spielfluß der Hauptfiguren gestört wird.

So hat die Spielleiterin alle Kinder der Gruppe bei der Spieleinrichtung im Blick und braucht nicht parallel den zuschauenden Rest disziplinieren oder unterhalten.

Eine intensiv vor-, an- und mitspielende Spielleiterin läuft Gefahr, daß das Spiel der Figuren sich zu stark auf sie bezieht. Weil sie fragt, wird mit ihr gespielt. Den Einzelspieler wird sie zu stärkeren Eigeninitiativen animieren, wenn sie *Beziehungen zu anderen Figuren herstellt* und sich selbst einen *inhaltlich begründeten Abgang* verschafft.

Von «unten» hält sie weiterhin *Kontakt* zu jeder Figur und klärt mit ihr jede neue Situation aus *deren Sicht*: «Jetzt hast du dich zwar mit dem Öltropfen vor dem Schwamm geschützt, Plitsch, aber wie kommst du an dem Stöpsel vorbei durch den Ausguß? Schau dich mal um, wer dir helfen könnte.» Der Spieler fühlt sich in der schwierigen Situation nicht alleingelassen, weil es nach wie vor die Spielleiterin gibt, die seine Interessen wahrnimmt und ihm beim Nachdenken hilft.

Ältere Kinder vertragen schon eine *Provokation*. Spielleiterin: «Stöpsel, da will jemand ohne deine Erlaubnis durch den Abfluß verschwinden! Bist du zu schwach und alt, einen öligen Wassertropfen aufzuhalten?» Einige Kinder genießen die sich daraus ergebende *Auseinandersetzung*, suchen nach immer neuen Argumenten oder Aktionen, um diesen Spielwettstreit mit der Anleiterin zu gewinnen. Erst wenn sie mit einer *glaubwürdigen* Antwort oder Handlung überzeugen, wird die Spielleiterin «unterliegen» und sich zurückziehen.

Nach der *Erzählung*, die den Kindern eine erste, anschauliche Vorstellung von den Figuren der Geschichte gab, und der *angespielten Biografisierung*, die sie mit allen spielwichtigen Informationen versorgte, beginnt das *eigentliche, ernste Spielen*. Mit einem «Alle auf ihre Plätze! Vorhang auf!» gibt die Spielleiterin das Zeichen, daß es ab sofort «gilt», daß alle Privatheit beendet ist, daß jeder Spieler nur noch als Figur agiert und auch nur noch so angesprochen wird. Alle sind aufgeregt und warten ungeduldig, ihre Spielaufträge zu erfüllen. Um zur Ruhe und Konzentration zurückzufinden, legt die Spielleiterin, wie unter 4.2.1 beschrieben, mit ihrer Eingangserzählung einen «Stimmungsteppich».

Dieser Vorspann ist notwendig, denn auch eine ausführliche Biografisierung reicht 6–9jährigen normalerweise nicht aus, eine Spielsituation *selbständig* zu beginnen. Diese Altersgruppe braucht daher (das gilt für *jede* folgende, neue Szene) die *spielauslösende Erzählung* der Spielleiterin: «Plitsch war so aufgeregt, ob sie den Stöpsel überlisten würden, daß er fast den Öltropfen losgelassen hätte. Würde die Plastikente im richtigen Moment sich auf die Kette fallen lassen und damit den Stöpsel hochziehen? Vorsichtig winkte Plitsch der Ente noch einmal zu und begann dann bis drei zu zählen.»

Die Spieler nach der Biografisierung mit einer nichtablenkenden Tätigkeit weiterhin als Figuren zu beschäftigen, bringt den Vorteil, daß alle sich früh an die logische Reihenfolge der Szenen gewöhnen und ihr Spiel erst beginnen, wenn die «Focus» bei ihnen liegt.

Gelegentlich stellt sich erst während des Spielens heraus, daß eine Figur Lücken in ihrer Biografie hat. Die füllt die Spielleiterin *nachträglich im Direktdialog*. «Hallo, Lilie, warum mögen die anderen dich eigentlich nicht?» Lilie: «Weil ich immer Wasser kriege und die nicht!» Spielleiterin: «Und wenn du denen mal ein paar Tropfen abgibst?» Lilie: «Dann vertrockne ich ja!» Spielleiterin: «Dann sei mal richtig gemein zu Schwamm, Seife und Ente!» Lilie (zu den dreien): «Ich geb euch nichts ab!»

Fassen wir die *Aufgaben der Spielbegleitung* während dieses 1. Durchspielens der Spielgeschichte zusammen:

Als Kommentatorin ordnet sie das Spiel, setzt Orientierungspunkte für die Figuren, verstärkt und interpretiert, macht Handlungen wichtig, bereitet Höhepunkte vor und läßt Ereignisse nachwirken, läßt hier ausspielen (auch mal wiederholen), treibt dort zur Eile an, füllt Verständnislücken mit Zwischentexten und zieht, wenn ein Durcheinander entsteht, klärende Zwischenresümees.

Bereits im 1. Spieldurchgang wird das Spiel der Darsteller von der Spielleiterin verbessert.

Welche *störungsfreien Korrekturen* sind in dieser Altersgruppe möglich (vgl. 2.9)?

Alles, was die Kinder vergessen oder falsch machen, wird von der Kommentatorin so *nachgefragt, daß die Darsteller durch Spiel antworten können.* Ein Beispiel: Der vornehmen Seife fehlt es an Widerstand gegen den aufdringlichen Schwamm. Kommentatorin: «Unverschämt von diesem Grobian, Sie so anzupöbeln, Frau von Duft, nicht wahr!? Vielleicht sollte dieser Lümmel seine Nase lieber in seine Löcher stecken, statt andere zu belästigen. Darin stinkt's nämlich nach verfaultem Wasser! Wenn Sie ihm das sagen, läßt er Sie bestimmt in Ruhe!» Der Schwamm dachte aber nicht daran, sondern verschärfte die Situation, als er der Seife Kratzer androhte. Die weitere Auseinandersetzung wird von der Kommentatorin wie von einer *Sportreporterin* begleitet: «Der Hieb vom Schwamm hat gesessen. Aber die Seife gibt noch lange nicht auf! Sie vergißt ihre Vornehmheit und da, das gibt's doch gar nicht, sie schabt sich Seifenspäne ab, und? Der Schwamm weicht zurück und wird ganz blaß. Jawohl, sie tut's, sie schmiert ihm mit ihren Spänen die Löcher zu! Wer hätte das von einer so vornehmen Seife erwartet!?!»

Wenn *Einzelkorrekturen* zu «intim» vorgenommen werden, fangen die anderen an, sich zu langweilen und selbständig weiterzuspielen. Wie macht man einen individuellen Spielfehler zum Problem *aller*? (Die Ente zeigt bei ihrem Sprung auf die scharfkantige Kette keine Reaktion. Daraufhin zieht die Kommentatorin ein *öffentliches Resümee*:) «Nun schaut euch diese Kette mit den scharfen Kanten an! Das tut doch weh, wenn man da anfaßt! Und die Ente ist sogar von ganz oben draufgesprungen! Tut's sehr weh, Ente? (Die Ente lacht, statt Schmerzen zu zeigen.) Da seht ihr mal, was so eine Ente mit nur einem Auge alles aushalten kann. Wenn's weh tut, weint die nicht, die lacht einfach! Aber wenn man genau hinschaut, sieht man, wie sie ganz fest dabei die Zähne zusammenbeißt!»

Die Kommentatorin zeigt mit ihrem *öffentlichen Aufgreifen von unstimmigem Spiel* zweierlei: sie *akzeptiert* den fehlerhaften Spielversuch und bemüht sich mit nachgelieferten Gründen, ihn zu *retten*. Gleichzeitig wird das Spielverhalten den *Figurenanforderungen* gegenübergestellt. Der betreffende Spieler hat nun die Entscheidungsmöglichkeit, entweder seinen Spielversuch beizubehalten, allerdings mit zusätzlich sichtbar gemachten Gründen, die seine Version logisch erscheinen lassen, oder er nimmt das Alternativangebot der Spielleiterin an. In beiden Fällen *fällt er die Entscheidung* und muß sich auf nichts Fremdes einlassen. Welche Version er auch wählt, sein Spiel wird daran gemessen, ob es *glaubwürdig* ist.

Auf dieselbe Art kann man andere Spieler das angemessene Verhalten einer Figur vorspielen lassen, ohne daß dieser Vergleich den Vorgänger blamiert. Er soll die vorgespielte Variante nicht kopieren, sondern zum Anlaß nehmen, nach *eigenen* Gestaltungsmöglichkeiten zu suchen.

Als *Anleitungsprinzip* gilt darum: so unvollkommen Spielversuche der Darsteller auch sein mögen, sie bilden grundsätzlich den Ausgangspunkt, nach der angemessenen Form innerhalb ihrer Fähigkeiten und Möglichkeiten zu suchen. Auch das 2. Durchspielen der Spielgeschichte beim vierten Treffen (bei jedem Treffen wurde jeweils eine Spielsequenz der dreiteiligen Geschichte eingerichtet und einmal durchgespielt) schaffen 6–9jährige nicht ohne die Hilfestellung ihrer Anleiterin. Zwar lassen sich mit Hilfe des *kollektiven Gedächtnisses* der Gruppe und der neuen Figurenbesetzung alle Einzelheiten des Spielverlaufs und der Funktionen der Figuren rekonstruieren, dennoch bleiben die Kinder in diesem Alter weit davon entfernt, ihr Spiel *selbständig zu organisieren*.

Wie kann eine Spielleiterin diesen Prozeß der *angemessenen Figurenübernahme* beschleunigen?

6–9jährige sind sehr geschickt, sich eine kompliziertere Spielhandlung so paßgerecht hinzubiegen, daß immer der *kürzeste Weg und die leichteste Lösung* herauskommen, so daß der Reiz des Spielthemas im *oberflächlichen, schnellen* Spiel verlorengeht.

Diesem theatralen Schnelldurchgang legt die Spielleiterin *Hinder-nisse* in den Weg, die auf unterschiedliche Weise *spielkorrigierend* wirken. Als *dumme Zuschauerin* hinterfragt sie *unlogisches Spiel* (vgl. 2.9.3). («Seit wann kann eine Badewanne ohne Stöpsel Wasser halten?») Als *Kontrafigur* (vgl. 2.9.2) stört sie zu *glattes, harmonistisches Spiel*. (Die Seife rutscht mühelos zum Schwamm. Als grobe Blumenerde fällt die Spielleiterin aus dem Blumentopf von der Fensterbank, über die die Seife mühsam kriechen muß. – Das beschauliche Familienglück zwischen Stöpsel und Kette stört die Spielleiterin mit unangenehmem Gestank aus dem Ausguß.)

Als *Doppel-Ich* steht sie *hilflosen Darstellern* zur Seite (vgl. 2.9.2). (Die Lilie hat den Beschimpfungen von Schwamm und Badeölflasche nichts entgegenzusetzen. Die Spielleiterin setzt sich neben die Lilie auf die Fensterbank. «Verstehst du, warum die so meckern? Anstatt froh zu sein, daß wir sie immer warnen, wenn jemand kommt, sind die so gemein zu uns. Wir sollten ihnen etwas Blumenerde runterwerfen! Willst du, oder soll ich?»)

Als *überraschender Gast* («Herrscherin», vgl. 2.9.2) benutzt die Spielleiterin die Gegenstände zweckentfremdet und sorgt so für Unordnung, die die Spieler beseitigen müssen.

Hinterläßt das Spiel einer Figur keine *Wirkung*, macht die Spielleiterin sich zu deren *Dienerin*. (Ein unterwürfiger Waschlappen wringt sich die letzten Tropfen ab, um seinen Herrn, den Schwamm, zu befeuchten. Der Seife überbringt er dessen Beleidigungen, und den Wassertropfen hindert er daran, sich dünn zu machen).

Alle *spielunterstützenden Funktionen* unternimmt die Anleiterin in der Absicht, die *Ausgestaltung von Figuren und Situationen* allmählich zum *Interesse der Darsteller* zu machen.

Mit immer neuen *Spielanreizen* versucht sie, die Proben bis zur Aufführung für die Gruppe *spannend* zu halten (vgl. 2.10). Das kann ihr z. B. dadurch gelingen, daß sie dieselbe Spielgeschichte mit einem *neuen Akzent* versieht, d. h. sie *aus der Sicht einer anderen Figur* schildert: «Die gelbe Plastikente hat die ständigen Anfeindungen der anderen Gegenstände satt und will sich dem Wassertropfen bei dessen Reise anschließen. Mit Blumenerde wird sie sich so schwer machen, daß sie durch die Toilettenschüssel abtauchen kann und den Wassertropfen in der Kanalisation wiedertrifft.»

Etwa ab der 7. Probe wird die Besetzung der Figuren endgültig. Jedem Spieler *gehört* jetzt seine Figur, er ist für dessen Ausstattung *verantwortlich* und läßt sich mit der Aussicht auf Erfolg beim Publikum für eine *Verbesserung der Spielwirkung* motivieren. Spielleiterin: «Dein Schwamm muß so gefährlich schauen und gierig glucksen, daß alle Zuschauer Angst vor ihm bekommen!»

Den *Zeitpunkt der Aufführung* legt die Spielleiterin dann fest, wenn alle Darstellungsmöglichkeiten der Gruppe ausgeschöpft sind. Aus der Sicht des Publikums prüft sie, ob das Spiel der Darsteller *verständlich, glaubwürdig und spannend* «über die Rampe» kommt.

Bei der *Ausstattung* (vgl. 3.4) wird sich die Spielleiterin – von atmosphärischen Spielhilfen wie Beleuchtung und Geräuschen u. ä. abgesehen – auf *Andeutungen beschränken*. Wer einmal echte Requisiten als Spannungstöter erlebt hat, wird sie zukünftig meiden: also keine echten Wassertropfen, Kastanien oder Kleintiere u. ä. verwenden, die alle geeignet sind, daß sich eine Spielgeschichte gegen ihre ursprüngliche Idee verselbständigt.

Das Hauptproblem der Anleitung bei der Aufführung mit 6–9jährigen liegt für die Spielleiterin darin, die Anforderungen der Spielgeschichte und das Spiel der Darsteller als *einheitliches Kunstprodukt* dem Publikum spannend und unterhaltsam zu vermitteln.

Da dieser Altersgruppe noch jedes Gespür für *Zeit und Dynamik* beim Theaterspielen *fehlt*, muß die Spielleiterin ihm erst zu der *Wirkung* verhelfen, die es nach den 3–4monatigen Anstrengungen der Gruppe verdient.

Mit ihrer *unterstützenden Spielbegleitung* wird sie den Spielern weiterhin jene Hilfen und damit Sicherheit geben, die die von den Proben her gewöhnt sind. Während der Aufführung wird sie allerdings das Wagnis eingehen, die Kinder so lange wie möglich *selbständig* spielen zu lassen, mit sensiblem Gespür, wann sie eingreifen muß.

Mit der *einführenden Erzählung* stimmt sie Darsteller wie Publikum auf das besondere Ereignis der Spielgeschichte ein (vgl. 4.2.1). Danach wird sie als *spielbegleitende Kommentatorin* die *Aufmerksamkeit der Zuschauer* dorthin lenken, wo das Spiel gerade *Beachtung* beansprucht. Ihren Spielern bereitet sie damit gleichzeitig *die Aktionen ihrer Figuren* vor. Kommentatorin:

«In diesem Badezimmer war jemand sehr unzufrieden: jener gelbe Schwamm dort. Er hat seit Tagen kein Wasser mehr gesehen, fühlt sich spröde an und gluckst so durstig, daß alle es hören konnten.»

Kommt das Glucksen zu schwach, wird es die Kommentatorin *verstärken*: «Das ist inzwischen so leise geworden, daß jeder hören kann, wie schlecht es ihm geht. Aber immer noch so laut, daß es die vornehme lila Seife direkt nebenan störte.» Da die Seife nicht reagiert, *interpretiert* die Kommentatorin ihr Schweigen: «Frau von Duft ist so empört über dieses pöbelhafte Benehmen, daß es ihr die Sprache verschlägt. Außerdem ist sie viel zu vornehm, um mit so einem schäbigen Schwamm direkt zu sprechen. Voller Verachtung dreht sie sich weg und zischt zum Waschlappen, dem Diener des Schwamms…»

Ob als *Aktionsvorbereiterin, Verstärkerin oder Interpretatorin*, erst mit ihrer *Kommentierung* hebt die Spielleiterin jede Spielaktion der Darsteller auf das Podest öffentlicher Beachtung, *unabhängig* davon, wie deutlich die Spielsignale der Kinder ausfallen. Nach 3–4 Aufführungen, bei denen sie den Reaktionen und dem Urteil des Publikums ausgesetzt waren, wächst bei den Darstellern allmählich das Präsentationsbedürfnis, verbunden mit zunehmender *Spielsicherheit*, die das Eingreifen der Kommentatorin allmählich *überflüssig* macht. Wenn die Darsteller sich *gegenseitig Spieldisziplin abzuverlangen* beginnen und sich mit wechselseitigen *Korrekturen* weiterhelfen, haben sie das Spielverhalten der nächsten Altersstufe erreicht.

4.3 Theater mit den 10–13jährigen, den «konfliktfrohen Allesspielern»

Keine andere Altersgruppe bringt so schnell und selbständig eine eigene Spielidee auf die Bühne, und in keiner anderen Gruppe sind die Einzelspieler hemmungsloser auf ihren *Privaterfolg* erpicht, als bei den 10–13jährigen. Für ihr Interesse, mit einem selbstinszenierten Szenarium Eindruck zu machen, ist ihnen keine Aufgabe zu schwer und sind sie um keinen Einfall verlegen, selbst wenn ihr Spiel noch der Spannung und Glaubwürdigkeit entbehrt.

Von den 6–9jährigen unterscheiden sie sich nicht nur in *Mut und Eigenständigkeit.* Verschwunden ist auch jede Furcht vor unübersichtlichen oder gefährlichen Situationen, im Gegenteil, sie *suchen* fortwährend nach *Auseinandersetzungen,* in denen sie sich mit *Witz, Verstand und körperlichen Fähigkeiten bewähren* können. Für dieses Vergnügen lassen sie sogar die Helden ihrer Geschichten in der Fremde an Schwächen zugrunde gehen.

Auf Anleitung und emotionale Nähe einer Spielleiterin kann die Gruppe gut verzichten, weil für die Inszenierung theatraler Abenteuer Gleichgesinnte zur Verfügung stehen. Für ihren gemeinsamen *Erlebnisdrang*, den sie inzwischen zunehmend innerhalb der Spielgeschichten austoben, setzen die Teilnehmer vorübergehend ihr Konkurrenzverhalten aus. Was sie vereint, ist die Vorliebe für *Spielvorlagen, die zumeist aktionsreichen, stereotypen Fernsehserien und Videoclips* entstammen. Selbstbewußt präsentieren sie daraus die Aktionsszenen als Nummernprogramm, das allerdings häufig weder eine Handlungsstruktur oder eine Figurenentwicklung noch ein Gespür für Spannung und Zeitabläufe erkennen läßt. Werden die Spieler auf diese Unstimmigkeiten hingewiesen, verwandeln sie ihr Programm problemlos in einen *respektlosen Schabernack.*

Auch wenn dieses Spielverhalten häufig beim Publikum Langeweile erzeugt, zeigt es bereits Ansätze von *Darstellungsfähigkeiten* für das Improvisationstheater: *Spontaneität*, mit der sie nach einer Spielidee Szenenfolgen frei assoziieren, *Experimentierfreude*, mit der sie sich an die Darstellung sämtlicher Figuren wagen und *Partnerbewußtsein*, mit dem sie sich und ihren Mitspielern zur «tollen Nummer» verhelfen.

Wie läßt sich das «theatrale Strohfeuer» in einen «kreativen Dauerbrenner» umwandeln?

Den Respekt, eine derartige Gruppe anzuleiten, muß sich eine Spielleiterin erst mit *bewiesener Kompetenz* erarbeiten. Sensationsgierige und kritische 10–13jährige wollen *praktisch* von der Qualität der Geschichte ihrer Spielleiterin überzeugt werden. Dazu müssen alle erwarteten Spielwünsche erfüllt (und nach Möglichkeit übertroffen) werden, ehe man sich der Führung einer Anleiterin anvertraut. Die bietet ihnen eine entsprechende Rahmengeschichte aus einem reichen Fundus an Spielideen an (vgl. 4.3.3), die einerseits der Spielphantasie der Kinder feste Orientierungspunkte bietet, andererseits ihnen genügend Raum läßt, zusätzliche Spieleinfälle einzubringen und zu entwickeln. Für die theatrale Umsetzung der Rahmengeschichte entwickelt die Gruppe dann besonderen Ehrgeiz, wenn die Spielleiterin sie als Aufgabe stellt. Sind die Spielaufträge reizvoll und treffen sie die Vorstellungen und Erfahrungen der Teilnehmer, gehen sie mit *Energie, Ausdauer und Selbstdisziplin* daran, die vorgegebene Struktur fortwährend auszuschmücken. Dabei machen die Darsteller die (ebenfalls für das Improvisationstheater) wichtige Erfahrung, daß sich die Spannung erhöhen läßt, wenn man Figuren gezielt mit gegensätzlichen Interessen ausstattet und mit besonderen Eigenschaften und Fähigkeiten in Auseinandersetzungen schickt, deren Ausgang lange offenbleibt.

Ihre *Kritik* am unstimmigen Spiel der Darsteller bringt die Spielleiterin *als Verbesserungsvorschläge* ein, die von der Theatergruppe dann akzeptiert werden, wenn sie, als provozierende Herausforderung formuliert, eine Erhöhung der Spielwirkung ihrer Figuren in Aussicht stellen.

Die Erarbeitung von Spielszenen gestaltet sich so als theatraler

Spielwettstreit zwischen Darstellern und Anleiterin, bei dem sich alle mit immer neuen Einfällen zu stimmigerem Spiel gegenseitig vorantreiben. Von diesem *kreativen Spannungsverhältnis* lebt später auch die Aufführung.

Auch wenn die Gruppe durchaus in der Lage ist, ihr Produkt eigenständig zu präsentieren, kann sie auf die Spielbegleitung ihrer Anleiterin (noch) nicht verzichten: Ihr *spontaner Spielwitz* verselbständigt sich zu häufig unkontrolliert (und damit ablenkend und spannungsmindernd) *gegen* den spannenden Spielverlauf. Ergänzende szenische Einfälle ohne Spannungsverlust in den Rahmen einer Spielgeschichte einzufügen, bleibt der größeren Professionalität und Spielkultur der Folgegruppe vorbehalten (vgl. 4.4). Wo liegt der Reiz, mit 10–13jährigen Theater zu spielen? Im Aufspüren und Freilegen des hinter aller theatralen Wildheit sichtbaren Darstellungspotentials für das Improvisationstheater, das sich in einem allseits genießbaren Theaterprodukt vergegenständlichen soll.

4.3.1 Erfahrungsbericht über einen Theaterkurs in einem Jugendfreizeitheim

Der Theaterkurs, den die Spielleiterin im Jugendfreizeitheim einmal wöchentlich von 15 bis 17 Uhr anbietet, konkurriert dort mit attraktiven anderen Aktivitäten (Rockband, Video-Film-Gruppe, Töpfern usw.) und steht unter demselben «Erfolgsdruck»: Die Kinder wollen *schnelle Ergebnisse* sehen, anderenfalls gehen sie. Jedes Treffen muß daher von der Spielleiterin mit einem entsprechenden Rahmenprogramm (vgl. 4.3.4) und einer gut strukturierten Spielgeschichte (vgl. 4.3.3 und 4.3.5) so gestaltet werden, daß die Erwartungen der Teilnehmer an ein *erlebnisreiches Treffen* erfüllt werden.

Gegen die (vom Leiter gewünschte) Ausweitung der Altersspanne und die Erhöhung der Teilnehmerzahl hat sie sich mit dem

Argument durchsetzen können, daß sich für den kostenlosen Kurs vorwiegend verhaltensauffällige und daher schwieriger anzuleitende Unterschichtkinder angemeldet hätten.

Der Kurs findet im Mehrzweckraum des Freizeitheimes statt, der am selben Tag außerdem noch von einer Seniorentanz- und einer Karategruppe mitgenutzt wird, so daß vor jedem Treffen alle Theaterutensilien von der Spielleiterin erst aufgebaut und anschließend abgeräumt werden müssen. Für Requisiten und Kostümteile steht nur ein winziger Schrank zur Verfügung, so daß die Spielleiterin etliches Material jedesmal mit dem Auto transportieren muß. Immerhin verfügt der Raum über eine 6 x 4 m große, aus Holzpodesten zusammensetzbare Bühne, die mit einer transportablen, kleinen Lichtanlage ausgeleuchtet und einem auf Aluminiumstange und Kartenständer montierten Vorhang abgegrenzt werden kann.

Beim 1. Treffen soll sich die Gruppe, in der sich nur vier Kinder kennen, mit Gesellschafts- und Darstellungsspielen aneinander gewöhnen und die Scheu vor dem Spielen auf der Bühne verlieren. Bis auf zwei Mädchen, die erst beim 5. Treffen mitspielen, hat niemand ein Problem damit, vor den anderen etwas vorzuführen. Gegenseitig spielt man sich in welchselnden Kleingruppen, die sich selbständig 5 – 10 Minuten vorbereiten, kurze Sketche vor, die ihnen von Didi Hallervorden, Harald Juhnke und Diether Krebs aus dem Fernsehen bekannt sind. Dabei entsteht ein Wettspielrausch, den die Spielleiterin bewerten soll, was die aber nicht tut, um der Gruppe Lockerheit und Spaß zu erhalten. Alle Kinder spielen zu schnell, «privat» und oberflächlich, wozu die Darstellung von Witzen allerdings verführt.

Mit der Aufforderung, sich zum nächsten Mal ein eigenes Theaterstück auszudenken, verlassen alle zufrieden den Raum und eilen zu ihrer nächsten Freizeitaktivität.

Zum 2. Treffen kommen nur neun Kinder, ein Junge muß zum Extratraining seines Handballvereins und ein Mädchen zum Katechumenenunterricht. Vorbereitet haben zwei Jungen einen Fernsehkrimi, zwei Mädchen ein «englisches Stück» um ein diebisches

Hausmädchen und die Spielleiterin je ein Darstellungs- und Ko-operationsspiel. Um die Reihenfolge festzulegen, setzen sich alle zum Gesprächskreis in die Raummitte: zuerst soll das Darstellungsspiel, dann die beiden Theaterstücke und zum Schluß das Kooperationsspiel gespielt werden.

Beim Darstellungsspiel «Telefonstörung» stellt die Spielleiterin Figurenpaare zusammen, die ihrem unterschiedlichen Status gemäß miteinander telefonieren sollen. So erzählen sich nacheinander Zwerg und Prinzessin, Graf und Bauer, Adlige und Putzfrau allerlei Wichtiges oder Belangloses, bis auf den Ruf der Spielleiterin: «Stopp! Telefonstörung!» alle Gespräche unterbrochen und danach unpassend wieder zusammengekoppelt werden: Jede Figur muß ihr vorher begonnenes Gespräch mit einem neuen Partner weiterführen, z. B. der Zwerg mit der Putzfrau, der Graf mit der Prinzessin, der Bauer mit der Adligen usf. Der Reiz des Spiels liegt in den entstehenden komischen Mißverständnissen und Verwicklungen, die den Spielern schnelles Umschalten auf neue Situationen abverlangt. Mit erstaunlich viel Sprachwitz lösen die Kinder diese Aufgaben.

Das Spiel regt die Teilnehmer so an, daß sie spontan einen zweiten Durchgang mit selbsterfundenen Figuren vorschlagen und spielen.

Für die Darstellung der zwei mitgebrachten Theaterstücke bilden sich aus den verbleibenden sieben spielwilligen Kindern zwei Gruppen, die wiederum selbständig ihre Szenen 10 Minuten lang vorbereiten. Gruppe A (drei Mädchen) zeigt ein vornehmes englisches Ehepaar auf ihrem Schloß, das wegen mehrerer Diebstähle ihrem Dienstmädchen eine Falle baut, in die aber versehentlich der Gärtner tappt.

Gruppe B (vier Jungen) bietet die Kurzfassung zweier Szenen aus der Fernsehserie «Miami Vice»: Zwei Gangster brechen nachts in eine Fabrik ein, streiten sich aber später über die Beute. Die Verfolgung durch zwei «detectives» bringt einen am Ende ins Gefängnis und den anderen ins Grab, nachdem er sekundenlang an den Folgen einer MP-Salve «gestorben» ist.

Beide Vorführungen verlaufen sehr spannungslos, weil kein Spieler seine Figur halten und das Spiel glaubwürdig gestalten kann. Allen gibt die Spielleiterin eine aufmunternde Kritik: «Daß ihr euer Stück allein vorbereitet habt, fand ich toll. Beim Spielen habt ihr aber noch nicht alles gezeigt, was ihr tatsächlich könnt. Zum nächsten Mal bringe ich euch zur Abwechslung meine Geschichte mit, die mindestens genauso spannend ist und gefährliche Typen enthält.»

Die Gruppe schlägt vor, daß die beiden bisher nur zuschauenden Mädchen dann auch mitspielen müssen. Als die beiden verlegen schweigen, rettet die Spielleiterin die peinliche Situation: «Die beiden spielen dann, wenn sie mögen, und nicht früher!»

Das abschließende Kooperationsspiel kann nicht mehr stattfinden, weil die Jungen die Mädchen mit Kissen bewerfen. Die Spielleiterin unterstützt die an Zahl unterlegenen Mädchen und wird daraufhin von der gesamten Gruppe beworfen, bis sie freiwillig aufgibt.

Zum 3. Treffen erscheint die Gruppe vollzählig, einige Kinder aber mit Verspätung. Im einleitenden *Gruppengespräch* weist die Spielleiterin darum auf den besonderen Zweck eines Theatertreffens hin (die Aufführung einer Spielgeschichte), der pünktliches Erscheinen und rechtzeitiges Absagen verlange. Bei Zeitüberschneidungen mit anderen Aktivitäten müßten sich die Betreffenden entscheiden. Wie beim letzten Mal wird dann der Ablauf des Treffens geplant und mit *Regeln* festgelegt, an die sich alle halten müssen. Ein Mädchen zieht ein Gummimesser aus der Tasche und will ein Stück mit einem Mord spielen, in dem dieses Messer benutzt würde. «Wollen sehen, wie wir das einbauen können», meint die Spielleiterin und schlägt, als einige unruhig zu werden beginnen, die «Chinesische Mauer» vor, ein Kooperationsspiel. Den Witz des Spiels, einen Wächter abzulenken, ehe man Schmuggelware an ihm vorbeibringt, erkennen die Spieler erst beim 2. Durchgang.

Als Grundübung für das Improvisieren schlägt die Spielleiterin im Anschluß das «Abschlagen» vor (das wir unter 2.7.2.3 beschrieben haben). Die Spieler haben großen Spaß dabei, mehrere schlagen mehrmals ab und einige bemühen sich, das jeweils Typische ihrer Figur in Stimme und Gestik auszudrücken.

Nach 40 Minuten Aufwärmprogramm kündigt die Spielleiterin die versprochene Spielgeschichte an: «Jetzt brauche ich Darsteller, die sich in Wäldern auskennen und bei Kämpfen einiges aushalten!» Alle, auch die Mädchen, melden sich, zwei Jungen brüllen: «Robin Hood! Robin Hood!» und beginnen sofort, spannende Szenen aus der Neuverfilmung mit Kevin Costner zu erzählen. Die Restgruppe ist so angetan, daß sie diese Szenen auf der Bühne nachspielen will. Bevor es dazu kommt, fragt die Spielleiterin genauer nach: «Hat man in dem Film auch Robins Vater gezeigt?» 1. Junge: «Der hat gar nicht mitgespielt.» Spielleiterin: «Dann war der sicherlich schon aufgehängt worden!» 2. Junge: «Wie? Warum denn?» Spielleiterin: «Den haben sie beim ‹Beutelschneiden› erwischt!» Kein Teilnehmer kennt diesen Begriff, den die Spielleiterin als früher übliche Form des Diebstahls kurz erklärt. Spielleiterin: «Robins Vater war Meister darin und hieß früher auch gar nicht ‹Hood›.» 1. Junge: «Wie haben sie ihn denn erwischt?» Spielleiterin: «Das gelang dem Amtmann mit seinen Soldaten mitten auf dem Marktplatz!» Zwei Mädchen: «Erzähl! Erzähl!» Spielleiterin: «Dann kommt alle mit auf die Bühne.» Die beiden Jungen: «Aber danach spielen wir den Film!»

Die Spielleiterin setzt sich vor die Rückwand der Bühne, auf der sie in einer Ecke einige Spielutensilien vorher bereitgelegt hat (Kisten, Stühle, Stäbe, Wolldecken, Blechgeschirr, Besteck u. ä.), aber noch ohne erkennbare Funktion. Die Gruppe nimmt im Halbkreis vor ihr Platz, Jungen und Mädchen getrennt. Es kommt zu einigen Kabbeleien, weil zwei Jungen die Mädchen ärgern. Ehe daraus ein handfester Streit entstehen kann, beginnt die Spielleiterin stimmungsvoll zu erzählen:

«Es ist Mittwoch, der 8. März des Jahres 1611. Seit 6 Uhr morgens warten vor dem Schloß des Grafen Schlotterbeck in Sussex, das liegt in England, frierend bei naßkaltem Wetter neun Bauern der Umgebung, um ihre Steuern abzugeben: der eine bringt ein mageres Schwein, der andere zwei Hühner, der dritte einen Sack Korn, die anderen zwei Golddukaten, einen Schinken, zwanzig Eier und zwei kleine Bierfässer. (Die Erzählerin wechselt ihren Platz im Sitzkreis und geht in die Haltung und Stimme eines Bauern:) «Sauerei! Jetzt ist's bald Mittag, und die hohen Herrschaften lassen uns immer noch warten!» (Mit der Stimme eines anderen Bauern.) «Das ist schon das zweite Mal in diesem Jahr, daß wir Steuern zahlen müssen! Wir sollten uns beim Fürsten beschweren.»

(Jetzt wechselt die Spielleiterin in die Haltung und Stimme einer Bäuerin:) «Sei bloß still, John! Wenn du dich beim Fürsten beschwerst, knöpft der dich am nächsten Baum auf!» (Die Erzählerin fährt fort:) «Kaum hatte sie zu Ende gesprochen, rasselte die Zugbrücke des Schlosses herunter und heraus traten der Amtmann des Grafen, ‹Pfennigfuchser› genannt, weil er für die Kasse des Grafen zuständig war, begleitet von zwei Soldaten in Uniform und mit Lanzen bewaffnet.» (Die Spielleiterin greift sich zwei Jungen, steht auf und schnauzt als Amtmann die restlichen Kinder als Bauern an.) «Da seid ihr ja, ihr faules Pack! (Zwei Jungen lachen «privat».) Greift euch die beiden Lacher da und zieht ihnen eins drüber! (Die beiden Soldaten haben die Holzstäbe in der Ecke entdeckt und täuschen mit denen Schläge vor, woraufhin die beiden Lacher Schmerzen spielen.) Das wird euch eine Lehre sein! Und nun durchzählen, ob alle da sind. (Die Soldaten zählen neun Bauern.) Nur neun? Da fehlt doch jemand! (Der Amtmann mustert alle Gesichter.) Scholle fehlt, ich hätt's mir fast denken können! Na warte, du sollst mich kennenlernen! Ihr alle geht ins Schloß und gebt drinnen euer Zeug ab. Meine Soldaten kommen mit zu Scholle!» (Alle Kinder wollen sich in Bewegung setzen, doch schon fährt die Spielleiterin als Erzählerin im Sitzkreis fort.) «Und während die Bauern ängstlich ihre Steuern im Schloß abgaben und der Amtmann wütend zu seiner Strafaktion aufbrach, wollte sich Familie Scholle in ihrer ärmlichen Hütte zum Mittagessen setzen. (Die Kinder werden allmählich unruhig, weil immer noch nichts von Robin Hood und der Erhängung seines Vaters zu hören ist.

Die Erzählerin geht daher erneut zur Spielerzählung über. Sie greift sich Tisch und Stuhl und nimmt als Bauer Scholle Platz:)

«Mutter, ist der Kohleintopf fertig? Ich hab Hunger und muß gleich wieder aufs Feld.» (Ein Mädchen antwortet spontan als Mutter.) «Warte, gleich. Kinder, kommt essen!» (Sie sucht sich aus der Bühnenecke Topf, Teller und Besteck und fängt an, den Tisch zu decken. Bauer Scholle guckt in den Topf:) «Für alle reicht's mal wieder nicht. Robin und Klara, lost aus, wer von euch beiden mitessen darf.» (Die Gruppe ist sprachlos über diese anschauliche Form der Armut. Ein Junge und ein Mädchen machen sich begeistert ans Auslosen. Diesen Moment nutzt die Spielleiterin als Bauer Scholle die «Hütte» mit den restlichen Utensilien einzurichten und allen Kindern eine Figur und Tätigkeit zuzuweisen: Tochter Else soll wegen einer Lungenentzündung husten und sich ab und zu übergeben, Oma Berta wegen fehlender Zähne den Kohl kleindrücken und vom Teller schlürfen. Ihre Figur des Bauern übergibt sie dem noch verbliebenen Jungen. Der Amtmann wartet unterdessen mit seinen Soldaten auf seinen Auftritt vor der Hütte, den die Erzählerin vom Bühnenrand aus ankündigt:) «Die Familie Scholle sitzt gerade beim Kohleintopf, als der Amtmann mit seinen beiden Soldaten die Hüttentür eintritt.» Diese Aktion überrascht den Darsteller des Amtmanns, der sein Spiel unterbricht, um zunächst «privat» nach einer geeigneten «Tür» zu suchen, die er eintreten kann. Die Aufforderung der Spielleiterin, jetzt nur so zu tun, akzeptiert er nicht. Er findet einen Holzstuhl, den er 3–4mal zur Probe mit dem Fuß umwirft. Mit dieser Aktion betritt er die Hütte. Das Spiel kommt aber nicht zustande, weil die anderen Spieler mit einer Fülle von Vorschlägen die Reaktion der Familie Scholle auf diesen brutalen Auftritt vorher besprechen und genau festlegen wollen. «Robin soll sich auf den Amtmann stürzen, ihn mit dem Gummimesser erstechen und in den Wald fliehen!»; «Quatsch, der ist hier doch noch ein Kind, der Vater muß das tun!»; «Die Nachbarn können kommen, alle gefangennehmen und vom Grafen ein Lösegeld erpressen.» Der Konflikt kann nicht verbal gelöst werden. Spielleiterin: «Nun paßt auf, wie die Sache in Wirklichkeit ablief. Kein Bauer traute sich, gegen den mächtigen Grafen und seinen Amtmann auch nur die Hand zu erheben. Die, die es versucht hatten, wurden erschlagen oder erhängt. Und weil Vater Scholle an seine Familie dachte, schluckte er seine Wut hinunter, biß sich auf die Lippen und sagte nichts, als der Amtmann die Tür eintrat.» (Die Kinder wollen jetzt nicht sofort weiterspielen, sondern erst hören, wie die Geschichte sich weiterentwickelt. Mit deutlichen Haltungs- und Stimmveränderungen setzt die Spielleiterin die Geschichte aus unterschiedlichen Erzählperspektiven fort.) (Amtmann:) «Wo bleibt dein Korn?» (Vater:) «Ich gab meins im Februar!» (Amtmann:) «Das war halb faul!» (Vater:) «Die Ernte war verregnet.» (Amtmann:) «Ausrede! Der Graf will neues!» (Vater:) «Ich hab keins mehr!» (Amtmann:) «Du lügst. Soldaten untersucht die Hütte!» (Erzählerin:) «Mit ihren Lanzen stachen die Soldaten in Betten, Kissen, Schränke, zerstörten Geschirr und Möbel.» (Amtmann:) «Wo hast du das Korn versteckt?» (Erzählerin:) «Brüllte der Amtmann und hielt der Tochter Klara seinen Dolch an die Kehle. Der Vater wurde blaß vor Schrecken und sagte leise: «Geblieben ist uns nur der Kohl in diesem Topf!» (Erzählerin:) «Der Amtmann ließ die Tochter los, trat an den Topf, hob den Deckel und spuckte hinein.» (Amtmann:) «Na, dann wünsche ich guten Appetit!» (Erzählerin:) «Lachte er zynisch. Alle im Raum erstarrten vor Schrecken. Wie würde Vater Scholle reagieren? Der sprang auf, packte den Amtmann bei den Haaren und drückte dessen Kopf tief in den heißen Kohltopf hinein! Der Amtmann strampelte und kämpfte, aber Vater Scholle hielt eisern fest. Die Soldaten wurden blaß und wichen ängstlich zum Ausgang zurück. Nach 2, 3 Minuten hörte der Amtmann auf zu zappeln, er war erstickt, sein Körper sackte zu Boden. Die Soldaten liefen in Panik aus der Hütte. Die ganze Familie sah fassungslos auf den toten Amtmann, dann auf die halbzerstörte Hütte und schließlich auf den Vater.» (Vater:) «Packt das Nötigste zusammen, wir müssen uns im Wald verstecken. Der Graf wird mit vielen Soldaten nach uns suchen!» (Erzählerin:) «Dann beugte er sich über den toten Amtmann, nahm ihm den Dolch und dessen goldene Halskette ab, steckte beides ein und verschwand mit seiner Familie im nahen Wald von Sherwood. So, wie der Vater es vorausgesagt hatte, geschah es: die beiden Soldaten berichteten dem Grafen alles, und der brach sofort mit 40 Soldaten zu den Scholles auf. Als er die Hütte leer vorfand und sie den toten Amtmann geborgen hatten, zündeten die Soldaten die Hütte an.

Die Tat von Vater Scholle sprach sich wie ein Lauffeuer unter den anderen Bauern herum. Seinen Namen durfte man bei Todesstrafe nicht mehr aussprechen, auf seinen Kopf wurde eine Belohnung von 100 Golddukaten ausgesetzt, und Spione suchten ihn im ganzen Land. Die Scholles aber versteckten sich im Wald. Und weil das auf Englisch ‹to *hide* in the *wood*› heißt, nannte sich die Familie Scholle fortan nur noch ‹Hood›.»

Die Kinder schweigen zunächst sehr beeindruckt («Echt geil!») und machen sich dann ohne Aufforderung sofort daran, die Hütte der Familie Scholle genauer einzurichten. Jede Figur sucht sich ergänzende Spielutensilien (Stöcke, Tücher, Schüsseln, Decken usw.) und richtet sich ihren Spielplatz ein. Die Besetzung der Figuren bleibt so, wie die Spielleiterin sie bei ihrer Spielerzählung vorgenommen hat. Einzelne Spielerpaare tun sich zusammen und üben technisch ihre «Stunts»: Robin und Klara probieren verschiedene Ausloseverfahren aus, Vater Scholle versucht den Amtmann so in den Topf zu drücken, daß es dem nicht weh tut, und die Mutter legt Tochter Else Brustwickel an, gegen deren Lungenentzündung.

Mit zusätzlichen Tätigkeiten, Haltungen und Auseinandersetzungen versuchen die Spieler recht selbständig, ihre Figuren zu *biografisieren*. Die fünf Frauen der Familie Scholle haben Schwierigkeiten, ihre Armut weiter auszuschmücken. Darum sammelt die Spielleiterin mit ihnen Anschauungsmaterial aus ihren Alltagserfahrungen, Fernsehsendungen, dem Geschichtsunterricht usw., mit folgendem Ergebnis: Scholles Kinder sollen jeden Tag im Abfallhaufen neben dem Schloß nach Eßbarem suchen und auf dem Markt betteln und stehlen. Gegen die nächtliche Kälte schlafen alle abwechselnd neben dem einzigen Schaf in der Hütte. Aus der unterbeschäftigten Oma Berta wird eine Apothekerin, die ohne Geld kein Medikament für die lungenkranke Anne herausgibt.

Vater Scholle und der Amtmann haben bei ihrer Erstickungsszene Darstellungsprobleme. Entweder drückt der Vater so fest und echt zu, daß sich der Amtmann am scharfen Topfrand weh tut oder er faßt ihn so sanft an, daß sein Kopf nicht unten bleibt. Spielleiterin: «Echt und gefährlich sieht das aus, wenn du, Vater, so tust, als würdest du alle Kraft aufwenden, in Wirklichkeit den Amtmann aber nur gerade berührst. Du, Amtmann, mußt so tun, als würde ein starker Druck deinen Kopf unten halten. Das schaffst du, wenn du dich selber in den Topf hineinziehst und zu zappeln beginnst.» Die beiden haben verstanden, und fortan erstickt der Amtmann als Figur unter Qualen und als Darsteller schmerzfrei.

Mit den Soldaten wird festgelegt, daß sich beide nicht mögen, weil der eine fauler ist und dennoch den gleichen Sold erhält, so daß sie ständig einen Streitgrund haben.

Alle Spieler sind mit großem Eifer dabei, die Spielsituationen für ihre Figuren so zu verändern, daß sich *Eindruck und Spannung vergrößern*.

Bis auf die zwei immer noch zuschauenden Mädchen haben sich alle auf der Bühne mit einer Figur eingerichtet, sich ein passendes Requisit und/oder Kostümteil besorgt und den ungefähren Ablauf festgelegt. Doch wird das 1. Durchspielen vom Ehepaar Scholle aufgehalten. Die beiden haben Schwierigkeiten, nebeneinander auf der Wolldecke zu liegen. Als ein Junge «Gleich kriegen sie Kinder!» ruft und die anderen lachen, will Vater Scholle seine Figur nicht mehr spielen. Die Spielleiterin akzeptiert diese pubertären Empfindlichkeiten und findet einen *inhaltlichen Grund*, daß die beiden nicht nebeneinander liegen müssen: die Mutter kümmert sich die ganze Nacht um die lungenkranke Tochter Anne.

Unruhig warten die Darsteller darauf, mit den reizvollen Aktionen ihrer Figuren beginnen zu können. Damit die in den gesamten Spannungsbogen passen, eröffnet die Spielleiterin mit einer stimmungsvollen, ruhigen, Distanz schaffenden Eingangserzählung das Spiel: (sie läßt die Geschichte allerdings nicht, wie zu Anfang, bei den Bauern vor dem Schloß beginnen, sondern in der Hütte der Familie Scholle, weil diese Szene als erste eingerichtet wurde): «England im Jahre 1611. Es ist der 8. März, morgens 6 Uhr. In dieser schäbigen Hütte, in der es zieht, hineinregnet und stinkt, haust die verarmte Bauernfamilie Scholle. Die ganze Nacht hindurch hat sich die Mutter um ihre lungenkranke Tochter Anne gekümmert, für die sie keine Medizin kaufen können. Um abwechselnd jeden zu wärmen, schläft das einzige Schaf der Familie im Raum, denn die alten Wolldecken reichten gegen Kälte und Nässe nicht aus. Die Mutter weckt ihre andere Tochter Klara.»

Nach dieser Einleitung beginnt das Spiel der Darsteller in der verabredeten Reihenfolge. Doch Amtmann und Soldaten wollen nicht so lange warten und brechen die Hüttentür zu früh auf. Die Mitspieler rufen die drei zurück: «Wir sind doch noch gar nicht beim Essen!» Amtmann (privat): «Dann spielt schneller!»

Mitten im Spiel, 10 Minuten vor dem offiziellen Ende des Treffens, wird von draußen an der Tür des Theaterraums gerüttelt, so daß an ein konzentriertes Spielen nicht mehr zu denken ist. Damit jedes Kind noch zu seinem Auftritt kommt, treibt die Spielleiterin die Handlung mit Zwischentexten voran, wobei einige Vorschläge der Spieler keine Berücksichtigung finden. Der Höhepunkt der Szene endet unangemessen heiter: als ginge es zu einem Picknick im Wald, verläßt Familie Scholle mit der inzwischen verstorbenen Tochter Anne vergnügt ihre Hütte.

Zu einem zusammenfassenden Abschlußgespräch kann es nicht mehr kommen, weil der Karatelehrer mit seinen Schülern den Raum betreten hat und ärgerlich auf die Uhr schaut. Schnell räumt die Spielleiterin mit einem Teil ihrer Gruppe den Raum auf (die anderen sind zu ihren nächsten Aktivitäten davongeeilt) und kündigt für das Folgetreffen die Grafenszene im Schloß an. Die wird sie jedoch in einer kürzeren Rahmenhandlung vorbereiten, damit mehr Platz und Zeit für die Vorschläge zur Ausgestaltung von Figuren und Situationen bleiben.

Zusammenfassung der weiteren Treffen bis zur Aufführung

Das gemeinsame Aufräumen, pünktliches Erscheinen und das Abschlußgespräch wurden beim nächsten Treffen im Gruppengespräch verbindlich festgelegt. Auf der (anfangs nicht allen einsichtigen) Fünfteilung des Treffens bestand die Spielleiterin mit dem Argument, daß spannendes Theaterspielen entsprechend vorbereitete Darsteller brauche. Es fiel erneut auf, mit welcher Begeisterung diese Altersgruppe die *Improvisationsübungen* (vgl. 2.7.2) spielte, von denen ihnen allerdings nur die leichteren auf Anhieb gelangen.

Mit der «Grafenszene» hatten anfangs alle Spieler große Schwierigkeiten. Das herrschaftlich-vornehme Milieu im Schloß war ihnen so wenig vertraut, daß sie so gut wie jede Figur veralberten. So blieb die Spielleiterin fast ununterbrochen auf der Bühne, um mit ihrem An-, Vor- und Mitspiel die Figuren den Darstellern näherzubringen. Mit Hilfe einiger typischer Requisiten (Fächer, Hundepeitsche, Weintrauben aus Plastik, Weinkaraffe, «Kackstuhl» u. ä.) und den *Statusunterschieden und Abhängigkeiten* zwischen Herrschaften und Bediensteten kam ein halbwegs glaubwürdiges Spiel zustande, das den Beteiligten großen Spaß machte (Beispiel: Aus Zeitvertreib und Lust an der Erniedrigung ließ z. B. der Graf einen Diener einen Hummer mit den Zähnen vom Boden aufheben und servieren.). Mit derartigen Demütigungen kam (gespielte) Aggressivität in die Auseinandersetzungen zwischen Herrschaft und Bauern, die als Grundstimmung die weiteren Szenen begleitete. Die Spieler bekamen Lust daran, nach immer neuen Veranschaulichungen des «parasitären Hoflebens» zu suchen und in Kontrast zur Armut der Bauern zu stellen. Hierbei wollten endlich auch die beiden bisher nur zuschauenden Mädchen mitspielen: die eine als aufmüpfige Köchin des Grafen, die andere als dessen ergebene Weintrauben- und Fächerhalterin.

An den folgenden zwei Treffen wurden die restlichen Szenen der Spielgeschichte in der erwähnten Weise von der Spielleiterin vorgestellt und zusammen mit der Gruppe eingerichtet: das Räuberleben im Wald (Fallenbau, Kutschenüberfall, Diebstahltraining usw.) und der Markttag (Konkurrenz der Händler untereinander, brutales Auftreten der Obrigkeit, Gefangennahme und Flucht der Räuberbande usw.). Bei allen Szenen waren die *Konflikte konträrer Figuren* für die Spieler Ausgangspunkt, sich ihnen zunächst *technisch-funktional* zu nähern.

Dadurch, daß *alle* Figuren mit reizvollen Spieldetails ausgestattet wurden, kam es bei den Umbesetzungen zu keinerlei Konkurrenzneid. Die Spieler beobachteten sich vielmehr gegenseitig, um sich untereinander *fachkompetent* Hilfestellung zu geben (Beispiel: Der Amtmann hatte durch sein ausführliches Üben einen furchteinflößenden Auftritt erreicht, dessen Darstellungstricks er seinem Nachfolger verriet. Er selbst bemühte sich unterdessen in der Figur des Bauern Scholle um eine ähnlich überzeugende Darstellung.) Fünf Proben vor der Aufführung wurde gemeinsam überlegt, welcher Spieler die jeweiligen Figurenanforderungen am wirksamsten erfüllen konnte. Daß *objektive Kriterien* hierbei den Ausschlag gaben, zeigt sich an der Besetzung des Hans: ihn spielte in der Aufführung ein Mädchen. Bei der Konzentration auf stimmige technische Abläufe in der Figurengestaltung verloren viele Spieler immer wieder ihre Haltung: oberflächlich und «privat» durcheilten sie die Szenen von einem Aktionshöhepunkt zum nächsten.

Mit *retardierenden Spielelementen* versuchte die Spielleiterin daher, die Darsteller die Haltung ihrer Figuren wiederfinden zu lassen. (Beispiele: Der Fischhändler präparierte seinen Lachs erst sorgfältig, ehe er ihn als fangfrisch anpries; der Bettler wickelte sich umständlich sein Bein, ehe er mit ihm Mitleid erregte.)

Für derartige *ergänzende Korrekturen*, die die Spielleiterin zunehmend von «unten» vorschlagen konnte, waren die Darsteller dankbar, bekamen ihre Figuren darüber in den Spielsituationen doch mehr zu tun. Trotz vielseitiger Beschäftigungen ließ auch bei dieser Altersgruppe allmählich die Spielbegeisterung nach, so daß zusätzliche Mittel zur *spannenden Probengestaltung* nötig wurden (vgl. 2.10). Neben den schon bekannten Mitteln, wie *Zeitraffer, Zeitlupe, Schatten- und Scherenschnitt-Theater sowie Proben vor Testpublikum*, führte die Spielleiterin *zwei Neuerungen* ein: mit «Gibberisch» (einer unverständlichen Phantasiesprache) wurden «kopfsprechende» Spieler dazu gebracht, eine Szene mit *körpersprachlichen Mitteln* zu gestalten; mit dem «Sprechblasentheater» (einer Erweiterung der unter 2.7.2.3 erwähnten Tableaus), bei dem, wie bei einem Comic, eine *ausdrucksstarke Haltung mit einem passenden Satz ergänzt* werden muß, konzentrierte die Spielleiterin die Szenen der Spielgeschichte auf das Wesentliche, so daß sie in einer 20minütigen Kurzfassung gespielt werden konnten. Die einzelnen Tableaus wurden nicht aufgeführt, sondern *fotografiert* und gaben das Material für einen Comicstreifen ab, der später das Programmheft zierte. Diese *verdichtete* Form der Spielgeschichte führte in den weiteren Proben zu der Überlegung, grundsätzlich jede Szene danach zu beurteilen, ob sie für Spannung und Verständnis des Stückes unbedingt nötig war.

Eine Woche vor der Aufführung setzte die Spielleiterin für zwei Gesamtdurchläufe eine *Wochenendprobe* an. Hier erhielt die Gruppe die entscheidende Motivation, die Aufführung zu ihrer Sache zu machen. Frei von den Ablenkungen des Alltags, waren alle Teilnehmer sehr konzentriert, voller Ideen und kooperationswillig, so daß ihre Darstellung auf Vorführniveau gebracht werden konnte.

Die Ausstattung für das Stück besorgten zwei Jugendfreizeitheimmitarbeiter, die sich von dem Ereignis eine Aufwertung ihrer Einrichtung versprachen. Mit selbstgemalten Plakaten, Handzetteln, dem Programmheft, einem Lokalfunkinterview und viel Mundpropaganda schaffte es die Gruppe, 80 Zuschauer zur *Aufführung* zu locken, die nach 31 Proben bzw. 9 Monaten stattfand.

Die Spielgeschichte wurde dieses Mal nicht mit der Vorstellung der sichtbaren Theatergruppe eröffnet (die wartete hinter dem geschlossenen Vorhang auf ihren Auftritt), sondern von einer *Hexe als Bänkelsängerin* (dargestellt von der Spielleiterin). Zur Klavierbegleitung eines Gruppenmitglieds gab sie stimmungsvolle Hintergrundinformationen und vielsagende Ausblicke auf die Handlung. Nach ihrer Einführung erbat die Hexe vom Publikum ein Almosen. Als das gering ausfiel, schimpfte sie über den Geiz der Leute. Sie müßte heute nicht singen und betteln, wenn damals die gefürchtete «Beutelschneider-Bande» sie aufgenommen hätte. Weil ihre Vorhersage ausnahmsweise einmal nicht eingetroffen sei, hätte man sie aus dem Wald verjagt und fast auf den Scheiterhaufen gebracht. Mit diesen Klagen der Hexe begann die Spielgeschichte als ihre *erzählte Rückerinnerung*: «Begonnen hatte alles an jenem naßkalten Morgen im März des Jahres 1611. In dieser schäbigen Bauernhütte hier...» (Und damit zog sie den Vorhang auf, die erste Szene bei Familie Scholle konnte beginnen).

Aus der Figur der *provozierenden Hexe* nahm die Spielleiterin auch alle *Korrekturen während der Spielbegleitung* vor. (Als Mutter Scholle vergaß, ihre Tochter Klara nach dem Hustensaft zu schicken, geiferte die Hexe: «Wußt ich's doch, daß deine Tochter an Lungenentzündung sterben wird!» Mutter: «Stirbt sie nicht!» Hexe: «Und wie willst du das ohne Medizin verhindern, he?» [Die Mutter merkte ihren Spielfehler, stutzte, sagte nichts.] Hexe: «Zur Apothekerin brauchst du gar nicht erst zu gehen. Die will Geld sehen, ehe sie ihren gepanschten Hustensaft rausrückt!» Mutter [hatte den Hinweis verstanden]: «Das könnte dir so passen, du Vogelscheuche! Klara, hier sind unsere letzten drei Eier, lauf zur Apothekerin und hole für deine kranke Schwester Hustensaft!»)

Auch die anderen Darsteller fühlten sich bei jedem Einwand der Hexe zum *Spielwettstreit* herausgefordert, bei dem sie siegen wollten. Ihr Spiel wurde dabei zusehends ausführlicher und deutlicher. Uferte es einmal aus, sorgte die Hexe mit ihrem Gesamtüberblick für einen *inhaltlichen Zeitdruck* (Hexe: «Wenn ihr so lange eure Sachen packt, holen euch die Reiter des Grafen ein und hängen euch auf, bevor ihr den Wald erreicht!»).

Auch die *Umbauten* zwischen den Szenen leitete die Hexe *offensiv* ein, indem sie die Veränderungen auf der Bühne zum *Spielinhalt* machte (vgl. 2.11) (Hexe: «Soldaten, ihr macht wohl gerne

Strafdienst, was? Wenn ihr den Sessel eures Herrn so schlampig hinstellt, die Vorhänge nicht zuzieht und das Essen vergeßt, sehe ich euch heute abend schon den Schweinestall ausmisten, hihi!»). Natürlich wollten die Soldaten der Hexe beweisen, daß sie Unrecht hatte und gaben sich alle Mühe, die neue Szene richtig einzurichten. Jede auftretende Panne in der 60minütigen Vorstellung wurde auf ähnliche Weise von der Hexe «gerettet». Das Publikum hielt diese Einwürfe für einstudierte Szenen und spendete spontan Beifall.

Am Ende zog die Spielleiterin mit einem Bänkellied der Hexe ein Schlußresümee, stellte erneut einen Sammeltopf auf und wandte dem Publikum beleidigt den Rücken, die das Spiel der Theatergruppe mit 120,- DM belohnte.

4.3.2 Altersspezifische Besonderheiten, umgesetzt in theaterpädagogische Ziele

Der *Mut*, mit dem 10–13jährige *alle Herausforderungen* ihrer Umwelt annehmen (der Sprung vom 10-Meter-Brett ist ihnen da eine genauso willkommene Gelegenheit zu einer Bewährungsprobe wie die Darstellung des blutrünstigen Grafen Dracula), und die *Selbständigkeit*, mit der sie dies tun, sind zwei theaterpädagogisch bedeutsame Unterscheidungsmerkmale zu den 6–9jährigen. Ob sie sich zu Fähigkeiten für das Improvisationstheater entwickeln lassen, hängt davon ab, wie die Spielleiterin die Hindernisse überwinden kann, die ihnen entgegenstehen. Welche sind das? Die theatrale Umsetzung einer Spielgeschichte scheitert anfangs häufig daran, daß den Spielern die für den Aufbau einer spannenden Spielhandlung nötige *Ausdauer, Konzentration und Geduld fehlen*. Ausgedehntes tägliches Fernsehen, mit seinem Bombardement schnell wechselnder Aktionsszenen, hat bei den Kindern zu Seh- und Spielgewohnheiten geführt, bei denen z.B. für die Entwicklung einer nachvollziehbaren Figurenbiografie keine Zeit bleibt. Jede Spielvorlage verkürzen sie, entsprechend ihrem Bedürfnis nach *Spannung, Spaß und Sensationen*, auf die *Aktionshöhepunkte* einer Handlung, die im *Schnelldurchgang* durchlebt werden. Bringt ihnen ein derartiges Theater den sofortigen Genuß, messen ihm die Kinder denselben Vergnügungswert zu, wie Fußballspielen, «Russisch Roulette» oder «Klauen im Supermarkt». Eine Spielleiterin steht demzufolge in dieser Gruppe vor der schwierigen Aufgabe, ihr theaterpädagogisches Programm *gegen* das vom Fernsehen geprägte Spielverhalten zu entwickeln. Mit geübtem Blick wird diese Gruppe die von ihr eingebrachte Spielgeschichte nach jenen Spannungselementen durchmustern, die ihnen z. B. von amerikanischen TV-Serien («Miami Vice», «Magnum», «Quincy» u. ä.) vertraut sind. Um sich hier nicht sofort dem Urteil «Langweilig!» auszusetzen, kommt eine Spielleiterin nicht umhin, die dramaturgische Machart dieser Serien zu studieren und einzelne Elemente daraus als *Bausteine* für ihre Spielgeschichte zu benutzen. Welche herauszufiltern lohnt, klären wir unter 4.3.3.

Hinter dem mediengeschädigten Spielverhalten 10–13jähriger wird allerdings auch ein *Darstellungspotential* sichtbar, das die Grenzen der 6–9jährigen überwunden hat und uns als Ansatz für ein theaterpädagogisches Konzept dienen soll.

Ihre ausgeprägte Lust, mit der *Darstellung außergewöhnlicher Figuren* (Häßliche, Schrullige, Bösartige) *zu schockieren*, mit der *Schwäche ihrer Helden Komik zu erzeugen*, und mit *unerwarteten Entwicklungen das Publikum zu verblüffen*, zeigt vor allem eine Fähigkeit: diese Kinder können mittlerweile zwischen ihrer *privaten Befindlichkeit und den Anforderungen der Figuren unterscheiden*. Dadurch wird für sie *alles spielbar*, von der eifersüchtigen Coladose bis zum jähzornigen Quasimodo. Treten in der Spielhandlung Probleme oder Hindernisse auf, sieht diese Altersgruppe darin Aufgaben, sie mit *realistischen Mitteln* zu lösen, was mehr Phantasie erfordert als z. B. die Benutzung einer «Tarnkappe». *Interessengegensätze* zwischen einzelnen Figuren werden von ihnen nicht mehr harmonisiert, sondern *bewußt und gezielt zu konfliktschweren Auseinandersetzungen* vorangetrieben, allein, um eine größere Spannung zu erzeugen.

Unter welchen Bedingungen lassen sich diese Ansätze *praktisch* weiterentwickeln?

Der besondere Zweck der Zusammenkunft Theaterinteressierter – die theatrale Umsetzung einer Spielgeschichte – verlangt die *Strukturierung des Treffens*, um alle Erwartungen erfüllen zu können (vgl. das Rahmenprogramm unter 4.3.4).

Die Teilnehmer erleben, daß die Einhaltung bestimmter Absprachen und Regeln nicht dem Befolgen fremdbestimmter Verhaltensvorschriften, sondern ausschließlich der vernünftigen Planung eigener Interessen dient.

Wie führt die Anleiterin ihre Spielgeschichte ein?

Selbstbewußte, von ausgiebigem TV-Konsum vorgeprägte 10–13jährige akzeptieren eine fertige, geschlossene Stückvorlage nur, wenn sie die bei der ersten Probe nach ihren Vorstellungen aktionsreich umfunktionieren können (überfallen, fesseln, befreien, verstecken, verfolgen, kämpfen, sterben). Respekt verschafft die Spielleiterin ihrem Ansatz also, indem sie sich als *Expertin für theatrale Spannung* erweist, die in der Lage ist, Fernsehserien zu überbieten. In ihren Geschichten erleben die Helden unvorhersehbare Überraschungen, haben Bewährungsproben zu bestehen, deren Ende lange offenbleibt. Keine schützende Mattscheibe bewahrt die Spieler vor den ungeheuerlichen Ereignissen, denn beim Theaterspielen muß man Mut und andere Fähigkeiten (Klugheit, Witz, Phantasie usw.) mitbringen, um den *Anforderungen der Spielgeschichte* gewachsen zu sein. Spätestens nach dem Erlebnis einer so gestalteten Probe wird die Spielleiterin von der Gruppe als Garantin für erfolgversprechendes Theater akzeptiert. Dieser Kredit kann bei jedem Theatertreffen verspielt werden, wenn der *dramaturgische Handlungsaufbau* nicht stimmt. Wie läßt sich das verhindern?

Das *Thema* der Spielgeschichte ist in der Vorstellungs- und Erfahrungswelt der Kinder angesiedelt (vgl. 4.3.3). Vorgestellt wird es als Rahmenhandlung, die einerseits genügend Raum für eigenkreative Einfälle der Teilnehmer läßt, andererseits ihrer Phantasie Bahnen vorgibt, in denen sie sich *zielgerichtet* entfalten kann. Sensationsgewohnte Zuhörer können nur mit besonderen *Erzähltechniken* in Atem gehalten werden, von denen der ständige *Perspektivwechsel* sich als geeignetes Mittel erwiesen hat (vgl. 2.5, 4.3.1 und 4.3.5).

Über die *spielanimierende Einrichtung* der Szenen, die Ausstattung der Figuren mit *reizvollen Requisiten und Kostümteilen* und mit *aktionsreichen Spielaufgaben* baut die Spielleiterin den Darstellern eine Spiellandschaft, in der sie sich *selbständig betätigen* können. Wenn die sich handelnd («technisch-funktional») den Figurenanforderungen nähern, wächst das Bedürfnis nach zusätzlichen Informationen, um die Absichten der Figuren zum Erfolg zu führen. Bei dieser Nachbiografisierung sollen sich die Spieler wechselseitig der unterschiedlichen Fähigkeiten einzelner Gruppenmitglieder bedienen lernen («Steigbügelhalten»), um ihre Spielaufträge zu erfüllen.

Auch wenn alle Kinder mit der Einrichtung von Spielsituationen vollauf zu tun haben, bleiben in dieser Altersgruppe *geschlechtsspezifische Reibereien* («Mit dem/der spiele ich nicht!») nicht aus. Weil sie das kreative Probenklima beeinträchtigen können, muß sich die Spielleiterin dieses Problems annehmen. Für sachliche Diskussionen fehlt den meisten Teilnehmern die nötige Distanz und Gelassenheit. Übergehen kann sie die Empfindlichkeiten und Abneigungen nicht, weil die Betreffenden mit Spielverweigerungen reagieren können. So bleibt nur der Weg, die gegenseitigen pubertären Vorbehalte zu akzeptieren und über die gemeinsamen Erfolgserlebnisse einer Aufführung vorübergehend gegenstandslos zu machen. Sind in der Spielgeschichte Figuren mit gegenseitigen Zuneigungen zu spielen, wird die Anleiterin eine Form wählen, die keiner Seite eine Zumutung oder Blöße abverlangt (vgl. 4.3.5).

Mit der gründlichen *Vorbereitung* des ersten Theaterspielens (jede Figur muß wissen, was sie wann mit wem auf welche Art zu tun hat) schafft die Spielleiterin die Bedingungen, in denen sich

Darstellungsfähigkeiten für das Improvisationstheater entwickeln können, nicht zwangsläufig müssen. Denn trotz genauer Spielaufträge erledigen die meisten Spieler diese nach wie vor im Eiltempo, um möglichst schnell zu ihren Aktionshöhepunkten zu gelangen. Mit *zusätzlichen, passenden Tätigkeiten* («retardierenden Elementen») versucht die Spielleiterin, diese Schnellspieler zum Verweilen und Ausspielen zu bringen. Wenn der Pfarrer, bevor er seinen Meßwein panscht und zu den Räubern flieht, noch jemandem eine Beichte abnimmt, oder der Amtmann, bevor er bei den Bauern Steuern eintreiben geht, seine Giftschlange füttert, erhalten die Spieler Anreize, ihren Spielgenuß in der *darstellerischen Detaillierung* von Spielsituationen zu finden.

Formuliert die Anleiterin ihre *Spielkritik als Verbesserungsvorschlag*, mit dem die *Wirkung der Darstellung erhöht* werden kann, sieht jeder Spieler ihn als willkommene, zusätzliche Spielaufgabe an, bei deren Erfüllung er seinen vorherigen Spielfehler *selbständig* korrigieren wird. (Als die Markthändler Hans Beutelschneider zu schnell und unglaubwürdig vom Galgen losbanden, kritisierte die Spielleiterin dieses Spiel mit einer *neuen Herausforderung*: «Könnt ihr Hans befreien, ohne daß Amtmann und Soldaten etwas merken?» Ohne spielerische Mitwirkung der Anleiterin lösten die Darsteller die Aufgabe selbständig.)

Neben den (unter 2.10 und 4.3.5 beschriebenen) Mitteln zur *spannenden Probengestaltung* erweist sich ein zusätzliches *Probenwochenende* (mit gemeinsamem Essen und eventuellem Übernachten) vor einer Aufführung als sehr motivationssteigernd. Losgelöst von allen Ablenkungen des Alltags wird eine Gruppe bei derartigen Freizeiten zur «verschworenen Gemeinschaft», die sich bei den Spielproben gegenseitig unterstützt, dabei viel disziplinierter und ausdauernder spielt und sogar bereit ist, Verantwortung für die Vorbereitung der Aufführung zu übernehmen. Die Spielgeschichte kann mit so einem zusätzlichen Wochenende vertieft und abgerundet werden.

Während der *Aufführung* begleitet die Spielleiterin ihre Theatergruppe, um deren spontane Einfälle stimmig in die Geschichte einzupassen, Lücken zu überbrücken und Längen zu straffen, damit die Spannung für das Publikum erhalten bleibt. Mit den *Provokationen einer kommentierenden Figur* eröffnet die Spielleiterin einen animierenden *Spielwettstreit*, in dessen Verlauf sich die Darsteller «von unten» lenken und korrigieren lassen (vgl. 4.3.5). Denn nach wie vor *überschätzen* sich einige Kinder in ihren Möglichkeiten, einen Spieleinfall auch angemessen zu präsentieren.

10–13jährigen den Weg von ihrer unbekümmerten Wildheit zur gezielt eingesetzten, auf *Wirkung* bedachten Darstellung zu weisen, stellt sich als theaterpädagogische Aufgabe, sie auf die Höhepunkte des Improvisationstheaters vorzubereiten.

4.3.3 Alterstypische Spielbedürfnisse, aufbereitet zu spannenden Spielgeschichten

Die von Fernsehserien und Filmen geprägten *Spielwünsche* 10–13jähriger lassen trotz ihrer Klischeehaftigkeit *Handlungselemente* erkennen, die eine Spielleiterin bei der Entwicklung einer angemessenen Spielgeschichte berücksichtigen sollte. Sie können zu einem *Prinzip* zusammengefaßt werden: Unerschrockene Helden lassen sich in Abenteuer locken, bei denen Geheimnisse zu lüften, Gefahren abzuwehren oder ein ausgefallener Wunsch zu befriedigen ist. Auf dem Wege zu ihrem Ziel haben sie zahlreiche Gefahren mit Kraft oder Witz zu überstehen, können Schmerzen aushalten und Niederlagen verkraften. Ob sie am Ende Erfolg haben oder scheitern, wird letztlich danach entschieden, welche Lösung den stärkeren Eindruck macht.

Wie geht eine Spielleiterin mit diesem Handlungsmuster um? Sie vertraut nicht darauf, daß die Kinder durch bloßes Nachspielen ihrer Klischees überdrüssig werden, und sie wiederholt auch nicht den *Fehler* ihrer unerfahrenen Kollegin, die auf die eigenschöpferischen, selbstreinigenden Phantasiekräfte der Kinder (vergebens) hoffte (Mit einem großen blauen Tuch sollten die Spieler

Gräfin Drache zeigt ihrem Gatten ihre schuppige Haut.
Gräfin: «Eduard, meine Schuppen wachsen wieder nach! Ich brauche
frisches Jungfrauenblut!»
Graf: «Sieht ja scheußlich aus, Liebste!»

«Wasser» assoziieren und dazu eine stimmige, spannende Spielgeschichte selbständig entwickeln. Streit entstand, welche der bekannten Vorlagen aus Kino und Fernsehen gespielt werden sollte:
«Moby Dick», «Der weiße Hai», «20000 Meilen unter dem
Meer», «Das Boot» oder «Robinson Crusoe». Der Vorschlag mit
der größten Mehrheit, «Der weiße Hai», wurde schließlich in
einer Kurzfassung gespielt und scheiterte an zwei Hindernissen:
die überstimmten Teilnehmer verweigerten ihr Mitspiel, und der
Rest frustrierte sich an der bühnentechnischen Umsetzung von
Filmszenen.).

Ein erfolgreicher theaterpädagogischer Ansatz kommt nicht
ohne die Vorgaben und Eingriffe einer Spielleiterin aus. Mit ihrer
Kenntnis der *dramaturgischen Bausteine* für einen spannenden
Handlungsaufbau (vgl. 2.3), der *altersspezifischen Besonderheiten*
der Altersgruppe (vgl. 4.3.1 und 4.3.2) und den *darstellerischen*

Graf: «Nörgel, besorge eine neue Jungfrau, meine Frau muß ein Blutbad nehmen!»
Nörgel: «Soll das ein Witz sein? Es gibt schon lange keine Jungfrauen mehr!»
Leichensepp: «Dann müssen wir es mal mit deinem ‹Jungmännerblut› versuchen...»

Möglichkeiten der Spieler können Spielgeschichten für 10–13jährige entstehen, die *allen Ansprüchen* gerecht werden.

Klischierte Abenteuergeschichten lassen sich «aufweichen», wenn die Spielleiterin die Vorliebe der Kinder für die *Abweichung von der vorgegebenen Form* nutzt, die ihren Reiz aus der *unerwarteten Entwicklung der Handlung* erhält. Die Figuren *erweitern ihr Handlungsspektrum*, wenn es von *Witz, Ironie, Parodie und Persiflage* geprägt ist (vgl. 2.2). Mit ihrer Neigung, sich bei der *Lösung schwieriger Spielaufgaben zu bewähren*, schafft sich diese Altersgruppe die Voraussetzungen, Spielsituationen so auszuweiten, daß Zeit für die *Entwicklung und Veränderung von Figuren* bleibt. Weil die Spieler zwischen Sein und Schein zu unterscheiden gelernt haben, können *Konflikte* die Spielhandlung

Familie Kowalski mit dem Stellenangebot des Grafen.
Tochter: «Die suchen ein junges, frisches Serviermädchen!»
Mutter: «Serviermädchen beim Grafen? Das könnte dem alten Bock
so passen!»
Vater: «Aber vielleicht wird die Arbeit gut bezahlt...»

bereichern, und, orientiert am Schauinteresse des Publikums, die
Spannung *wirkungsvoll* vorbereiten. Darüber hinaus werden die
Darsteller die Erfahrung machen, daß sich mit den *Verwicklungen*, die sich aus den Schwächen der Helden ergeben, die *Komik*
(neben der Spannung) *als Gestaltungsprinzip* für Spielgeschichten
anbietet.

Ein Beispiel, das alle Prinzipien derartiger Spielgeschichten in
sich vereint, ist Roman Polanskis Filmparodie «Tanz der Vampire»: Zwei skurrile Typen, ein besessener Forscher und sein
Assistent, unternehmen furchtlos eine Reise zu einem unheimlichen Schloß, um darin das Böse aufzuspüren und für immer zu
beseitigen. Kein Mißgeschick und keine Gefahr können die beiden von ihrem Ziel abhalten. Daß sie zum Schluß mit dem Leben davonkommen, verdanken sie ihrer Naivität, ihrer Frech-

Mutter: «Bestell deinem Herrn, er könne uns mal...»
Nörgel: «Wie darf ich das verstehen, gute Frau?!»

heit und dem Zufall. Ihr ursprünglicher Plan verkehrt sich am Ende in sein Gegenteil: statt die Welt vom Bösen zu befreien, verbreiten sie es mit der Liebe zu einer (bereits vom Bösen infizierten) schönen Frau.

Nach diesem Muster lassen sich alle aus den Vorgruppen bereits bekannten *Kategorien an Spielgeschichten* auf die Spielbedürfnisse dieser Altersgruppe *umarbeiten.* Daneben bietet sich ein weiterer *Fundus an Spielideen* an, aus dem wir wiederum Titel von Spielgeschichten nennen:

Grusel- und Detektivgeschichten handeln in einer Mischung aus Spannung und Komik von den Abenteuern verkehrter Helden. Beispiele: «Der lange Dünne mit dem lila Schlips» und «Jungfrauenblut».

Ehe- und Mordgeschichten werden an unheimlichen Orten miteinander verbunden. Beispiel: «Flitterwochen im Gasthaus am Moor»

Die ungewöhnlichen Absichten und Neigungen *skurriler Typen*

257

verbreiten Schrecken und Komik. Beispiele: «Der blinde Metzger von Neheim-Hüsten» und «Dr. Kill und Mr. Smile».

An *Überschriften* (aus der Zeitung, der TV-Werbung oder von Filmtiteln) entzündet sich die dramatische Phantasie zu Spielgeschichten, wie: «Prinzessin mit Teufelsherz» oder «Poker mit dem Tod».

Schließlich legen in *Schabernackgeschichten* «kleine Leute» die Mächtigen aufs Kreuz: «Der kluge Knecht» (eine Sammlung entsprechener Grimmscher Märchen) und «Luzifers Strafversetzung». In diese Kategorie gehören auch die Streiche «Till Eulenspiegels», die aber aktualisiert und verschärft werden müssen, um als spannende Spielvorlage zu dienen.

Nach 2–3 derartigen Spielgeschichten haben die Kinder deren spannungserzeugende Bausteine so verinnerlicht, daß sie immer öfter Spielvorlagen selbständig damit auszuschmücken beginnen.

4.3.4 Rahmenprogramm für die Theatertreffen

Zum Theaterspielen braucht diese Altersgruppe nicht verführt zu werden. Sie kommt aus keinem anderen Grund, als sich ihre *Darstellungsbedürfnisse* zu befriedigen. Andere Interessen (wie z.B. Toben, Mutproben u.a.) haben sie bei ihren sonstigen Freizeitaktivitäten ausgelebt, so daß die Spielleiterin kaum Disziplinprobleme bekommt, im Gegenteil, die Älteren lassen sich sehr bereitwillig in Planung und Durchführung des Theatertreffens einbeziehen. Bei der Gestaltung der fünf Abschnitte ihres Programms wird sie die zunehmende *Eigeninitiative* der Gruppe als produktives Element berücksichtigen können. Ihr *kritischer Verstand* zwingt die Spielleiterin gleichzeitig zu einer noch genaueren Vorbereitung, vor allem der Spielgeschichte, die die hohen Erwartungen der Gruppe (Spaß, Aktion, Spannung, Komik) *gegen* ihre Fernsehvorbilder erfüllen muß.

Bei der einführenden *Gesprächsrunde* können mittlerweile

auch ernste Themen (Stubenarrest, Notengebung, Diebstahl, Gewalt unter Kindern usw.) mit vernünftigen Argumenten diskutiert werden, weil die meisten Kinder über genügend Umwelterfahrungen, verbale Fähigkeiten und emotionale Selbständigkeit verfügen.

Mit dem *Kooperationsspiel* muß in dieser Altersgruppe kaum noch Konkurrenzverhalten ausgeglichen werden. Sein Zweck liegt in dieser Altersgruppe im Einhalten *anspruchsvoller Regeln, in körperlicher Geschicklichkeit, im Nachdenken, gutem Reaktionsvermögen und schnellen Situationswechseln*, Fähigkeiten also, die beim späteren Improvisieren gebraucht werden.

Das Prinzip dieser Spiele (die wir wiederum geeigneten Spielekarteien zu entnehmen bitten) kennen wir bereits aus der Vorgruppe (vgl. 4.2.4): Zur Erlangung oder Verteidigung eines gemeinsamen Pfandes (Schatzes o. ä.) schließen sich mehrere Einzelspieler zu wechselnden Zweckbündnissen zusammen. Da jeder mal mit einer Entscheidungsfunktion bedacht wird, kommt hierbei selten Streit auf.

Bei den Übungen zur *Sinnesschulung*, die mit 10–13jährigen erstmals möglich sind, lernen die Teilnehmer nicht nur ihre *Körperteile als Darstellungsinstrumente kennen und gezielt einsetzen*, sie fangen auch an, bei ihren Spielpartnern auf *körpersprachliche Signale* zu achten und sie zu beantworten.

Beliebt sind Übungen wie «Sich blind im Raum orientieren», «Blind Geräusche identifizieren und imitieren», «Bewegungen, Gesten und Sprache von Mitspielern imitieren und verändern», «Abweichungen zwischen Original und Fälschung entdecken», «Sich einem fremden Rhythmus anpassen und einen gemeinsamen neuen synchron ausführen» usw., besonders dann, wenn die Spielleiterin mit einem «Schafft ihr die Übung in einer vorgegebenen Zeit (an einem bestimmten Ort, in einer festgelegten Situation o. ä.)?» den Ehrgeiz der Gruppe herausfordert.

Mit keinen anderen Darstellungsübungen kann man diese (und die nächste) Altersgruppe auf die Anforderungen des Improvisationstheaters besser vorbereiten als mit jenen unter 2.7.2 beschriebenen Improvisationsspielen (vgl. Fotos im 2. Kapitel), mit denen die Spieler gern die Restzeit des Treffens ausfüllen würden.

Die notwendigen *Spielregeln* (vgl. 2.7.1) ergeben sich aus ihrer *praktischen Anwendung*: gemeinsam müssen die Darsteller ein Szenarium spontan aus ihren wechselseitigen Einfällen entwickeln, was nur mit eindeutigen Figurenhaltungen und bewußt eingefügten Konflikten zu schaffen ist. Wer nicht schnell genug reagiert oder unlogisch spielt, wird ausgezählt und mit erschwerenden Spielbedingungen bestraft (worauf es einige Wagemutige anlegen!). Hier lernen die Teilnehmer nicht nur, *sich wechselseitig mit Hindernissen ins Spiel zu bringen*, sie tun es darüber hinaus als *Kontrastfiguren*, die der Gegnerschaft bedürfen, um an ihr Ziel zu gelangen («Der Unterdrückte braucht den Unterdrücker!»).

Improvisationsübungen fördern nicht nur *spieltechnische Fertigkeiten*, sie produzieren auch eine Vielzahl *ungewöhnlicher*, *spannender Spielideen* (vgl. 2.2), von denen einige später zu *Spielgeschichten* ausgebaut werden können. Zum Höhepunkt des Treffens, ihrer vorbereiteten Spielgeschichte, kommt die Spielleiterin nach ca. 30–40 Minuten. Deren *Thema* knüpft an den *Vorstellungen* der Kinder an, *überbietet inhaltlich* aber ihre vorhandenen *Spielbedürfnisse* (vgl. 4.3.3). Vorgestellt wird sie in der Form einer Rahmenhandlung mit einem *variationsreichen Geschichtenerzählen* (vgl. 2.5, 4.3.1 und 4.3.5), die den Kindern genügend Raum für eigene Erweiterungswünsche läßt.

Für den *Spieleinstieg* bieten sich verschiedene Möglichkeiten an. So kann die Spielleiterin die Kinder über *Vor-, An- und Mitspiel* mit bereitliegenden Spielutensilien aus einer atmosphärisch dichten Situation *in die Figuren locken*, oder sie richtet *zusammen* mit den Kindern die *Konfliktszenen der Spielhandlung technisch-funktional* ein (vgl. 4.3.5). Der dritte Weg ist der der *Überraschung*: Bereits beim Betreten des Raumes (das Aufwärmprogramm wird dann auf den zweiten Teil des Treffens verschoben) werden die Teilnehmer *von einer Figur* (dargestellt von der Spielleiterin) *direkt in die Szene geworfen*, die sie anschließend mit immer neuen *Spielaufträgen* vorantreibt (vgl. 2.6.4 und 4.3.5).

Ist die theatrale Umsetzung der Spielgeschichte zur *Sache der Gruppe* geworden, hält sie 60–90minütige Proben konzentriert und begeistert durch. Dennoch wird die Spielleiterin das Treffen so rechtzeitig beenden, daß Zeit für ein *Abschlußgespräch* bleibt. Gerade weil Theaterspielen mit anderen attraktiven Freizeitaktivitäten zu konkurrieren hat, können mit der Nachbesprechung des letzten und der Planung des nächsten Treffens die Teilnehmer zu mehr Verantwortung und Verbindlichkeit gebracht werden.

4.3.5 Altersgemäße Spielanleitung

Welchen Anforderungen sieht sich eine Spielleiterin in dieser Altersgruppe ausgesetzt?

Aus den vorausgegangenen Abschnitten wissen wir, daß die vorbereitete Spielgeschichte dann zur Sache der Gruppe werden kann, wenn die Anleiterin sie ihr als Rahmengeschichte anbietet, die alle alterstypischen Spielelemente als *Herausforderungen* enthält, die die Teilnehmer aufgrund ihrer Voraussetzungen und Fähigkeiten gern erfüllen werden, wenn ihnen genügend *Raum für die selbständige Ausgestaltung und Erweiterung von Figuren und Situationen* bleibt.

Die entsprechende *Motivation* zur *improvisierten Szenenfindung* gibt sie den Spielern, wenn sie die Geschichte in *kurzen, stimmungsvollen Situationsbildern* vorstellt, die in *konkreten Spielaufgaben* enden («Wo können die Bauern ihre Lebensmittel vor dem Amtmann verstecken?», «Wie soll der Kutschenüberfall stattfinden?», «Womit kann der Graf die Bauern vom Sturm aufs Schloß abhalten?» usw.).

Wie sieht die *Spielanleitung* im einzelnen aus?

Eine anschauliche *Vorstellung von Thema, Figuren und Situationen* gibt sie ihren Zuhörern als *Erzählerin*, wenn sie die Geschichte aus *unterschiedlichen Perspektiven* schildert (vgl. 2.5).

Als *distanzierte Betrachterin* schildert sie die Ereignisse: «Die

Kaufmannsfamilie Pfeffersack unterwegs mit ihrer Kutsche im Beu-
telschneider-Wald.
Madame: «Hör auf zu popeln! Was soll dein Verlobter denken!?»
Tochter: «Is mir doch egal! Den will ich sowieso nicht!»
«Mussjö»: «Kind, denk an die reiche Mitgift!»

ausschweifenden Feste auf dem Schloß kosteten eine Menge Geld,
das der Amtmann des Grafen bei den Bauern der Umgebung ein-
trieb. Die hatten selber kaum genug zum Leben und legten sich
heimlich Wintervorräte an. Aber mit seinen Spezialmethoden fand
der Amtmann auch die letzten Verstecke in den Hütten.»

Ohne den Erzählkreis zu verlassen (einzelne, jüngere Kinder
würden dies zum Anlaß nehmen, sich und die Gruppe abzulenken), erhöht sie die Spannung, indem sie *aus einer Figur* die Geschichte fortsetzt: (Spielleiterin als Mutter Scholle:)

«Vater, wenn wir dem Amtmann freiwillig unsere beste Lege-
henne geben, sucht er vielleicht nicht nach dem letzten Sack Rog-
gen unter der Fußbodendiele!»

Aus der Sicht der *naiv fragenden Zuhörerin* zieht sie ein die
Auseinandersetzung vorbereitendes Resümee: «Ihr könnt euch

Madame: «Friedolf, Schatz, sind wir auch auf dem richtigen Weg?»
«Mussjö»: «Unser Pferd kennt die Gegend im Schlaf!»
Tochter: «Hoffentlich macht es einen langen Umweg!»

vorstellen, wie die Familie Scholle jedesmal zitterte, wenn der Amtmann die Steuern eintreiben kam. Würde er das Versteck finden? Verrieten die Kinder auch nichts? Mit welchem Trick würde er dieses Mal jemanden zum Sprechen bringen?»

Auf Einwürfe der Kinder reagiert die Spielleiterin aus ihrer jeweiligen Erzählposition, jedoch *niemals privat*. (Ein Junge schlägt dem Amtmann Karategriffe vor.) Erzählerin: «Natürlich machte sich der Amtmann nicht selber die Hände schmutzig. Wozu ließ er seine Soldaten jeden Tag ein Spezialtraining abhalten? Und so schnippte er nur kurz mit seiner Hundepeitsche, und die Soldaten wußten, was sie zu tun hatten.»

Auch bei den *Spieleinstiegen* stehen der Spielleiterin im wesentlichen *drei Varianten* zur Verfügung (vgl. 2.6). Spielbereitschaft, Darstellungsfähigkeit und Konzentration der Teilnehmer entscheiden darüber, wie sie sie ins Spiel bringt. Gleiten die Kinder noch bei jeder Unterbrechung schnell ins Private ab oder

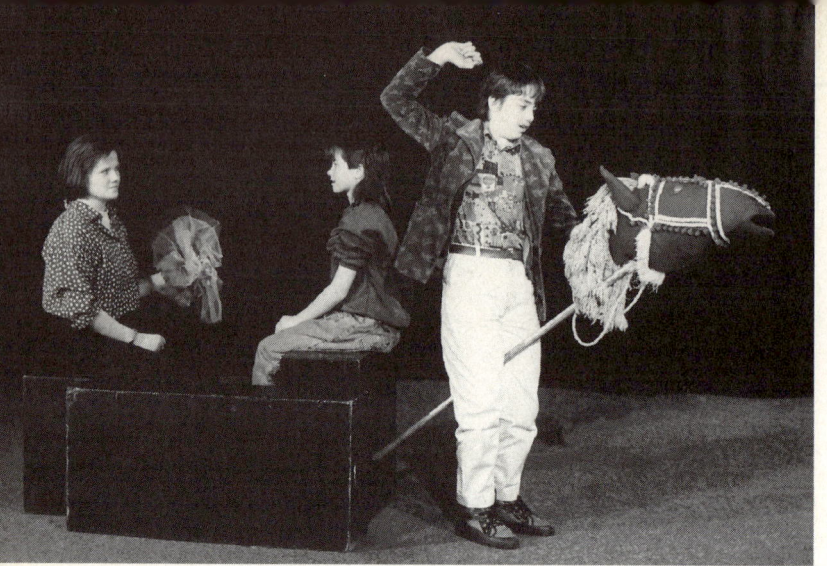

Madame: «Warum geht es nicht weiter, Friedolf?»
«Mussjö»: «Der Mistgaul scheut!»
Tochter: «Vielleicht will er umkehren?!»

fehlen ihnen Vorstellungen zu bestimmten Spielsituationen, empfiehlt sich die *Einrichtung von Figuren und Szenen aus der Figur.* Als Gräfin Amalia verhilft sie allen Figuren der Schloßgesellschaft zu vornehmer Haltung, gezierter Sprache und gelangweilten Tätigkeiten: «Dienerschaft, fassen Sie das kostbare Porzellan nur mit Handschuhen an! Komtesse, schließen Sie die Vorhänge und nehmen Sie die Harfe, der Graf braucht seine Dämmerstunde. Amtmann, halten Sie die Schatzschatulle bereit und ersparen Sie meinem Gatten schlechte Nachrichten, sonst bekommt er wieder seine Migräne. Kammerzofe, legen Sie mir etwas Rouge nach, mein Gatte mag keine blassen Frauen. Eduard, mein Ärmster! Was verdunkelt dein Gemüt? Möchtest du eine Schlange füttern? Oder soll ein Soldat mit dem Bären kämpfen?» (vgl. 2.6.2)

Aktionshungrige Spieler finden Zugang zu ihren Figuren über deren *reizvolle Tätigkeiten.* Schwierige Bewegungsabläufe,

Nach einem Achsenbruch der Kutsche marschiert Familie Pfeffersack zu Fuß durch den Beutelschneider-Wald und trifft erschöpft auf einen Pfarrer.
«Mussjö»: «Herr Pfarrer, Sie schickt uns der Himmel!»
Madame: «Führen Sie uns aus diesem verfluchten Wald heraus!»
Pfarrer: «Seltsame Wege führt uns manchmal der Herr!»
Tochter: «Jetzt fehlt nur noch 'ne Predigt!»

Kämpfe, «Stunts» und Tricks können mit den Kindern vernünftig vorbesprochen und ihnen zum Üben überlassen werden.

«Hans Beutelschneider bekommt unter dem Galgen eine Bibel zum letzten Gebet. Darin hat der Pfarrer ein Messer versteckt, das Hans unbemerkt entnehmen und als Fluchtwerkzeug benutzen soll. Auf welche Weise macht er das am wirkungsvollsten?» Pfarrer, Hans und zwei Soldaten üben diese Fluchtszene so lange technisch-funktional (vgl. 2.6.3), bis sie eine Lösung vorweisen können.

Gern läßt sich diese spielbegeisterte Gruppe von der Spielleiterin *mit einer Aktionsszene (vgl. 2.6.4) «in die Figur werfen»*. Um eine fortgeschrittene Probe wieder spannend zu gestalten, empfing die Spielleiterin die Kinder an der Eingangstür als Räuberbande, der sie sich als Taschendiebin nähert: «Laßt mich durch! Nimm deine Finger von mir, du Grobian! Ich will zu ihm! Wo ist der berühmte Räuberhauptmann Beutelschneider? Ich habe eine Botschaft für ihn!» Mit ihrem Anspiel, das die Antworten vorgab, provozierte die Taschendiebin die Reaktion der Figuren («Ich will nicht wieder mit dem Kopf zuerst ins Faß gesteckt werden!», «Beim letztenmal hast du mir bei der Durchsuchung ein Goldstück geklaut, du Schuft!» usw.).

Die Szene wurde für alle spielbar, weil die Taschendiebin um Aufnahme in die Bande bat. Hier kannten sich alle aus, wie die entsprechende Prüfung abzulaufen hatte.

Sind die Darsteller mit einer der beschriebenen Varianten für den Spieleinstieg animiert, beginnt die kreativste Phase der Probenarbeit, das *selbstschöpferische Ausgestalten von Spielaufträgen*. Jeder Spieler hat nun die Verantwortung für seine Figur übertragen bekommen und macht sich mit Eifer daran, deren *Wirkung* mit immer neuen Einfällen zu *erhöhen*. Noch nicht in der Szene beschäftigte Kinder holt die Spielleiterin als Nebenfiguren auf die Bühne, um als «Steigbügelhalter» den Hauptfiguren behilflich zu sein, meistens in Funktion von *Kontrafiguren*. «Der Pfarrer muß mit einer falschen Beichte aus dem Amt geworfen werden, ehe er sich den Räubern anschließt.» (Ein Kind stellt sich als Beichtopfer zur Verfügung.) «Den Fischhändler mag niemand leiden. Warum?» (Kinder spielen Kunden, die sich von ihm übervorteilen lassen.) «Wie können zwei Soldaten die ganze Bande mit einem Netz fangen?» (Die Räuber ziehen sich das geworfene Netz über die Köpfe.)

Wegen der begrenzten Teilnehmerzahl können nicht alle Nebenfiguren (trotz mancher Doppel- und sogar Dreifachbesetzung) beibehalten werden. Sie haben den Hauptfiguren geholfen, Haltungen, Tätigkeiten und Beziehungen zu finden, die das Spiel glaubwürdiger machen. Diese Form der Szenenfindung hat den Vorteil, daß *alle* Gruppenmitglieder *immer* beschäftigt sind und so einen besseren Einblick in den Gesamtverlauf der Spielgeschichte erhalten. Manche Spieler versuchen, mit immer neuen Einfällen länger auf der Bühne zu bleiben. Ihre Erweiterungen der Szenen führen dann leicht zu einem Spannungseinbruch, den die Spielleiterin spätestens in der Phase der Verdichtung der Handlung korrigieren muß.

Die technisch-funktionale Einrichtung der Szenen klärt zwar den wirkungsvollen Verlauf der Handlung, macht das Spiel der Figuren aber noch *nicht glaubwürdig. Schnell* und *oberflächlich* bringen sie ihren Auftritt hinter sich. Um den Figuren mehr Tiefe zu geben, wird die Spielleiterin *nachbiografisieren* müssen: mit zusätzlichen Aufträgen und Tätigkeiten wird nach Gründen für das Verhalten in der *Vorgeschichte und den Abhängigkeiten* der Figuren gesucht. Der Amtmann spielt zu dienstbeflissen-glatt. Könnte er nicht einen Groll auf den Grafen haben? (Ein Junge: «Der hat ihm seine Frau weggenommen und an einen anderen Grafen verhökert!») Mit diesem Wissen im Hinterkopf spielt der Amtmann vielschichtiger.

Bauer Scholle spielt Armut ohne Hintergrund. In einem Schattenspiel wird seine Vorgeschichte gezeigt: Mißernten und Kriegsdienst ließen ihn so verarmen, daß er in Abhängigkeit zum Grafen geriet.

Die beim Grafen protestierenden Bauern spielen ihren Aufruhr zu unbekümmert. Ein Soldat wird sich brüsten, wie es den letzten Bauern erging, die sich gegen ihre Ausbeutung zur Wehr setzten. Ihr Protest kann jetzt mit der Furcht vor den Folgen echter gespielt werden.

Gelegentlich versuchen 10–13jährige, und hier besonders die Jungen, mit privatem Rülpsen oder Furzen ihre Figuren auszuschmücken (und die Spielleiterin aus der Fassung zu bringen). Derartiges Verhalten wird *grundsätzlich* von den Anforderungen der Figuren in einer konkreten Situation aufgegriffen («Daß du als Graf vor deiner Dienerschaft furzt, paßt gut. Kriegst du das auch noch länger hin, und wie reagieren die Diener darauf?»).

10–13jährige können bei der eigenschöpferischen Ausweitung ihrer Figuren sich so verlieren, d. h. das für die Präsentation erforderliche Zeit- und Spannungsgefühl vergessen, daß ihr Spiel von der Anleiterin *begleitet* werden muß. Allerdings sollte sie das ausschließlich von «*unten*» tun, denn Kinder dieser Altersgruppe fühlen sich bei zu hautnaher Unterstützung ihrer Anleiterin (z. B. mit dem Doppel-Ich) leicht eingeschränkt und bevormundet. Aber niemand hat etwas dagegen, wenn sie die Aktionen jeder Figur entsprechend herausstellt, um ihnen die nötige Aufmerksamkeit zu verschaffen. Als *Interessenvertreterin aller Figuren* ebnet sie den Spielern den Zugang auf *unterschiedlichen Wegen*.

Einem Spieler gibt sie eine *stimmungsvolle Einführung als Erzählerin* (vgl. 2.9.1): «So sehr Hans Beutelschneider auch drängelte, auf dem Markt endlich seinen ersten Beutel schneiden zu dürfen, wollte seine Mutter seine Bitte nicht sofort erfüllen. Zu schmerzlich waren die Erinnerungen an ihren Mann und ihren ältesten Sohn, die beim ‹Beutelschneiden› erwischt und aufgehängt worden waren. Und deshalb stand ihr Entschluß fest.»

Andere Spieler *provoziert* sie *als unzufriedene Zuschauerin* (vgl. 2.9.1). (Torsten hatte als Amtmann zu früh das Kornversteck bei Familie Scholle gefunden, weil er sich sein privates Wissen zunutze machte. «Zuschauerin»:) «Seit wann kann der Amtmann hellsehen? Oder gab es 1611 schon Röntgenaugen?» Dieser *Kritik* entnehmen die Spieler normalerweise *neue Spielaufträge*, doch Torsten hat weiterhin Schwierigkeiten mit seiner Figur. Darum macht sich die Spielleiterin zu seiner *Beraterin* (vgl. 2.9.3): «Amtmann, willst du dir diese Frechheit der Bauern gefallen lassen? Nachher gehorchen dir nicht einmal mehr deine Soldaten! Vielleicht solltest du dir was überlegen, wie du Familie Scholle um Gnade betteln lassen kannst!»

Torsten spielt den Amtmann weiterhin zu ungefährlich. Daraufhin reizt die Spielleiterin ihn mit einer *Kontrafigur* (vgl. 2.9.2): «Das erzähle ich meinem Bruder, dem Grafen, wie du als sein Amtmann den Bauern alles durchgehen läßt. Das wird dich deine Stellung kosten!» Die von der Spielleiterin gewünschte Härte der Figur war nicht Torstens Sache, er brauchte einen anderen Zugang zum Amtmann. So suchte die Spielleiterin die Gefährlichkeit der Figur, auf die die Bauernfamilie im Spiel angewiesen war, in Torstens Sensibilität: «Laß deinen Amtmann Handschuhe tragen und Nüsse essen. Rede mit den Bauern nicht direkt, sondern gib deinen Soldaten deine Befehle per Handzeichen!» Torsten spielte daraufhin seinen Amtmann «gefährlich sanft», wobei ihm die Familie Scholle mit erschreckten Reaktionen half: «Wenn er Nüsse ißt, wird er gefährlich!» Grundlage der Biografisierung einer Figur waren in diesem Falle die Eigenheiten und Möglichkeiten des Spielers (vgl. auch 4.4.5).

Mit den zuvor aufgezeigten *Formen der Spielbegleitung kritisiert* die Spielleiterin das Spiel der Darsteller. Aber dadurch, daß sie sie aus einer *Figur* vornimmt, die Spielebene also nicht verläßt, erweisen sich ihre Einwürfe als *Spielhindernisse* (retardierende und reflektorische Elemente), die die Gruppe als *Herausforderung* begreift und mit *verändertem* Spiel beantwortet. Wir kennen diese Form des *Spielwettstreits* bereits aus der Vorgruppe (vgl. 4.2.5), erleben sie hier aber auf einem *höheren Abstraktions- und Spielniveau.*

Nach der Biografisierung der Figuren und der Klärung des Handlungsverlaufs wird *jede* Szene mit einem *atmosphärischen Einstieg der Erzählerin* eröffnet, um allen Darstellern den beginnenden Spielernst zu signalisieren. Die Grafenszene wurde so begonnen:

«Im Schloß des Grafen Schlotterbeck herrscht an diesem Märzsamstag des Jahres 1611 geschäftiges Treiben. Heute ist ein Fest geplant, und seit Tagen wird dafür geschlachtet, gebraut, gebraten und gekocht. Aus der Küche hört man einen heftigen Streit zwischen der Oberköchin und dem Amtmann, der das üppige Essen nicht mehr bezahlen kann. Aber die adligen Gäste durften von der leeren Kasse der Schlotterbecks nichts merken. Also geht der Amtmann schweren Herzens zum Schlafzimmer des Grafen, der mit Kopfschmerzen im Bett liegt. Wie soll er dem beibringen, daß die vielen Feste zuviel Geld verschlingen?»

Das Spiel der Darsteller beginnt nach dieser Einführung in der Regel in der angemessenen Stimmung und Spannung, nur können sie die zu Beginn der Probenarbeit nicht lange durchhalten. Zu viele *Darstellungsfehler* stören noch den Spielfluß. Welche sind das, und wie kann die Spielleiterin sie *korrigieren*?

Spielen Darsteller eine Situation in *unangemessener Figuren-haltung*, beginnt die Spielleiterin, *Handlungs- und Verhaltensan-forderungen* und die möglichen *Lösungen laut und öffentlich zu erörtern*. Den Darstellern wird die Szene in mehreren Spielvarian-ten verbal vorgeführt, so daß sie sich *selber* für eine *entscheiden* können. Ein Beispiel:

«Soll Vater Scholle aufstehen oder sitzenbleiben, wenn der Amtmann die Hütte betritt? Das könnte der als Einverständnis deuten und ihn verachten. Bleibt er dagegen sitzen, prügeln ihn die Soldaten.

Wenn er dem Amtmann ein Glas Bier anbietet und ihn in ein Gespräch verwickelt, kann er den vielleicht von seinen Forderun-gen abbringen. Auf jeden Fall muß er ein Verhalten zeigen, daß seiner Familie keinen Schaden bringt. Dem Spieler wird bei diesem lauten Überlegen konkrete Entscheidungshilfe geboten, wie er das Spiel seiner Figur *gewichtig machen und länger durchhalten* kann.

Andere Spieler *zerreden ihre Figuren*, d. h., sie äußern sich nur über Sprache und zuwenig über ihren Körper. Ihnen stellt die Spielleiterin die Aufgabe, einen *Dialog* anfangs nur mit einem *Satz*, dann nur noch mit jeweils einem *Wort* zu führen (vgl. die Sprachreduzierungsübungen unter 2.7.2.1). Die Überraschung bei allen Teilnehmern bleibt nicht aus, wieviel überflüssiges Gerede wegfallen kann. Ein Beispiel: In der Kutschenszene im Wald schil-derten die Räuber den Überfallenen nur sprachlich, was auf sie zukäme, wenn die Lösegeldforderungen nicht erfüllt würden. Spielleiterin: «Hans, deine Drohungen haben keine Wirkung. Vielleicht versteht diese reiche Kaufmannsfamilie euren Dialekt nicht. Laß darum deine Räuber vorspielen, was die Opfer erwar-tet, so, daß es auch Taubstumme verstehen!» Mit Eifer machen sich die Räuber daran, das Gefangenenleben im Wald in «Ta-bleaus» vorzuführen (vgl. 2.10).

Werden einzelne Spieler auf der Bühne immer wieder «*privat*», fühlen sie sich meist über- oder unterfordert. In derartigen Fällen versucht die Spielleiterin mit *anspruchsvolleren oder vereinfachenden Spielaufträgen* den Figuren (nicht den Privatpersonen!) *reizvolle Beschäftigungen und / oder Haltungen anzubieten.* Zwei Beispiele: Mike kennt sich in religiösen Riten noch nicht gut aus und albert als Pfarrer in der Schloßgesellschaft unangemessen herum. Spielleiterin: «Pfarrer, die Kirche zahlt dir zuwenig Geld zum Leben. Überlege, wie du mehr verdienen kannst. Die reichen Leute sündigen viel und glauben an die Hölle. Hol sie dir in die Beichte, und laß dir die Vergebung ihrer Sünden abkaufen. Mach dir einige Ablaßzettel.» Mit Freuden machte Mike sich daran, mit der Schilderung von Höllenqualen die Leute zur Beichte zu holen und ihnen Geld abzunehmen. Ein anderes Beispiel:

Die Apothekerin langweilte sich zwischen ihren Salbentöpfen und Heilkräutern. Spielleiterin: «Frau Apothekerin, wenn Sie an den Leuten keine Krankheiten feststellen, kauft auch niemand Ihre Medizin, und Sie können dem Amtmann nicht die Miete bezahlen!» Das Mädchen fing sofort an, jedem eine schlimme Krankheit einzureden und dagegen gepanschte Medizin zu Wucherpreisen zu verkaufen.

An diesen Beispielen wird das *Prinzip* deutlich, wie die Anleiterin Spielfehler der Darsteller korrigiert: Die Spielsituation wird in die Vorstellungswelt der Kinder projiziert, so daß sie konkrete Spielaufträge aufgrund eigener Erfahrungen und Phantasien übernehmen und ausführen können.

Auch diese Altersgruppe ermüdet schnell, wenn die Szenen nicht genügend aufregende Ereignisse enthalten, so daß eine Spielleiterin sich Gedanken machen muß, wie sie die weiteren *Proben spannend gestaltet* (vgl. 2.10). Geht der Spielreiz trotz ausführlicher Biografisierung verloren, gewinnen die Darsteller häufig neue Spielmotivation, wenn bereits bekannte Szenen mit *vertiefenden Hintergrundinformationen aus der Sicht von Nebenfiguren* gespielt werden (vgl. auch 2.2).

Die dabei entstehenden zusätzlichen Vor- und Parallelszenen zur Haupthandlung dürfen das Spiel jedoch nicht so zergliedern, daß die Spannung verlorengeht.

Ein Beispiel: Ein Soldat spielt zu unbeteiligt und wird daher nachbiografisiert. Spielleiterin: «Du stammst aus diesem Dorf aus einer halb verhungerten Bauernfamilie. Magst du wirklich deren Hütte abbrennen?» Seine Weigerung führt zu einer zusätzlichen Bestrafungsszene, die ihn zum Grafengegner macht und später zu den Räubern überlaufen läßt.

Alle anderen unter 2.10 erwähnten Mittel *zusätzlicher Spielmotivation* sind auch in dieser Altersgruppe angebracht. Erwähnt haben wir unter 4.3.1 bereits das *Sprechblasentheater* bei der Erarbeitung dieser Spielgeschichte. In einer weiteren Probe wurde eine Szene als *Scherenschnitt-Theater* gespielt. Anlaß war die Kritik eines jugendlichen Testpublikums, dem der biografische Hintergrund der Kutscheninsassen unklar geblieben war. Zusammen mit den Gruppenmitgliedern wurden schwarze Pappfiguren und eine Kutsche ausgeschnitten, an Stäben befestigt, vor eine Lichtquelle gehalten und hinter einem weißen Vorhang von den Originaldarstellern geführt und gesprochen. Die Kutsche fuhr zu einer Hochzeit und blieb im Morast stecken. Die Pappfiguren schoben die Kutsche an, dann passierte ein Lichtwechsel, und die leibhaftigen Figuren schoben auf der Bühne ihre Kutsche in Originalgröße.

Sechs Proben vor der Aufführung wurden der endgültige Gang der Spielhandlung und die Premierenbesetzung festgelegt. Manche liebgewonnene Szene mußte gestrichen werden, um die Spannungsansprüche des Publikums zu erfüllen. Aber weil jeder Spieler genügend Auftritte hatte, willigten alle ein.

In unserem unter 4.3.1 gezeigten Beispiel erwartet die Theatergruppe den Vorstellungsbeginn hinter dem geschlossenen Vorhang. Selbstverständlich kann die Spielleiterin diese Altersgruppe auch zusammen mit dem Spielthema dem Publikum vorher vorstellen, wie unter 4.2.1 beschrieben.

Auch wenn 10–13jährige das große Ereignis abgeklärter erwarten als die Jüngeren, empfiehlt es sich, dem Lampenfieber mit ablenkenden Konzentrationsspielen vorzubeugen.

Eine andere, sehr reizvolle Methode, ihren Anspannungsdruck

abzubauen und mit dem Publikum vorweg Kontakt aufzunehmen, ist *die Stückeröffnung mit einem spontan improvisierten Vorspiel*, das in dieser Altersgruppe erstmals möglich wird. «Graf Schlotterbeck empfängt die berühmtesten Räuberfänger des Landes und läßt sich beraten, mit welchen Mitteln die Beutelschneider-Bande zu fangen ist.» Das folgende Spiel wird zeigen, für welches er sich entschieden hat.

Oder: «Verarmte Bauern und die arrogante Schloßgesellschaft beschimpfen sich gegenseitig, welche der beiden Gruppen wichtiger ist. Die Geschichte des Stückes wird zeigen, wie die Auseinandersetzung ausgeht.»

Oder: «Die Räuberbande verspottet die Obrigkeit, die sie immer noch nicht hat fangen können. Diese Demütigung vor dem Publikum wird der Amtmann im nun folgenden Stück zu rächen versuchen.»

Alle Vorspiele müssen nicht geübt werden, weil die Spieler ihre Figuren und deren Argumente beherrschen. Die Spielleiterin eröffnet mit einem provozierenden Satz, und die beiden Gruppen fallen abwechselnd übereinander her, heizen damit Stimmung und Spannung für die folgende Spielgeschichte an und wärmen sich selber für ihr Spiel auf.

Unter 4.3.1 haben wir die *Spielbegleitung* während der Aufführung aus einer *provozierenden Figur* beschrieben, mit der die Spielleiterin den auf den Proben begonnenen Spielwettstreit zwischen den Darstellern und sich fortsetzt. Aus dieser Position kann sie ihren Spielern die (immer noch nötige) *Unterstützung* geben, ohne sie in ihrer gewünschten Darstellungsfreiheit einzuschränken. Um ihr Spiel allein zu gestalten, *fehlt* 10–13jährigen die erforderliche *Darstellungsprofessionalität*. Bei allen spontanen, witzigen Erweiterungen und Veränderungen ihrer Spielsituationen mangelt es ihnen an Abgeklärtheit, fortwährend *spannend und wirkungsvoll* zu spielen, einer Fähigkeit, die erst von der folgenden Altersgruppe erworben wird (vgl. 4.4).

Spieltempo und Spielintensität werden auch in dieser Altersgruppe noch *ausschließlich* von der Spielleiterin bestimmt, allerdings auf einem höheren Spielniveau als in der Vorgruppe (vgl. 4.2.5). Beim *Ausfüllen von Spiellücken* oder beim *offensiven Aufgreifen von Spielfehlern* beschränkt sie sich in dieser Altersgruppe darauf, *Spielblockaden* zu beseitigen, damit die Darsteller ihr Spiel *selbständig* fortsetzen können. In dieser *spielergänzenden Funktion* während der Aufführung unterscheidet sie sich von ihren Aufgaben in der Vorgruppe, denen sie die angemessene Präsentation ihres Produktes noch abnehmen mußte. In der Folgegruppe wird sie ihre Spielbegleitung während der Aufführung als Improvisationstheater gestalten: sie stellt den Darstellern überraschende Spielhindernisse per Zuruf, die die eigenverantwortlich zu einem anspruchsvollen Kunstprodukt verarbeiten (vgl. 4.4.5).

4.4 Theater mit 14–17jährigen, den «sensiblen Stimmungswechslern»

Die frohen Erwartungen einer Spielleiterin, mit Jugendlichen endlich ans Ziel ihrer Theaterarbeit zu gelangen, d. h. auf eine Theatergruppe zu treffen, die *selbständig und motiviert eigene und andere Spielvorschläge in spannende, komische Spielgeschichten umzusetzen* vermag (vgl. 1.4 und die Schlußbemerkung unter 4.3.5), erhalten bei den 14–17jährigen (zunächst) einen eindrücklichen Dämpfer. Kaum ein Jugendlicher drängt von sich aus auf die Bühne, um dort seine theatralen Bedürfnisse zu befriedigen. Verflogen sind Mut und Unbekümmertheit des Voralters, das sich noch mit Lust auf unbekannte Spielabenteuer einließ. Obwohl Witz, Phantasie und ein grundsätzliches Darstellungspotential für das Improvisationstheater *vorhanden sind*, ist bei den meisten die Furcht zu groß, sich bei einer öffentlichen Präsentation ihrer Kreativität eine *Blöße* zu geben, die man als Schwäche auslegen könnte. Im *Pubertätsalter* sind Jugendliche zu sehr *mit sich selbst beschäftigt*, als daß sie spontan Genuß am Spielen einer reizvollen Figur finden könnten. Wo liegt für eine Spielleiterin der theaterpädagogische Ansatz? Der hat sich zunächst mit den Ursachen der *Spielverweigerung* zu befassen.

Der Grund für die *spielhemmende Unsicherheit* bei Jugendlichen liegt in ihren negativen Erfahrungen, von ihrer Umwelt als Erwachsene anerkannt zu werden. Viele ihrer Ansätze, selbständig zu werden und ihre Ich-Identität auszubilden, stoßen bei den meisten Erwachsenen auf Unverständnis und Ablehnung. Die Reaktion der Jugendlichen darauf ist unangepaßtes Verhalten, bei den einen in der Form erhöhter Aggressivität, bei den anderen in Gestalt eines «Abdriftens ins Transzendentale», bei den Dritten schließlich in Verhaltensweisen eines «Auffallens um jeden Preis» (vgl. 4.4.2).

Die Motivation, weshalb Jugendliche zum Theatertreffen kommen, liegt nicht in erster Linie in der Gelegenheit, sich darstellerisch in spannenden Figuren auszuprobieren, sondern eine Gruppe Gleichgesinnter zu treffen, die Schutz vor Angriffen, Bloßstellungen und Anforderungen bietet. So genügt zunächst ein gemeinschaftliches Teetrinken, bei dem die Spielleiterin den Problemen Heranwachsender ihr verständnisvolles Ohr und eventuell ein paar Ratschläge anbietet, um die Erwartungen der Jugendlichen zu erfüllen.

Sie mit Druck, Überreden oder einem perfekten Programm zum Theaterspielen zu bringen, scheitert sehr oft an der *Lustlosigkeit* 14–17jähriger, genauso wie alle bisher bekannten und in anderen Altersgruppen erfolgreich praktizierten *Techniken der Spielanimation* (z. B. über den atmosphärischen Einstieg, Spielprovokationen, Spielwettstreit u. a.) nur *bedingt tauglich* sind, weil Jugendliche sie schnell als Tricks der Überrumpelung ansehen und ablehnen.

Grundlegende Fähigkeiten einer Spielleiterin in Jugendtheatergruppen sind daher *Geduld und Gespür, im passenden Moment eine geeignete Aktivität anbieten zu können* (vgl. 4.4.4).

Wie bringt man Jugendliche auf die Bühne?

Spieleinstiege haben in Jugendtheatergruppen meistens dann Erfolg, wenn die Anleiterin *vor- und mitspielt.* Begeistert macht sie sich als erste an die theatrale Ausgestaltung von Figuren und Situationen, überzeugt von deren animierender Wirkung. Ihr Vorspiel ist ein *Mitspielangebot* an die Gruppe, das sie annehmen, dem sie aber auch nur zuschauen kann, ohne sich einem Vorwurf auszusetzen (vgl. 4.4.1).

Sind die Spielsituation klar und alle Figurenanforderungen deutlich, lassen sich Jugendliche oft gern von der Aussicht, das Publikum «durch den Kakao zu ziehen», auf eine *parodierende Theaterform* ein, für die sie gute Voraussetzungen mitbringen. Ihre Kritik an der bestehenden Gesellschaft, ihre Verweigerung der Anpassung an die Normen und Werte der Leistungsgesellschaft und ihre Suche nach Alternativen sind *Mittel,* den *Alltag respektlos auseinanderzunehmen und ihn zur Posse, Karikatur oder makabrem Szenarium* auf der Bühne neu zusammenzusetzen. In dieser *distanziert-künstlerischen Form* führen sie mit ihrem Publikum eine *Auseinandersetzung,* ohne sich der Gefahr einer *privaten* Blöße auszusetzen (vgl. 4.4.3).

Gelingt es der Spielleiterin, jedem einzelnen Gruppenmitglied *seinen* Weg zu weisen, wie es aufgrund seiner Besonderheiten zur Präsentation einer anspruchsvollen Figur finden kann, mit der sich Anerkennung und Selbstbewußtsein erringen lassen, ist ihr die Anerkennung als *kompetente Fachfrau* sicher (vgl. 4.4.5). So angesprochen, läßt sich die Gruppe in langen, intensiven Proben bis zur *Aufführung* führen, die auch bei Jugendlichen einen hohen Stellenwert genießt. Ob daraus Impulse für die weitere Theaterarbeit gewonnen werden, hängt von den *Stimmungseinbrüchen* ab, denen die Gruppe ohne erkennbaren Anlaß und sehr plötzlich erliegen kann, und von dem Geschick der Anleiterin, die *unterschiedlichen Interessen* am Theaterspielen zu vereinen. Denn haben Jugendliche die Möglichkeiten des Theaterspielens für ihre *Orientierungssuche* einmal erkannt, nutzen sie es gern für die Verwirklichung pubertärer *Wunschträume:* einige versuchen, mit einer *bekennenden Darstellung* ihren privaten Problemen näherzukommen, andere *experimentieren mit abstrakten Theaterformen*, dritte präsentieren als «*Blödelbarden*» pausenlos Witze.

Allen drei Ansätzen *begegnet* die Spielleiterin mit Themen und Spielformen des Improvisationstheaters, das mit seiner *kritischdistanzierten Betrachtungsweise* ein Abgleiten ins Private zu verhindern und mit der *Lust am Komödiantischen* auch Zuschauerwünsche zu erfüllen vermag.

4.4.1 Erfahrungsbericht über eine Jugendtheatergruppe in einer Jugendkunstschule

Die Jugendtheatergruppe setzt sich aus drei verschiedenen Untergruppen zusammen: zwei Mädchen und ein Junge haben schon zwei Jahre in einer Kindertheatergruppe der Jugendkunstschule erfolgreich Theater gespielt, fünf Jugendliche sind während einer Projektwoche ihrer Gesamtschule für das Improvisationstheater erweckt worden, und drei Mädchen haben von einer Jazzdance-Gruppe der Jugendkunstschule in den Theaterkurs gewechselt.

Mit dem Musik- und Gestaltungsbereich der Jugendkunstschule ist die Zusammenarbeit in einem *multimedialen Projekt* geplant. Zu dem übergeordneten Thema «Mädchen-Frauen» will jeder Fachbereich mit 14–17jährigen eigene Ideen entwickeln und in künstlerische Produkte umsetzen, die nach ca. 6–9 Monaten in ein gemeinsames Projekt eingebracht werden und die unterschiedlichen Herangehensweisen an Thema und Form deutlich machen sollen.

Die Spielleiterin hat für die Theatergruppe einige komische, stark überzeichnete Spielsituationen gesammelt («Mädchen macht Jungen an», «Mädchen tyrannisiert Eltern», «Mädchen wird Frau»), die sie mit ihrem Vorspiel der Gruppe vorstellen will, in der Hoffnung, einige zum Mitspiel und zu erweiternden Ideen zu motivieren.

Beim 1. Treffen gibt es kaum Berührungsängste unter den Jugendlichen. Obwohl alle mit dem Interesse erscheinen, Theater zu spielen, äußert niemand einen konkreten Spielwunsch. Zum gegenseitigen Kennenlernen serviert die Spielleiterin in der Sitzecke Früchtetee, der alle zu einer Plauderstunde animiert. Hauptgesprächsthema ist die Beziehung zwischen Jungen und Mädchen, wozu ein Paar, bei dem das Mädchen die gesamten zwei Stunden bei ihrem Freund auf dem Schoß sitzt, den Anlaß gibt. Auf den Vorschlag der Spielleiterin, hierzu eine komische Szene zu spielen, mochte niemand eingehen. Statt dessen suchten sie weiterhin eine Klärung über den Austausch ihrer Erfahrungen.

Nach einer Stunde (!) zieht die Spielleiterin ein 5-DM-Stück aus der Tasche: «Wer will die gewinnen?» Alle wollen und versuchen bei dieser Übung der Reihe nach das Geldstück blind im Raum zu ertasten, was keinem gelingt, auch der Spielleiterin nicht. Danach möchte niemand in die Sitzecke zurück, im Gegenteil, zwei weitere Sensibilisierungsspiele werden gewünscht, weil zwei Mädchen dabei angeblich übersinnliche Kräfte freimachen können. Insgesamt steigt die Stimmung so, daß zwei Jungen spontan einen Loriot-Sketch auf der Bühne vorführen, den sie in der Schule einstudiert haben. Zwei Mädchen beteiligen sich nicht, sondern lesen in einer Frauenzeitschrift. Das Spiel der beiden Jungen führt zu einer allgemeinen Diskussion, was man außerdem spielen könnte. Die drei Theatererfahrenen äußerten hohe Erwartungen: eine «total verrückte Lachnummer» wie bei Loriot oder Woody Allen, oder ein Eifersuchtsdrama mit einer Frau zwischen zwei Männern, oder einen «echt geilen» Krimi, bei dem die Leiche nie gefunden wird. Weil für keinen Vorschlag eine Mehrheit zu entdecken ist, verspricht die Spielleiterin zum nächsten Treffen etwas mitzubringen, was alle Wünsche erfüllen wird.

Bis auf ein Mädchen erscheint die gesamte Gruppe zum 2. Treffen. Ein Junge hat sich eine grüne Strähne ins Haar färben lassen, worüber sich einige begeistert, andere angeekelt zeigen. Ein Mädchen packt einen Kuschellöwen neben sich auf den Sessel, ein anderes blättert begeistert in einem Buch über Sterndeutung. Ehe die Spielleiterin ihr Programm für dieses Treffen vorstellen kann, wollen alle die «Liebeserwartungen» ihres Sternzeichens genannt bekommen. Die Behauptung, daß Krebs und Widder nicht zusammenpassen, bringt einen Jungen zum Vorschlag, ein Stück zu spielen, in dem zwei Liebende sich gegen das Schicksal ihrer Sternbilder zu behaupten versuchen und daran scheitern. Ein anderer Junge ergänzt: Die beiden müßten von einer außerirdischen Schaltzentrale ferngesteuert werden und aufgrund eines Computerfehlers doch am Ende zusammenpassen. In der Gruppe kommt keine Begeisterung auf. Mit einem erneuten «Blindenspiel» holt die Spielleiterin alle aus der Sitzecke, worauf einige schon gewartet haben. Im Anschluß schlägt sie Improvisationsübungen vor (u. a. «Sagte er – sagte sie», vgl. 2.7.2), auf die zunächst die drei theatererfahrenen Jugendlichen, später die gesamte Gruppe begeistert einsteigen. Auffallend ist der Hang der meisten Spieler, ihre Szenen witzig, als Parodie und sogar makaber zu gestalten. Die Spielleiterin spielt nicht mit, sondern achtet auf die Einhaltung der Improvisationsregeln.

Für das nächste Treffen kündigt sie den Titel einer Spielgeschichte an: «Erste Liebe». Die Gruppe ist überrascht, einige lachen, ein Junge prahlt mit einem Besuch in einer «Peep-Show».

Das 3. Treffen bringt immer noch keinen Einstieg in die Spielgeschichte. Wegen eines «blauen Briefes» hat ein 16jähriges Mädchen der Gruppe mit ihren Eltern einen Krach erlebt, in dessen Verlauf sie von ihrem Vater geohrfeigt wurde. Empört berichtet sie allen davon und will nicht nach Hause zurückkehren. Die gesamte Gruppe engagiert sich bei dem Gespräch und möchte wissen, wieviel Rechte die Eltern über Jugendliche haben, ob man seinen eigenen Vater anzeigen und mit 16 Jahren schon zu Hause ausziehen kann. Die Spielleiterin kann nicht alle rechtlichen Fragen beantworten und bietet an, zunächst einmal mit den Eltern des betroffenen Mädchens zu sprechen. Als das Mädchen das ablehnt, telefonieren einige andere wegen eines Schlafplatzes. Die Organisation der aushäusigen Übernachtung verschlingt so viel Zeit, daß an Theaterspielen nicht mehr zu denken ist.

Aber auch eine sachliche, ruhige Diskussion über die Möglichkeiten, selbständig zu werden, ist wegen der emotionalen Betroffenheit der meisten Jugendlichen, die offensichtlich zu Hause ähnliche Erfahrungen gemacht haben, nicht möglich. Für das nächste Mal nimmt sich die Spielleiterin einen Spieleinstieg «um jeden Preis» vor.

Zum 4. Treffen kommen nur acht Jugendliche. Das Mädchen mit dem häuslichen Ärger hat tatsächlich die Nacht bei einer Freundin verbracht und zu Hause dafür 14 Tage Stubenarrest erhalten. «Die kommt bestimmt noch!» meinen einige, und tatsächlich erscheint nach 10 Minuten die Betreffende freudestrahlend im Theaterraum. «Rumgekriegt hab ich meinen Alten! Erst hab ich einen auf Reue und so gemacht, dann ist er weich geworden.» Die Gruppe klatscht begeistert Beifall. Ein anderes Mädchen legt plötzlich ein 21seitiges Manuskript auf den Tisch: «Ein Theaterstück mit 15 Rollen. Wir suchen doch eins!» Als die Gruppe erfährt, daß sie es selbst verfaßt hat, wollen einige, daß es sofort gespielt wird, anderen ist die Mühe des Lesens zu groß. Die Spielleiterin läßt das Mädchen den Inhalt erzählen, woran sie aber wegen der vielen Einwürfe der anderen immer wieder gehindert wird. Herauskommt, daß es in dem Stück um eine intensive Beziehung geht, um Fremdgehen, Eifersucht, Rache und am Ende einen Freitod. Das Thema finden alle «geil», aber keiner möchte die theatrale Umsetzung wagen. Um das Mädchen nicht ganz zu enttäuschen, erbittet die Spielleiterin das Manuskript zum genaueren Lesen und gibt einen Ausblick: «Warte bis nachher, vielleicht können wir unsere beiden Geschichten miteinander verbinden.»

Mit einigen Improvisationsübungen bringt die Spielleiterin die Gruppe in Spiellaune. Auf der Bühne hat sie vorher das Inventar einer angedeuteten Discothek aufgebaut: Kassettenrecorder, entsprechende Musik und die Umrisse einer Tanzfläche. Als Diskjockey (DJ) springt sie auf die Bühne, verändert das Licht, stellt die Musik an und macht die Gruppe zu Besuchern: «Hier habe ich eine ganz heiße Nummer! Wo bleiben die Tanzmädels heute nur?!» Die drei Mädchen aus der Jazzdance-Gruppe fühlen sich angesprochen, zumal ihnen die Musik bekannt ist. Zum rhythmischen Klatschen der Gruppe führen die drei einen einstudierten Tanz vor. Der DJ kommentiert: «Superaffengeil, Mädels! Das ist die Nummer fürs Fernsehen! Das will nämlich kommen und meinen Laden aufnehmen. Ich sag euch, wir kommen noch alle ganz groß raus! Wollt ihr ins Fernsehen? (Die Gruppe verneint.) Nicht? Aber ich! Und zwar mit einer Super-Hyper-Hightech-Disco!» Die Teilnehmer sind interessiert, machen aber keine Anstalten mitzuspielen.

Daher *wechselt die Spielleiterin die Erzählerperspektive* (vgl. 2.5.4) und gibt als *Kommentatorin* weitere Informationen zur Spielgeschichte: «Zu der Tanzgruppe gehört noch ein viertes Mädchen, Mona, die wieder mal zu spät zur Probe kommt, weil sie einen 18jährigen Freund hat, Mike. Weil Mona außerdem nicht den neuen Tanz geübt hat, fliegt sie aus der Gruppe, die ihren Fernsehauftritt nicht gefährden will. Voller Wut vertauscht Mona die Tanzkassetten vor dem entscheidenden Auftritt, so daß das Fernsehteam enttäuscht abzieht. Die Tanzgruppe rächt sich, indem sie über Mona das Gerücht in die Welt setzt, daß sie schwanger sei. Was werden Mona, ihre Mutter und vor allem ihr Freund Mike dazu sagen?»

Thema und Szenenverlauf treffen den Geschmack der Gruppe, die, bis auf zwei Mädchen, die Geschichte sofort spielen will. Das Pärchen wird von den anderen bedrängt, die Figuren von Mona und Mike zu übernehmen, wozu die sich nach einigem Zögern auch bereit erklären. Alle anderen Teilnehmer erhalten für die restlichen Figuren von der Spielleiterin Kurzbiografien, die ihnen aufgrund ihrer Vorerfahrungen vertraut sind. Die Figurenbesetzung bereitet den meisten Teilnehmern keine Probleme, weil sie weniger die Darstellungsaufgaben sehen, sondern eher an der Gestaltung der Höhepunkte der Geschichte interessiert sind: Monas Rauswurf aus der Tanzgruppe, die Panne vor dem Fernsehteam, die Auseinandersetzung zwischen Mike und Mona wegen ihrer angeblichen Schwangerschaft und die Reaktion der Mutter. Probleme mit der Figur des DJ hat Frank. Die laute, übersprudelnde

Art liegt ihm nicht, so daß die Spielleiterin einen alternativen DJ aus Franks Eigenheiten aufbaut (vgl. 4.4.5), mit dem er sich wohl fühlt.

Die Mutter-Darstellerin spielt so echt hysterisch, daß sie fast die Distanz zur Figur verliert, vor allem dadurch, daß einige Gruppenmitglieder das Mädchen zu immer überzogenerem Spiel antreiben, das die Spielleiterin schließlich abbremst.

Je lebensnäher die Szenen angelegt sind, desto lieber spielen die Jugendlichen sie. Aber niemand gibt sich mit der Kopie von Alltagsszenen zufrieden. Alle Spieler bemühen sich um Abweichungen von der Normalität, um überdrehte Erweiterungen und parodistische Einlagen. Dennoch fallen beim ersten Durchspielen der Aktionshöhepunkte einige Jugendliche immer wieder ins Private zurück, so daß die Spielleiterin öfter *an-, vor- und mitspielt*, um den Spannungsbogen und die Darsteller in der Figur zu halten.

Wegen der fortgeschrittenen Zeit können einige Szenen nur angedeutet werden, aber bis auf zwei noch spielunwillige Mädchen haben alle anderen sich darstellerisch mit viel Spaß ausprobieren können.

Für einige Figuren werden bereits Kostüme und Requisiten vorgeschlagen: Die Mutter-Darstellerin will sich einen fast durchsichtigen Morgenmantel und Lockenwickler mitbringen («Aber nur, wenn die Jungen weggucken!»), für Mike wird eine Lederjacke mit Nieten angekündigt, Frank verspricht für seinen DJ einen besseren Recorder und fetzigere Musik. Für einige Szenen gibt es schon Erweiterungsvorschläge: Mike soll eine Szene spielen «Vor dem ersten Kuß», die Mutter soll mit Mona zum Frauenarzt gehen und enttäuscht sein, daß sie keinen Enkel bekommen wird, und Mona soll Mike mit einem neuen Freund eifersüchtig machen. Mit der ironischen Ermahnung an die Spielleiterin, beim nächsten Treffen nicht vorher so viel «rumzuquatschen», sondern schneller zum Theaterspielen zu kommen, verabschieden sich die Jugendlichen. Die Spielleiterin verspricht es augenzwinkernd:

«…wenn zu Hause nicht wieder jemand ausziehen will!»

Zusammenfassung der weiteren Treffen bis zur Aufführung

Das 5. Treffen wurde mit der Euphorie des letzten begonnen. *Ohne* Vorgespräch, Aufwärm- und Improvisationsübungen ließ die Spielleiterin die Teilnehmer direkt zur Ausgestaltung ihrer Szenen übergehen, froh, sie endlich ans Theaterspielen gebracht zu haben. Alle angekündigten Utensilien waren mitgebracht worden, einschließlich zweier neuer Mädchen, «aber nur zum Zuschauen!» Die Mutter-Darstellerin probierte ihren durchsichtigen Morgenmantel zunächst nur vor einigen Mädchen aus, trug ihn aber später ungeniert vor der ganzen Gruppe. Ihre Sorge, «zuviel zu zeigen», erwies sich als überflüssig, weil der Morgenmantel undurchsichtig war.

Das Paar «Mike und Mona», die privat ungezwungen vor aller Augen Zuneigungen austauschten, spielten auf der Bühne sehr verschämt und wenig überzeugend. Die übertreibende Karikatur war ihnen bei der öffentlichen Gestaltung ihrer Spielbeziehung nicht möglich. Erst als die Spielleiterin am Pfosten einer Bushaltestelle «Mädchenerobern» demonstrierte, fand Mike Vergnügen an der komischen Überzeichnung der Situation, konnte zwischen Privatheit und Figurenanforderung unterscheiden und die Szene komödiantisch spielen. Auffiel, daß die Jugendlichen untereinander, weder privat noch im Spiel, kaum pubertäre Abneigungen zeigten. Die Mädchen dominierten in der Gruppe, hatten mehr Erfahrungen als die drei Jungen, die wegen ihres unaufdringlichen Verhaltens auch von allen Mädchen akzeptiert wurden.

Die Gruppe probte lange, intensiv und konzentriert und war für jeden Tip der Spielleiterin dankbar, wie die Wirkung einzelner Figuren zu erhöhen war. Auch die jeweils Zuschauenden störten nicht, lasen entweder in der «Bravo» oder beteiligten sich mit Vorschlägen am Spiel der anderen.

Das 6. Treffen brachte wieder einen Stimmungseinbruch: Lustlos hingen alle in der Sitzecke, beklagten sich über ungerechte Lehrer, autoritäre Eltern und zu hohe Disko- und Kinopreise. Der

Liebeskummer eines Mädchens, das es genoß, daß alle anderen an ihrem Leiden Anteil nahmen, bestimmte dann endgültig den weiteren Verlauf des Treffens. Offensichtlich betrachteten alle diese Gruppe als ihr «Wärmebad». An der Fortsetzung der Probenarbeit zeigte niemand Interesse, weil der Austausch von Beziehungserfahrungen wichtiger war. Nur Frank ließ seinen DJ auf der Bühne unauffällig mit Aktenkoffer, Handschuhen und Pinsel hantieren. 10 Minuten vor dem Ende wagte die Spielleiterin einen Spielausbruch, rief laut «Bahnhofstoilette», stürmte auf die Bühne und hämmerte an eine imaginäre Tür. Drei Teilnehmer ließen sich verführen und schlüpften blitzschnell in die Figuren einer Toilettenfrau, eines Ehemannes und eines Klobesetzers. Nach 3 Minuten komischen Spiels hatten sich alle (!) in dieses unvorbereitete «Chaosspiel» (vgl. 4.4.4) mit irgendeiner passenden Figur eingemischt.

Mit einem «Ich will endlich wissen, ob Mike Mona verläßt oder nicht!» verabschiedete die Spielleiterin die Gruppe, die diese Frage zum nächsten Treffen zu beantworten versprach.

Bei den nächsten Proben wurde intensiv an der Spielgeschichte gearbeitet, weil die Gruppe unbedingt zum Theaterabend der Jugendkunstschule mit ihrem Stück auftreten wollte. Die Spielleiterin nannte alle Aufgaben, die dafür vorher zu bewältigen waren. Frank stellte einen detaillierten Probenplan mit festgelegten Verantwortlichkeiten zusammen, zu denen sich die Jugendlichen aber erst bereitfanden, als die Spielleiterin sie in ihren Fähigkeiten herausforderte («Wir brauchen eine echte Discobeleuchtung», «Wer entwirft ein fetziges Plakat?» usw.). Die bisherigen Szenenentwürfe wurden gemeinsam durchgesprochen, auf das Wesentliche gekürzt, um einige Spannungselemente erweitert und vor allem logisch stimmig gemacht. Obwohl immer wieder einige Mädchen diese Initiative mit Horoskopelesen, Energiependeln und Fruchtbarkeitstests bremsten, hielt die Gruppe den Probenplan ein. Auffiel, daß alle sich ohne Neid gegenseitig bei der Gestaltung ihrer Figuren Hilfestellung leisteten und niemand über Spielkorrekturen beleidigt war.

Eine Woche vor der Aufführung wurden einzelne Darsteller nervös: Einige versuchten, den Text ihrer Figuren auswendig zu lernen, was den Spielfluß dermaßen störte, daß sie entnervt aufgaben. Andere wollten nicht weiterspielen, weil sich Lehrer, Eltern und verflossene Freunde zur Aufführung angesagt hatten. Dritte schließlich versuchten mit starker Gefühlsidentifizierung die Wirkung ihrer Figuren zu erhöhen. Mit diesem Darstellungsstil gerieten sie jedoch in einen so unpassenden Kontrast zum komödiantischen Spiel der anderen, daß die Betreffenden ihre Versuche abbrachen. Die Spielleiterin versuchte in dieser allgemeinen Unruhe, Gelassenheit und Souveränität vorzuleben und Witz und Parodie beim Spielen zu erhalten.

Mit dem Hinweis, daß es Theatergruppen gäbe, die sich ein Vergnügen daraus machten, ihr Publikum «auf den Arm zu nehmen», fand die Gruppe zu ihrer improvisierten, karikierenden Spielweise zurück. Das sehr aufmerksame und reaktionsfreudige Publikum animierte die Darsteller bei der *Aufführung* derart, daß einige ihre Figuren spontan und witzig erweiterten. Einige darüber fassungslose und verunsicherte Mitspieler wurden über die Kommentare der begleitenden Spielleiterin (vgl. 4.4.5) in die sich verändernden Szenen eingebunden, ließen sich von der *flexiblen Kreativität* der Mutigen anstecken und rissen das vorwiegend jugendliche Publikum zu begeisterten Kommentaren hin.

Der große Erfolg dieser Aufführung machte einen Großteil der Gruppe «größenwahnsinnig»: Sie wollten die Schule verlassen und als Wandertheater über die Lande ziehen. Die Aussicht auf leicht zu erringende Erfolge machte ihr Theaterspiel zunehmend undiszipliniert, so daß die Spielleiterin vor jedem Auftritt eine Extraprobe einrichtete, auf der sie fachkundig und streng Kritik übte, allerdings immer in der Form konkreter Verbesserungsvorschläge für die Darsteller. Nach dem letzten Auftritt mit «Erste Liebe» verließen vier Jugendliche ohne Grund die Gruppe und erschienen auch nie wieder. Um den verbliebenen Kern baute die Spielleiterin drei andere Jugendliche in die Gruppe ein, die sich als nächstes Spielthema einen ungewöhnlichen Krimi aussuchte.

4.4.2 Altersspezifische Besonderheiten, umgesetzt in theaterpädagogische Ziele

Wie lassen sich die unvorhersagbaren *Stimmungsschwankungen und Unsicherheiten* von Jugendlichen erklären, die die Planung eines Theatertreffens mit dieser Altersstufe so schwierig machen?

Den Beschränkungen des Kindalters entwachsen, drängen 14–17jährige ungestüm danach, als Erwachsene anerkannt und von Bevormundungen unabhängig zu werden. Weil aber Jugendhilfegesetz, Öffentlichkeit, Schule und Eltern diesen Wünschen nicht sofort entsprechen, versuchen Jugendliche die gesellschaftliche Anerkennung mit vorgetäuschter Reife und Größe (Erwachsenengehabe, auffallende Kleidung, Haartracht usw.) zu erzwingen, mit negativem Ergebnis: Die meisten Erwachsenen stehen diesen (oft hilflosen) Bemühungen um Ich-Identität verständnislos und ablehnend gegenüber. Die Versuche von Jugendlichen, sich mit ihren Anliegen dennoch Gehör und Geltung zu verschaffen, nehmen immer extremere Formen an (Gewalttätigkeiten, Flucht in irreale Phantasiewelten, Drogen) und signalisieren zweierlei: die Sehnsucht nach Zuwendung und die Verweigerung von Unterordnung. Entsprechend schnell und übergangslos wechseln bei ihnen die Gefühle und Stimmungen: Kindliche Unsicherheiten gehen über zu provozierenden Angebereien, Phasen der Überaktivität verschwinden hinter lähmender «Null-Bock-Haltung», hysterische Gefühlsaufwallungen werden überdeckt von gefühlloser «Abgebrühtheit».

Für die Theaterarbeit sind an diesen Verhaltensauffälligkeiten zwei Aspekte beachtenswert: Die Ungereimtheiten dieser Gesellschaft, die von 14–17jährigen bereits durchschaut und kritisch hinterfragt werden, sind ihnen Anlaß für ihre Weigerung, sich den Normen dieser Gesellschaft anzupassen, und erklären ihre Suche nach anderen, menschlicheren Formen des Zusammenlebens.

Auf *Spielverweigerungen* sollte darum jede Spielleiterin in Jugendtheatergruppen vorbereitet sein, besonders dann, wenn die Teilnehmer hinter ihrer Aufforderung, auf der Bühne etwas vorzuführen, etwas Fremdbestimmtes vermuten. Zu groß erscheint ihnen das Risiko, sich mit ihren darstellerischen Fähigkeiten zu blamieren und somit einen Beweis ihrer Unreife zu liefern.

Nicht alle Jugendlichen zeigen Scheu vor dem Theaterspielen. Einige sehen hierin die Möglichkeit, bei ihrer Sinnsuche fündig zu werden: So bemühen sich die einen, in ihren Bühnenfiguren etwas über sich zu erfahren, indem sie sich ihnen mit echten Gefühlen nähern, während andere nach idealen, abstrakten Darstellungs-formen des «totalen Theaters» suchen, oder Dritte ihr Publikum mit einer exhibitionistischen Darstellungsweise in Verlegenheit bringen. Auf welchem «Trip» sich ein Jugendlicher auch gerade befinden mag, er kann fast immer mit *Verständnis und Unterstüt-zung* anderer Gruppenmitglieder rechnen. Die Gruppe Gleichge-sinnter gibt sich also nicht nur gegenseitig Hilfestellung bei der Be-wältigung privater Probleme (vgl. 4.4.1), sie ermutigt auch zu den erwähnten Spielexperimenten, selbst wenn die nicht die erhoffte Wirkung zeigen. Auch wenn die Spielleiterin weiß, daß viele die-ser Theaterversuche in die Sackgasse führen, wird sie sich mit ihrer *Kritik zurückhalten*, allein um als Ansprechpartnerin akzep-tiert zu bleiben. Andererseits kann sie ihre Theaterarbeit nicht von der Augenblicksstimmung und schwankenden Spielbereitschaft der Gruppe abhängig machen, sondern wird zu Spielsituationen *animieren*, die geeignet sind, an die Spiellust der 10–13jährigen anzuknüpfen.

Die Aussichten sind günstig, daß auch dieses schwierige Alter Vergnügen und Selbstbestätigung beim Spielen *spannender und komischer* Situationen finden wird.

So groß die Versuchung auch sein mag, sich den *Problemen Jugendlicher* mit entsprechenden Spielthemen zu nähern, raten wir davon ab, weil den meisten Spielern die nötige Ruhe und Ge-lassenheit für die Behandlung und öffentliche Darstellung «heißer» Themen (Liebeserfahrungen, Selbständigwerden, Schul-frust u. ä.) fehlt, die aus der Distanz zur emotionalen Betroffenheit wächst. Auch wenn Jugendliche sehr interessiert sind an Themen, die sie unmittelbar betreffen (die Spielgeschichte «Erste Liebe» unter 4.4.1 machte das deutlich), bestehen Anspruch und Darstellungsformen unseres Theaterverständnisses *nicht* in der Aufarbeitung ihrer privaten Lebenssituation, sondern in der *parodistischen Überzeichnung* von allgemein bekannten Erlebnissen, die keine Offenbarung von Intimitäten voraussetzen. *Spielspaß* kann nur aus der *Distanz zur Privatheit* entstehen.

Wo liegt für die Spielleiterin der theaterpädagogische Ansatz in Jugendgruppen?

Das Bedürfnis von 14–17jährigen, anders sein zu wollen als die «Normalbürger», kultiviert sie zur Lust, den *Alltag verkehrt* zu betrachten. Die *Kritik* an der bestehenden Gesellschaft erweitert sie zum *parodistischen Spaß*, die Verhältnisse auf die Schippe zu nehmen. Es ist die (unter 1.4 beschriebene) Haltung des *Narren*, z. B. des Eulenspiegel, der aus dem Leiden an der Welt den Entschluß faßt, sich ihr nicht zu unterwerfen, sondern sich seine Freiheit des Andersseins darin bewahrt, daß er, voll *Witz und Phantasie*, seine Gegner mit *Spott* überzieht. Verschiedene Figuren auf der Bühne in spannenden Situationen der *Lächerlichkeit* preiszugeben, ist eine Form, wie Jugendliche ihrem *Protest* gegen reale Einschränkungen und Bevormundungen *künstlerischen Ausdruck* verleihen können, ohne sich privat eine Blöße zu geben oder Strafen fürchten zu müssen. Die Spielleiterin hilft mit ihrer fachlichen Kompetenz, derartige Szenarien als *Alltagspossen, parodistische Slapsticks oder komödiantische Comedy-Nummern* einzurichten, *getrennt* von allem *privatem Betroffensein und ohne pädagogischen Problemlösungsanspruch.*

(Wer ihren Rat für private Probleme sucht, findet den außerhalb der Theatertreffen.)

Mit der *komödiantischen Brille* kann es einer Spielleiterin gelingen, Jugendliche von der ausschließlichen Beschäftigung mit sich selbst stundenweise wegzubringen und ihre Phantasie auf die Auseinandersetzung kontrastreicher Bühnenfiguren zu lenken. So begeistert einige Jugendliche diese Spielangebote aufgreifen mögen, eine Gewähr für eine kontinuierliche Theaterarbeit bieten sie nicht. Überraschend und ohne erkennbaren Grund fallen einige immer wieder in das Aktivitätsloch absoluter Lustlosigkeit und lähmen damit die Spielbereitschaft der Restgruppe. Hier helfen weder ein strenges noch opportunistisches Vorgehen seitens der Spielleiterin, sondern nur ihre *sensible und souveräne* Haltung gegenüber derartigen Stimmungseinbrüchen, die ruhig und konsequent die Jugendlichen bei ihren Fähigkeiten fordert, *Spielaufgaben auf ungewöhnliche Weise zu lösen*.

Auch in dieser schwierigen Altersgruppe ist die Voraussetzung für erfolgreiche Theaterarbeit eine *detaillierte Vorbereitung*. Die beginnt mit einem *differenzierten Aufwärmprogramm* (vgl. 4.4.4), für deren Abschnitt «Sinnesschulung und Darstellungstraining» ein Großteil der Gruppe starkes Interesse zeigt. Hat auch die Spielidee gezündet, versucht die Spielleiterin jedem Teilnehmer aufgrund seiner individuellen Besonderheiten zum Zugang zur Figur und zur *Präsentation* seiner speziellen Darstellungsmöglichkeiten zu verhelfen (vgl. 4.4.5). Agieren 14–17jährige miteinander als reizvolle Figuren in ungewöhnlichen Spielsituationen, arbeiten sie mit Energie, Ausdauer und Selbstdisziplin an einer anspruchsvollen künstlerischen Form. Über die Anleitungskompetenz ihrer Spielleiterin, und hier besonders über deren *Vor- und Mitspiel*, können jugendliche Darsteller schließlich zu einem *Darstellungsniveau* finden, das den Vorgruppen noch nicht möglich war. Die erfolgreiche *Aufführung* kann auch in dieser Altersgruppe für eine Stabilisierung ihres Selbstwertgefühls sorgen und damit eine erfahrbare Orientierung und realistische Alternative zu Alltagsfrust, Selbstzweifel und Sinnsuche bieten.

4.4.3 Alterstypische Spielbedürfnisse, aufbereitet zu spannenden Spielgeschichten

Beschäftigen Jugendliche sich einmal nicht ausschließlich mit ihren Leiden an dieser Welt, zeigen sie viel Sinn für *entlarvende Verdrehungen* aller Dinge und finden Vergnügen an einer *komö-*

diantischen Spielform – beides wichtige Voraussetzungen für spannendes Improvisationstheater. Selbst ihre *Lebensprobleme* vermögen sie als spannende, komische und selbstironische Produkte *öffentlich* vorzuführen, wenn ihnen deren Darstellung in der schützenden Haut einer reizvollen Figur genügend Distanz zu privater Betroffenheit läßt.

Geboren aus ihrer Kritik am normalen, bürgerlichen Leben der Erwachsenen, bietet ihnen deren *Alltagsleben* eine Fülle an Material, ihren *Schabernack* damit zu treiben. Ob sie im «Frauenhaar im Staubsaugerbeutel» Eitelkeit und Putzwut von Hausfrauen parodieren, in der «Aufmüpfigen Kloschüssel» einen betrunkenen Haushaltsvorstand blamieren oder im «Waschmaschinenprinzen» die Liebesklischees der Regenbogenpresse auseinandernehmen – immer sind es die *abweichenden Interessen* von Figuren, die aufgrund ihrer Besonderheiten *Auseinandersetzungen* provozieren, um sie mit *ungewohnten Verhaltensweisen* zu überstehen (vgl. 2.2).

Die Lust an der *Überzeichnung der Verhältnisse* nimmt bei 14–17jährigen mit Vorliebe *makabre Formen* an, wenn sie (in Anlehnung an die Filmklassiker «Arsen und Spitzenhäubchen» und «Ladykillers») in ihren «Killeromas» zwei schrullige Damen Männerhüte sammeln lassen, ein Hobby, das die Beseitigung ihrer Träger voraussetzt. Je gruseliger ein *Spielort* (Kanalisation, Schafott, Friedhof o. ä.), desto lieber entwickeln Jugendliche aus den *abweichenden Bedürfnissen skurriler Typen* (Sargtischler, Henker, Totengräber o. ä.) eine Spielhandlung! (Geschmacksempfindliche Spielleiterinnen sollten sich in Filmen wie «Delicatessen», «Tango mortale» u. ä. vorher abhärten.)

Literarische Vorlagen, sonst vielen Jugendlichen im Deutschunterricht oft verleidet, lassen sich zu phantasievollen, ungewöhnlichen Spielgeschichten verarbeiten, wenn auch die Spielleiterin sich von ihrer Ehrfurcht vor dem Dichterwort freimacht und der Theatergruppe das Thema der Vorlage zum *respektlosen, assoziativen Querdenken* anbietet. Sind z. B. die Hauptfiguren eines *Dramas* von ihren szenischen und textlichen Fesseln befreit, regen

«Die aufmüpfige Kloschüssel»
Der Hausherr betritt nach durchzechter Nacht sein Badezimmer, in dem einzelne Gegenstände seinen morgendlichen Auftritt kommentieren.
«Tür»: «Achtung, Leute, ich hör ihn näherstinken!»

«Spiegel»: «Sein Atem macht mich wieder mal blind!»

«Kloschüssel»: «Laß kommen, Alter, aber bitte mit Galle!»

sie die Gruppe zu *eigenschöpferischen Erweiterungen oder Veränderungen* an. So war es spannend und komisch anzusehen, wie sich «Romeo und Julia» bei ihrem Schöpfer Shakespeare über ihren langweiligen Selbstmord beschwerten und eine Abänderung des Endes verlangten. Die Auseinandersetzung zwischen Figuren und ihrem Autor über den Handlungsverlauf sorgt hier für die Spielspannung.

Die fortentwickelten körperlichen und geistigen Fähigkeiten von 14–17jährigen lassen *andere Formen des Improvisationstheaters* zu. Unzufrieden mit dem Klischee bekannter Kriminalromane («Maigret», «Philip Marlowe» u.a.) und gelangweilt von stereotypen Fernsehserien, machte sich eine Jugendgruppe an die Entwicklung eines *Fotoromanes*, den sie als Folge von (unter 2.10 beschriebenen) verschiedenen *Tableaus* einrichtete. Zur Stimme und Klavierbegleitung eines *Erzählers* wurde von mehreren kontrastreichen Figuren in schnellem Bildwechsel das Klischee eines Krimis parodiert.

Fotoroman mit Erzähler: «Macs letzter Fall»

In seinem schäbigen Büro träumt Mac, daß er sich als Stardetektiv vor Aufträgen nicht retten kann. Der Erzähler begleitet die Tableaus der Darsteller:

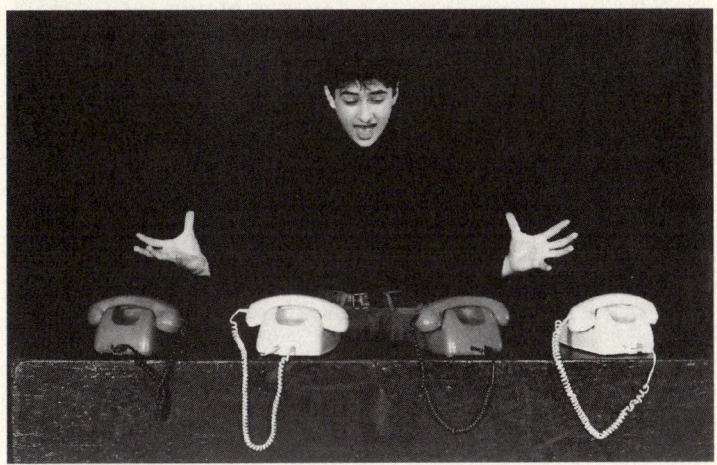

Erzähler: «An diesem Morgen klingelten alle vier Apparate gleichzeitig!»

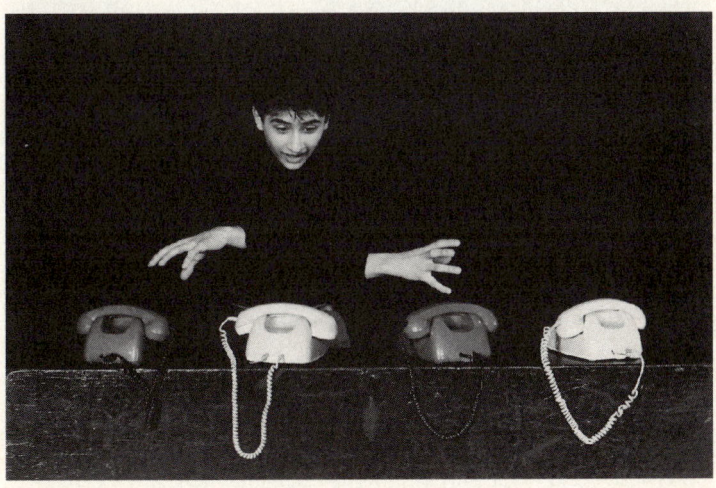

Erzähler: «Mac konnte sich für keinen entscheiden, bis ihm die Idee kam...»

Erzähler: «...alle Telefonhörer auf einmal zu bedienen!

Erzähler: «Aus einem Hörer war das Säuseln einer zarten Frauenstimme zu hören, das sein Herz höher schlagen ließ!»

Zwischentext

Erzähler: «In seiner besten Ausgehkleidung wartete Mac zwei Stunden vergebens am verabredeten Treffpunkt. Er wollte gerade gehen...»

Erzähler: «...als er hinter sich die zarte Frauenstimme vernahm!»
Erzähler: «Cool wollte er sie überhören und sich abwenden...»

Erzähler: «...als die junge Blondine zum letzten Mittel griff, das ihn wie einen Faustschlag traf!»

Erzähler: «Die Blondine drängte sich so dicht an ihn, verströmte dabei einen verführerischen Duft, daß ihm ganz anders wurde. Sie zeigte ihm dann das Foto eines Typen, der ihm nicht unbekannt schien.»

Erzähler: «Mac übernahm den Fall, der sein letzter werden sollte. Er wählte sein unauffälligstes Beobachtungsinstrument und wurde in einer berüchtigten Spelunke fündig.»

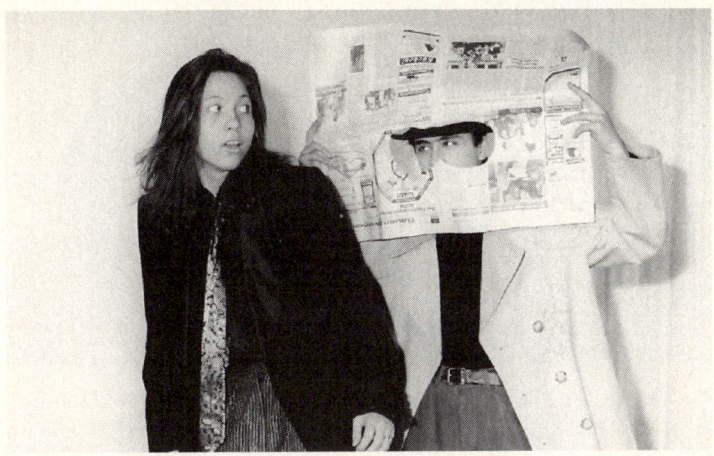

Erzähler: «Da saß der Typ, der offensichtlich etwas bemerkt hatte. Für eine Flucht war es zu spät.»
Erzähler: «Als Mac ihm sein Foto zeigte, gab er auf.»

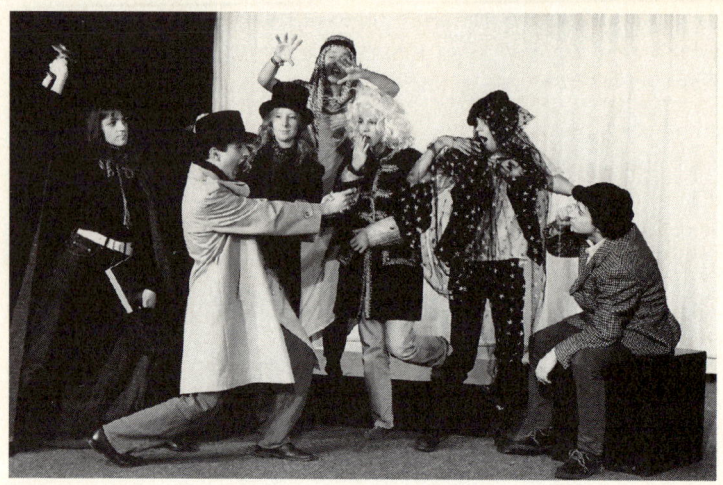

Erzähler: «Das Finale fand in der Operette statt, wo Mac sie mitten in der Vorstellung ‹Die Lustige Witwe› verhaften wollte! Er konnte nicht ahnen, daß die anderen Sänger mit ihr unter einer Decke steckten, und plötzlich...»

Erzähler: «...sangen alle so entsetzlich falsch, daß Mac ohnmächtig zusammenbrach! Von diesem Schreck erholte er sich nie mehr.»

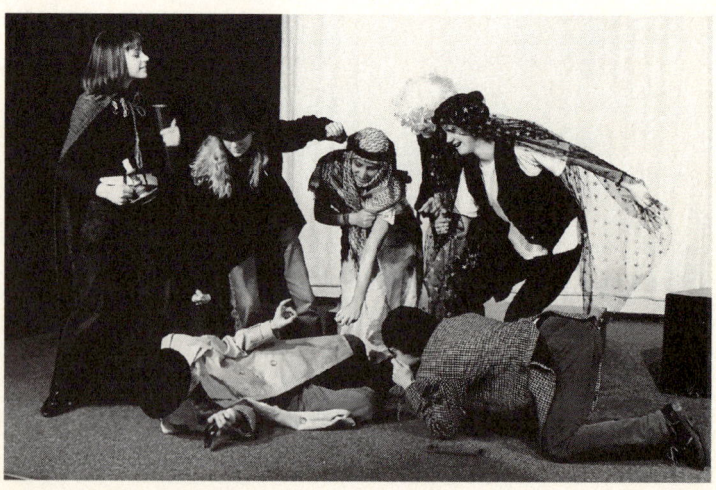

Auch das unter 2.10 und 4.3.5 erwähnte *Scherenschnitt-, Figuren- und Schattentheater* kann, als *Kombination* verschiedener Theaterformen, Jugendlichen Darstellungsperspektiven bieten. Technische *Medien*, ausgestattet mit menschlichen Absichten und Gefühlen, können ein Eigenleben auf der Bühne entwickeln: So führten zwei Jugendliche das «Liebesleben zweier Scheinwerfer» vor, indem sie die Lichtkegel zweier Verfolger auf der Bühne einander nähern ließen, mit wechselnden Lichtschärfen, variierenden Bewegungen und verschiedenen Farbfiltern, ohne Text, unterstützt nur von der Geräuschkulisse anderer Teilnehmer. Auch *Musikinstrumente, Geräusche, Masken* u. ä. können auf ähnliche Weise ihre Geschichte erzählen.

Vor einer Gefahr muß sich jede Spielleiterin dabei allerdings hüten: bei aller Begeisterung für die neue, theatrale Form geht leicht der *Inhalt* verloren. Ohne *spannende Handlung* läßt sich die Aufmerksamkeit eines Publikums nicht für 60 Minuten fesseln.

Hat die Spielleiterin mit viel Geduld und Beharrlichkeit den Jugendlichen mit den beschriebenen Angeboten den Weg zum Improvisationstheater geebnet, und haben erste Aufführungserfolge zu einem angstfreien Selbstverständnis der Gruppe geführt, lassen sich mit Jugendlichen auch schwierige (unter 2.7 beschriebene) Improvisationsübungen zu Slapstick- und Comedy-Nummern ausbauen, die ihre endgültige Form erst mit der Einbeziehung von Zuschauerreaktionen finden. Die sich daraus ergebende anspruchsvolle Form des Improvisationstheaters als *Zuruftheater*, bei dem das Publikum den Darstellern Thema, Genre und Spielform der Spielgeschichte von unten spontan vorgibt und deren theatrale Umsetzung bewertet, ist allerdings erst den von allen hemmenden pubertären Störungen befreiten 18–25jährigen möglich.

4.4.4 Rahmenprogramm für die Theatertreffen

Die Aktionsbedürfnisse von 14–17jährigen drängen, zumindest in Anfängergruppen, nicht sofort zum Theaterspielen, sondern zu Nähe und Informationsaustausch mit Gleichgesinnten. Hier zu früh ungeduldig zu werden und den Zweck des Treffens z. B. mit Programmstrukturierung und Verhaltensregeln einzuklagen (was in den Vorgruppen noch gelang), schreckt Jugendliche schnell ab und macht ihnen Theaterspielen und die Spielleiterin verdächtig (vgl. 4.4.2). Eine Spielleiterin ist darum gut beraten, mit ihren Angeboten auf *günstige Gelegenheiten* zu warten. Aufgrund der schlechten Erfahrungen von Jugendlichen mit ständig fordernden und verständnislosen Erwachsenen gewinnt eine Spielleiterin dann das Vertrauen für die Zusammenarbeit, wenn sie die *Zurückhaltung* einzelner Gruppenmitglieder *akzeptiert* (und nicht auf der Teilnahme aller besteht), *Überforderungen vermeidet* und sich selbst als *Fachfrau und Privatperson einbringt*.

Unter Berücksichtigung dieser *Grundhaltung* bei der Spielanleitung empfiehlt sich auch in dieser Altersgruppe die *Fünfteilung des Treffens*, die jedoch *flexibel* gehandhabt werden muß.

Die anfängliche *Gesprächsrunde* hat (aus den unter 4.4.2 genannten Gründen) eine größere Bedeutung für Jugendliche und wird daher gewöhnlich *länger dauern* als in den anderen Altersgruppen. Um sie dennoch nicht zur Plauderstunde ausufern zu lassen, beteiligt sich die Spielleiterin daran und kann so den Verlauf mitgestalten. Den Übergang zu einem neuen Abschnitt leitet sie mit ihrem *persönlichen Bedürfnis nach einer Aktivität* ein. Sie verspürt Lust nach einem Wettkampfspiel und schlägt «5,– DM blind im Raum finden», «Einen vollständigen Satz mit vollem Keksmund sprechen», «Spielt und ratet die Glieder eines Satzes» o. ä. vor, wohl wissend, daß 14–17jährige meist noch ähnliches Vergnügen an Gesellschaftsspielen finden wie die Vorgruppe.

Sensibilisierungs- und Darstellungsübungen sind bei Jugendlichen deshalb sehr beliebt, weil einige sich «übersinnliche Bewußtseinserweiterungen» erhoffen, andere ihre Darstellungsfähigkeiten erweitern wollen. Da die Spielleiterin in ihnen nur eine sinn-volle *Konzentration auf das bevorstehende Theaterspielen* zu se-hen vermag, beendet sie zu langes Verweilen in diesem Abschnitt, indem sie selbst in einer *überzeichneten Figur* zum Improvisieren überleitet («Sadistischer Schaffner überrascht Schwarzfahrer auf der D-Zug-Toilette», «Sensible Zahnbürste weigert sich, stin-kende Zahnprothese zu reinigen» o. ä.). Je *verdrehter* die Spielidee, desto größer die Aussicht, daß einzelne Teilnehmer sich spontan beteiligen. Die Ausgangskonflikte dieser Improvi-sationsübungen erzeugen bei vielen Jugendlichen so große Spiel-lust, daß sie z. B. die Regeln einiger anspruchsvoller Übungen (vgl. 2.7.2) bewußt verschärfen. Der Spaß beim Lösen schwieriger Spielaufgaben hat einen (erwünschten) Nebeneffekt: Die Teilneh-mer entwickeln ihre Fähigkeiten für das Improvisationstheater, wie *Partnerverständnis, szenische Phantasie und spontane Flexi-bilität*. Selbst ihre (alterstypische) Scheu vor Körperkontakten wird bei der Übung «Sprechen nur bei Berührung» (vgl. 2.7.2.1) nebensächlich, weil die Spielregel alle privaten Empfindlichkeiten dominiert. Oder sie führen beim «Gefühlskreuz» (vgl. 2.7.2.3) ge-nußvoll den schnellen, begründeten Wechsel von Extremstim-mungen vor, ohne daß eine Spielleiterin einen Stimmungseinbruch fürchten müßte.

Verläuft das Aufwärmen normal, wofür es in dieser Alters-gruppe keine Garantie gibt, werden Jugendliche nach 30–40 Mi-nuten spielbereit sein.

Die *Spielgeschichte* kann man Jugendlichen selten mit einer atmosphärisch dichten Erzählung vorstellen. Die künstlich er-zeugte Stimmung kommt ihnen als kindische und damit überflüs-sige Täuschung vor und wird entsprechend desillusionierend von ihnen kommentiert. Besser gelingt die Einführung der Spielvorlage (wie bei den 10–13jährigen unter 4.3.5 bereits beschrieben) als *technisch-funktionale Szeneneinrichtung*. Allerdings lassen Ju-gendliche sich dabei nicht problemlos eine Figur übertragen. Da-her animiert die Spielleiterin zusätzlich über ihr eigenes *Vor- und Mitspiel als witzige, übertreibende Figur* (vgl. 4.4.2), *ohne* jemanden zum Mitspiel zu überreden oder gar in die «Figur zu werfen».

Interessieren wird sie die Teilnehmer mit dem *Durchschaubarmachen handwerklicher Tricks* der Schauspielkunst, mit denen z. B. bestimmte Wirkungen ohne Gefühlsbeteiligung der Darsteller zu erzielen sind. Die Einrichtung von Figuren und Situationen kann sich auf diese Weise als Fachgespräch unter Erwachsenen gestalten, die den Jugendlichen die Scheu vor der Darstellung nimmt (sie können bei ihren Spielversuchen «äußerlich» bleiben) und die Spielleiterin vom Druck befreit, den Spieleinstieg als animierendes Spektakel veranstalten zu müssen (wie noch bei den «actionverwöhnten» 10–13jährigen, vgl. 4.3.5).

Fingerspitzengefühl verlangt die *Figurenbesetzung*, weil Jugendliche nicht alles spielen mögen. Auch wechseln sie später ungern ihre Figuren, wollen sich statt dessen lieber auf eine ihrer Gemütslage und ihrem Können entsprechende, übersichtliche Figurenanforderung beschränken. Mit ihrem *analytischen Blick* für die Eigenheiten jedes Teilnehmers verschafft die Spielleiterin jedem Spielwilligen seinen individuellen Zugang zur Figur (vgl. 4.4.5).

Hat die Mehrheit der Gruppe die theatrale Umsetzung der Spielgeschichte zu *ihrer Sache* gemacht, korrigieren die Spieler sich solidarisch und ohne Konkurrenzneid gegenseitig, um die Wirkung des Gesamtspiels zu erhöhen. Fällt die Kritik einzelner dennoch gelegentlich zu unsensibel aus, erweitert die Spielleiterin sie zu einem konkreten Verbesserungsvorschlag.

Energie und Ausdauer einer so erweckten jugendlichen Theatergruppe reichen für mindestens 90minütiges Proben, oft auch länger.

Nach dem Theaterspielen mögen alle gern noch zusammenbleiben, um *Nähe und Geborgenheit der Gruppe* möglichst lange zu genießen (denn draußen warten erneute, entnervende Auseinandersetzungen mit verständnislosen Erwachsenen). Die Spielleiterin nutzt diese Nachspielzeit gern für das «Chaosspiel» (vgl. 4.4.1), bei dem alle (oft auch die Gehemmteren) «die theatrale Sau rauslassen» und dabei die Anspannung der Proben abbauen.

Ist eine konkrete Produktion in Vorbereitung, werden zum Abschluß Aufgaben und Verantwortungen für das nächste Treffen festgelegt, die besonders dann gern von Gruppenmitgliedern übernommen werden, wenn mit deren Erledigung Fähigkeiten des Erwachsenseins bewiesen werden können.

4.4.5 Altersgemäße Spielanleitung

Das Hauptproblem der Spielanleitung in Jugendtheatergruppen liegt in der Schwierigkeit, die Teilnehmer in einer Figur auf die Bühne zu bringen. Verschwunden ist der Mut des Voralters, sich auf *unbekannte* Spielsituationen einzulassen, zu groß inzwischen die Furcht, sich bei dem eigenen Spielversuch eine private Blöße zu geben. Weder animierend eingerichtete Szenen noch die Mitspielangebote der Spielleiterin vermögen Jugendliche aus ihrer Zurückhaltung zu locken, weil ihnen die Risiken des Spielverlaufs zu groß erscheinen.

Eine Spielleiterin kommt daher nicht umhin, mit ihrem *Vorspiel* Situationen, Auseinandersetzungen und Entwicklungen von Figuren *vor aller Augen auszuprobieren*, wie sie es bereits bei den Vorschulkindern getan hat («Probehandeln in unübersichtlichen Situationen», vgl. 4.1.5). Wie läßt sich dadurch die Spielbereitschaft bei Jugendlichen erhöhen? Werden die meisten darstellerischen Verführungskünste aufgrund des kritischen Verstandes von 14–17jährigen schnell als solche erkannt und abgelehnt, kann sich dagegen kaum jemand dem *Reiz* entziehen, der vom *Vorspiel der Spielleiterin in einer überzeichneten Figur* ausgeht. Entsprechend der Neigung der meisten Jugendlichen für Witz, Ironie und Karikaturen, wird die Spielleiterin als *skurrile Type* (z. B. als Totengräber, Schrotthändler, Henker, Hausmeister, Fremdenführer oder Detektiv) *ein konkretes Ereignis im Selbstgespräch* oder im Dialog mit *imaginären anderen Figuren* vorbereiten. So erwartet sie als Totengräber beim Grabausschachten eine Erbschleicherbeerdigung; will sie als schurkiger Fremdenführer eine Reisegruppe im Moor in die Irre führen; bereitet sie als Oma den Gifttrank für den Klempner vor, der ihr (absichtlich verstopftes) Klo reparieren soll, oder sie übt als «Mike» für dessen erstes Rendezvous mit «Mona» an einer Bushaltestelle (vgl. 4.4.1). Bei allen Beispielen werden Auseinandersetzungen angekündigt, die in der Folgeszene nach einer Auflösung verlangen. Ob es dazu kommen wird, entscheiden die Jugendlichen mit ihrem Mitspiel. Dazu werden sie von der Spielleiterin jedoch *nicht* überredet oder angespielt, sondern bekommen *Einstiegsmöglichkeiten* aufgezeigt. Nutzen sie sie nicht, z. B. weil ihnen die Informationen über ihre Figuren noch nicht ausreichen, beendet die Spielleiterin mit einem *inhaltlich* begründeten Abgang ihre *Spielerzählung* und geht zur *kommentierenden Erzählung* über, bei der sie, aus der betrachtenden, allwissenden Perspektive, die weitere Entwicklung der Spielhandlung schildert (vgl. 4.4.1). So erhalten die Teilnehmer einen *Überblick über die zu erfüllenden Spielaufgaben* und werden eher zur Figurenübernahme bereit sein.

Natürlich kann die Spielleiterin die Geschichte auch aus der *Sicht verschiedener Figuren* fortsetzen, wie folgendes Beispiel zeigt: als abgebrannter Privatdetektiv schildert sie dem Publikum dessen Situation: «Seit Wochen hatte ich keinen Job mehr und entsprechend schlechte Laune. Ich konnte die Miete nicht mehr zahlen, der Hausherr hatte mir Strom und Heizung abgedreht, und seit drei Tagen schlürfte ich kalten Tee. Meine Tageszeitung war eine Woche alt, ich kannte sie auswendig und las sie dennoch beim Schein einer Straßenlaterne. Ich war gerade dabei, mir aus den letzten Zigarettenstummeln eine neue zu drehen, als die Tür aufging und ein noch abgebrannterer Typ ohne anzuklopfen hereinwankte, angezogen wie ein versiffter Penner.»

Keiner der Jugendlichen machte Anstalten, mitzuspielen, alle aber wollten den Fortgang der Geschichte erleben. Den schildert die Spielleiterin nun aus der Sicht des Penners mit deutlich veränderter Körperhaltung und Stimme:

«Ziemlich abgebrannt, was? Aber ich kenne das und will dir

eine Chance geben! Hier sind 1000 Dollar, die gehören dir, wenn du meinen Auftrag annimmst…» (Die Jugendlichen blieben gespannt, unternahmen aber immer noch nichts.) «Da bist du platt, Alter, was?» fuhr der Penner fort. «Aber es ist deine einzige Möglichkeit. Also, ich will, daß du für mich jemanden umlegst!» Diese Spielaussicht zündete, zwei Teilnehmer erschienen auf der Bühne, der eine als Privatdetektiv Macintosh, der andere als Vermieter. Ein Dreierspiel begann, das die Spielleiterin als Penner so mit Konflikten ausschmückte, daß weitere Figuren sichtbar und übernommen wurden. So animierend auch in dieser Altersgruppe das Vorspiel der Spielleiterin wirkt, so sehr kann sie das Gegenteil erreichen, wenn es ihr zu *perfekt* gerät. Kein Jugendlicher traut sich dann zu, neben der Figur der Anleiterin zu bestehen oder sie nachzuspielen. In so einem Fall muß die Spielleiterin *jedem Teilnehmer einen Zugang zur Figur aufgrund seiner Eigenheiten und Fähigkeiten* aufzeigen und ggf. die Figurenanforderungen abändern, wie das Beispiel mit Franks Discjockey (DJ) in 4.4.1 zeigte. Dessen stille Art entsprach in keiner Weise dem von der Spielleiterin vorgespielten DJ-Klischee. Dazu zuckte er auch privat zu häufig mit seinem Kinn, wenn er nervös wurde. Zu den Proben erschien er immer mit einem Dokumentenkoffer mit Zahlenschloß und wirkte wie ein Finanzbeamter. Das brachte die Spielleiterin auf die Idee, Franks DJ sehr penibel anzulegen: Mit weißen Handschuhen sollte er sorgfältig seine Kassetten säubern, ehe er seinen Recorder in Betrieb setzte, mit bewußt eingesetztem Kinnzucken (das er später übrigens unterließ, so daß man ihn an dieses beeindruckende Gestaltungsmittel erinnern mußte). In der Aufführung erhielt Frank für seinen vom bekannten Klischee *abweichenden* DJ mehrfach Szenenapplaus.

Eine *weitere Möglichkeit,* Jugendliche zum Theaterspielen zu animieren, ist das (bereits aus 4.3.5 bekannte) *technisch-funktionale Zusammenstellen dramatischer Handlungselemente zu einem Szenarium.* Die Spielleiterin gibt das Spielthema «Mafiasitzung in einer Kneipe» vor und setzt als Protagonistin der Jugendlichen deren Anregungen auf Zuruf *spielpraktisch* um: Sie stattet die Szene mit eindeutigen Spielutensilien aus und spielt die vorgeschlagenen Figuren kurz an. Dabei wird auch der Handlungsverlauf *gemeinsam* festgelegt. Ist die Szene im Ablauf und von den Figuren her klar, eröffnet die Spielleiterin *von vorn* das Spiel als eine der beteiligten Figuren, z. B. als ängstliche Wirtin, die normale, imaginäre Gäste herausgrault, weil die Mafiosi nahen. Einige Jugendliche spielen spontan mit, weil ihnen der Verlauf bekannt war und sie sich den Figurenanforderungen gewachsen fühlten. (Auch diese Altersgruppe spielt sehr gern mit ihrer Anleiterin zusammen Theater.)

Eine *Variante* dieser Einstiegsform ist die *Eröffnung* der Spielgeschichte über ihren *Höhepunkt*, zu dem die *Vor- und Folgeszenen technisch-funktional* eingerichtet werden. Auch hier ein Beispiel:

«Ein abgebrannter Dieb überfällt ein Altenheim, in dem die Insassen mit dem Essen kurzgehalten werden. In dem Überfall sehen die Alten eine Chance, ihre Situation zu verbessern: Sie überwältigen den Dieb und bereiten alles vor, ihren Fleischbedarf mit ihm zu decken.»

Dieser makabre Höhepunkt begeisterte die Jugendlichen derart, daß sie spontan die *Vorgeschichte* entwarfen: «Eine kalte, rabiate Heimleiterin beutet zusammen mit ihrem abhängigen, brutalen Gärtner die Alten aus, die sich dagegen zur Wehr setzen. Mit dem überwältigten Dieb wird der Gärtner in die Falle gelockt und statt dessen verspeist. Nach dessen Ableben wird die Heimleiterin in die Enge und zum Wahnsinn getrieben.»

Die Figurenbiografien wurden nach den Vorschlägen der Jugendlichen zusammengestellt, die Spielsituationen ihren Alltagserfahrungen angeglichen, allerdings in zugespitzter und verdrehter Form. Nach Klärung des Handlungsverlaufs fühlten sich die meisten Jugendlichen den Spielaufgaben gewachsen.

Eine *dritte Möglichkeit* zum Spieleinstieg kann nicht geplant, sondern nur bei der passenden Gelegenheit angewendet werden: *der Spielbeginn aus der Erzählrunde.* Die Teilnehmer berichteten einzeln von den Erfahrungen in ihrem Berufspraktikum. Annette verbrachte es in einem Altenheim und berichtete über den rüden Umgangston des Pflegepersonals mit den Alten, die sich dagegen nicht zur Wehr setzten. Mitten in ihrer Erzählung schlüpfte die Spielleiterin in die Figur einer Oma im Rollstuhl und krächzte: «Ist heute nicht Freitag, Fräulein Annette?» Die verdutzte Annette begriff nicht sofort, antwortete aber dennoch: «Ja, warum?» Oma: «Dann ist doch heute wieder Disko, und da will ich jetzt hin!» Die Gruppe brüllte vor Lachen, doch die Spielleiterin ließ sich nicht aus der Figur bringen: «Was ist daran so komisch, Erwin? Müssen ja nicht alle so verkalkt sein wie du, Schlappschwanz!» Der angespielte Jens nahm das Mitspielangebot an und spielte den Opa Erwin, andere übernahmen freiwillig weitere Heiminsassen, Taxifahrer, Discjockey, und Annette spielte die strenge Heimleiterin. Es entwickelte sich ein spontanes «Rundumspiel», ähnlich dem «Chaosspiel» (vgl. 4.4.1), das über 20 Minuten dauerte.

Bei der *vierten Möglichkeit* spielt die Anleiterin in einer Figur eine Situation an, läßt sich dabei aber von einer Jugendlichen *synchronisieren* (vgl. «Filmsynchronisation» als Improvisationsübung unter 2.7.2.2), d.h., das Mädchen unterlegt von unten die Aktionen der Spielleiterin mit Sprache. Es gibt kaum Jugendliche, die keinen Spaß daran hätten, ihre Spielleiterin ungewöhnliche Gedanken aussprechen, abweichende Handlungen ausführen und spannende Konflikte durchstehen zu lassen. Sie können mit ihr anstellen, was sie wollen, vorausgesetzt, ihre Anweisungen erhöhen die Spielspannung, bleiben logisch und passen zur Biografie der Figur. So bereitete die Spielleiterin als Killeroma Elfriede den Besuch des Klempners vor und spielte dabei gleichzeitig ihre imaginäre Schwester Lisbeth an. Es dauerte nicht lange, und Lisbeth erhielt von unten auch eine Stimme. Nach weiteren 10 Minuten stand Lisbeth (in Gestalt eines Jungen!) leibhaftig mit auf der Bühne und agierte zusammen mit der Spielleiterin zu den Synchronstimmen von unten.

Auf diesem Wege können auch umgekehrt Jugendliche, die gern spielen würden, aber anfangs keinen Text wissen, in die Szene eingeführt werden. Bis zu drei Figuren kann die Spielleiterin von unten gleichzeitig synchronisieren, wenn Teilnehmer sich noch nicht trauen. Die Darsteller fühlen sich sicherer und lassen sich so lange gern führen, bis ihre eigenen Ideen die Souffleuse überflüssig machen.

Sind die ersten Jugendlichen nach einer dieser Methoden von der Spielleiterin auf die Bühne und ins Spiel gebracht, müssen sie schnell in ihren Figuren *sicher und kompetent* werden, damit aufkommende Hilflosigkeit nicht zur Peinlichkeit gerät und zum Spielabbruch führt. Die Spielleiterin steht ihnen daher als *dienende, herrschende, verstärkende, provozierende oder fragende Vor-, An- und Mitspielerin* zur Verfügung (vgl. 2.9.2), stellt ihnen fortwährend lösbare Spielaufgaben, knüpft Verbindungen untereinander, korrigiert, treibt voran oder bremst ihre Darstellung. Ihre Anwesenheit auf der Bühne nimmt den Jugendlichen einerseits die Hemmungen, die Szene mitzugestalten, und verwickelt sie andererseits so ins Spiel, daß sie ihre Figur diszipliniert halten. Aus den Spielaufgaben und -hindernissen ihrer Anleiterin ziehen alle Darsteller die Motivation – ähnlich, wie wir es bei den 10–13jährigen unter 4.3.5 aufgezeigt haben –, ihre *Figuren der Situation angemessen, glaubwürdig und spannend vorzuführen.*

Auch hier zwei Beispiele:

Als der Klempner zu bereitwillig und ohne Zeitverzug den vergifteten Schnaps der Killeromas trinken wollte (damit er schnell wieder die Bühne verlassen konnte), erschien die Spielleiterin als sein Lehrling, der seinen Meister um Arbeitsanleitung bat. Die beiden Omas hatten einige Mühe, den Lehrling abzuwimmeln, was die Spannung der Szene ungemein erhöhte.

Als in «Erste Liebe» Monas Mutter sich zu früh mit der Schwangerschaft ihrer Tochter abfinden wollte, trat die Spielleiterin als ihr Ex-Gatte auf und sparte nicht mit Vorwürfen, die die gesamte Szene aufheizten.

Mit dieser *spielerischen Form der Kritik* gewinnt die Spielleiterin in der Jugendgruppe *Anerkennung als Fachfrau*, die ihnen *praktisch* beweist, wie ihr Spiel zu mehr Spannung und Wirkung führen kann.

Dem Leser wird auffallen, daß die *Spielbereitschaft* dieser Altersgruppe (aus den unter 4.4.2 genannten Gründen) gegenüber der Vorgruppe nachgelassen hat. In den beschriebenen Fällen handelt es sich um *Anfänger*, die wegen ihrer pubertären Schwierigkeiten eine längere *Vorlaufzeit* für das eigenkreative Theaterspielen brauchen. Natürlich gibt es Jugendliche, deren darstellerisches Potential erweckt *ist*, besonders in Gruppen, die schon als Kinder zusammen Theater spielten. Hier kann sich eine Spielleiterin auf eine *beratende Funktion* zurückziehen, weil die Darsteller von sich aus auf die Bühne drängen und stellenweise *selbständig* ihr Spiel organisieren.

Erwähnen wollen wir noch jene Jugendlichen, deren hohe Ansprüche ihre darstellerischen Möglichkeiten übersteigen. Wie geht eine Spielleiterin damit um? So positiv ihre Versuche, einen angemessenen künstlerischen Ausdruck für die Darstellung eines Themas oder einer Figur zu finden, einzuschätzen sind, so wichtig ist es, sie vor vorhersehbaren Enttäuschungen zu bewahren und Erfolgserlebnisse innerhalb ihrer *realisierbaren* Möglichkeiten und Fähigkeiten finden zu lassen. Wir stimmen nicht mit jenen Kolleginnen überein, die die Jugendlichen ohne Kommentierung sich *allein* ausprobieren lassen (vgl. 2.1.2). Die Gefahr, daß die enttäuschenden Erfahrungen die Spiellust langfristig beeinträchtigen, ist zu groß. Die Spielwünsche der Jugendlichen ernst nehmen heißt, die darin enthaltenen Figuren- und Situationsanforderungen mit den jeweils vorhandenen Darstellungsfähigkeiten zur Deckung zu bringen, die Wünsche notfalls auf das Machbare zu reduzieren oder so abzuändern, daß sich ein *Erfolgserlebnis* einstellen kann.

Wie eine Spielleiterin ihr theaterpädagogisches *Wissen* ihrer Gruppe zur Verfügung stellen kann, soll folgendes Beispiel deutlich machen: Drei Jugendliche gewannen ihre Gruppe dafür, «Romeo und Julia» vor dem gesellschaftspolitischen Hintergrund des 16. Jahrhunderts zu spielen. Über die Machtverhältnisse in Italiens Verona, die die Feindschaft zwischen den Familien Montague und

Capulet erklären kann, wissen eventuell Theater- oder Geschichtswissenschaftler, nicht aber jeder Jugendliche etwas. Für das nötige Quellenstudium in einer Bibliothek fehlte der Gruppe die Motivation. Ihr Spielansatz mußte daher scheitern, weil die Biografien der Figuren zu viele Unbekannte enthielten. Um die Jugendlichen nicht zu enttäuschen, übertrug die Spielleiterin das Thema und die Figuren des Dramas auf den Erfahrungshorizont der Jugendlichen und verlagerte den Zwist auf zwei Mafia-Familien des 20. Jahrhunderts. Nach dieser Befreiung von Anspruch und Literaturvorlage wurden die Figuren mit typischen Eigenschaften, Verhaltensweisen und Absichten *spielbar*. Shakespeare lieferte die Stationen der Spielhandlung, alles andere wurde *situationsgebunden improvisiert*.

Ist es der Spielleiterin gelungen, mit der von ihr angebotenen Spielgeschichte die Darstellungslust (zumindest eines Teils) ihrer Gruppe zu entfachen, brauchen die Spieler kein zusätzliches Motivationsprogramm, weil sie sich mit großem Eifer an die Ausgestaltung ihrer Figuren und Szenen machen. Natürlich kann diese *kreative Arbeitsatmosphäre* nicht über Monate konserviert werden, Stimmungsschwankungen treten auf (vgl. 4.4.2), Ermüdungserscheinungen werden sichtbar. Darum stellt sich auch in dieser Altersgruppe die Frage, wie die Spielleiterin die *Proben spannend halten* kann. Die aus den Vorgruppen bekannten Mittel sind bei Jugendlichen nur bedingt tauglich. Der *Figurenwechsel* zwischen den Spielern, der bei 10–13jährigen noch zu einem kreativen Spielwettstreit führte, bringt Jugendlichen oft keinen zusätzlichen Reiz, im Gegenteil, Um- oder Mehrfachbesetzungen verstehen empfindsame 14–17jährige leicht als private Kritik an ihrem Spielversuch.

Auch der nahende Aufführungstermin vermag meist keine zusätzlichen Kräfte freizumachen, weil die Zuschauererwartungen auf viele Jugendliche eher beängstigend als anspornend wirken.

Vermochte die Spielleiterin mit einem provozierenden «Schafft ihr das?» noch den Ehrgeiz von 8–13jährigen zu wecken, durchschauen Jugendliche dieses Antriebsmittel schnell als pädagogischen Trick und lassen es wirkungslos verpuffen. Ein Spielwettstreit mit der Spielleiterin ist vielen zu anstrengend, das dabei entstehende Spannungsverhältnis stimuliert nicht.

Welche Möglichkeiten bleiben, in einer Jugendgruppe die Bereitschaft zum Üben bzw. Ausgestalten der Spielgeschichte zu heben?

An den *technischen Tricks und Stunts des Schauspielerhandwerks* ist jeder Jugendliche stark interessiert, er (sie) will wissen, wie eine Illusion erzeugt wird. Ob das effektvolle (aber schmerzlose) Prügeln, das gekonnte Hinfallen oder das Wegziehen eines Tischtuches, ohne den gedeckten Tisch abzuräumen – viele Szenen lassen sich mit derartigen *Bühneneffekten* anreichern.

Oder die Gruppe horcht neugierig auf, wenn die Spielleiterin einem Teilnehmer ungewohnte Fähigkeiten bei der Arbeit an der Figur entlockt: In «Macs letzter Fall» bemühte sich ein Mädchen lange und wenig überzeugend, eine Putzfrau spannend zu gestalten. Erst als die Spielleiterin bei ihr (zufällig) auf einen Dialekt stieß und sie sich von ihr mit einem Judogriff zu Boden werfen ließ (den das Mädchen aus einem Selbstverteidigungskurs kannte), wurden reizvolle Eigenschaften der Figur sichtbar und eingebaut, die zu einer neuen *Spielmotivation* führten: Die Putzfrau macht sich eigenmächtig an die Aufklärung des Falles und bringt ihren Chef Mac damit in manche Verlegenheit.

Wir kennen diesen Ansatz bereits aus Kapitel 2.2, wo wir die *Erweiterung* (Änderung, Akzentverschiebung) *einer Spielvorlage aus der ungewohnten Perspektive einer Nebenfigur* beschrieben.

Herausgefordert fühlen sich Jugendliche, wenn man sie eine Szene mit *Licht, Ton und Musik* einstimmen läßt. Ihre *Experimentierfreude* kann sich zur *eigenen, neuen* Spielgeschichte *verselbständigen*, wobei die Spielleiterin auf die Einhaltung eines *inhaltlichen Spannungsbogens* achten muß.

Unter 4.4.3 haben wir bereits auf die Vorliebe dieser Altersgruppe für *andere Theaterformen* hingewiesen, mit denen ermüdende Proben wieder aufgefrischt werden können. *Tableaus* u. ä.

können beispielsweise ausufernde Spielszenen auf die *wesentlichen Höhepunkte* reduzieren und die Darsteller zu *präziserem Spiel* bringen. Im Anschluß daran wird allen einsichtig, welche Szenen für die spannende logische Handlungsentwicklung unerläßlich und welche überflüssig sind.

Nicht zuletzt sind es *Theaterwochenenden* (oder gar eine *Theaterferienwerkstatt*), die nicht nur die Proben voranbringen (vgl. 4.3.5). Selbständig von den Jugendlichen gestaltete, von den alltäglichen Bevormundungen entbundene Freizeiten ermöglichen außergewöhnliche Verhaltensweisen, d. h. Formen der Kooperation, die die Gruppe zur Theatergemeinschaft zusammenwachsen lassen. Der Gefahr, daß einige Teilnehmer den Freiraum für «Psychotrips» und «Besäufnisse» nutzen, begegnet eine Spielleiterin dadurch, daß sie *vorher* das Theaterspielen als zentrale Aktivität im Tagesablauf fest einplant, für die jeder Teilnehmer Konzentration und Spielernst aufzubringen hat.

Die größtenteils positiven Erfahrungen auf diesen Wochenenden und der Fortschritt in der konkreten Probenarbeit bieten keine Gewähr, daß die nahende *Aufführung* einen Großteil der Gruppe in unterschiedliche Aufregungen versetzt, wie unter 4.4.1 und 4.4.2 bereits beschrieben.

Wie findet eine Theatergruppe angesichts von Lampenfieber und Versagensängsten zurück zur Eigenkreativität und Improvisationslust?

Die Spielleiterin bietet 3–4 Proben vor der Aufführung zusätzliche Spielerlebnisse innerhalb der bestehenden Spielgeschichte an. So kann sie in einen vorgegebenen Handlungsverlauf *zusätzliche Hindernisse* einbauen, die nur mit szenischer Phantasie überwunden werden können und in der Regel zu komischen, spannungssteigernden Verwicklungen führen: Die Killeromas gerieten in Streit, wer von beiden die schöneren Leichen produziere. Beide wetteiferten daraufhin in der Verfeinerung ihrer Mordanschläge.

Oder die Spielleiterin *provoziert* aus dem Zuschauerraum einzelne Figuren, um die Konzentration der Spieler auf der Spielebene zu halten: In «Erste Liebe» fragte sie «Mike»: «Na, zuviel Knoblauch gegessen? Mona haßt diesen Geruch! Da wird das wohl nichts mit dem ersten Kuß, oder?» Mike unternahm mit Petersilie, Mundspray und Sprechen-mit-angehaltenem-Atem einige (komische) Versuche, einen frischen Atem zu bekommen. Derartige Ergänzungen weichen keinesfalls von der eigentlichen Spielgeschichte ab, sie bereichern sie! Der Einbau kleinerer Extranummern verschafft den Spielern *Distanz und Gelassenheit*, die als Spielhaltung beim Improvisieren unverzichtbar sind.

Unmittelbar vor der Vorführung lenken sich *alle* Darsteller mit ähnlichen *Konzentrationsspielen* ab, wie wir sie von den 10–13jährigen her kennen (vgl. 4.3.5).

Den *Vorstellungsbeginn* erwarten Jugendliche gern hinter geschlossenem Vorhang, als Figuren in der eingerichteten Szene. Auch wenn ihnen ein vorheriger Kontakt mit dem Publikum (vgl. das Vorspiel von 10–13jährigen unter 4.3.5) viel von ihrer Aufgeregtheit nehmen könnte, wollen sie auf dieses Ritual des klassischen Theaters nicht verzichten. Die Spielleiterin läßt sich allerdings von der, dem Improvisationstheater angemessenen, *offenen Einführung* der Spielgeschichte nicht abbringen und stimmt das Publikum als *Kommentatorin* ein:

«Würden Sie Ihrer Oma einen Mord zutrauen? Vielleicht einen aus Habgier oder Rache, aber einen aus Lust am Hobby? Nein, nein, Sie sehen jetzt nicht ‹Arsen und Spitzenhäubchen›. Viel schlimmer! Unsere beiden Omis... aber sehen Sie selbst! Es ist der 29. September 1990, ein lieblicher Altweibersommertag, kurz vor 17 Uhr. Wie immer bittet Lisbeth ihre Schwester Elfriede zum Tee, doch heute mit einer Überraschung...», und damit öffnet die Spielleiterin den Vorhang zu den «Killeromas».

Jugendliche Darsteller stützen sich auf der Bühne größtenteils gegenseitig, so daß die Spielleiterin sich nur für einen «Notfall» bereithalten muß. Der kann z.B. eintreten, wenn einige mutige Spieler, *spontan und voller Spielwitz*, ihre Spielaufträge *ohne* Vorankündigung, aber durchaus stimmig, erweitern und einige Mitspieler damit in Verlegenheit bringen. Um Spielfluß und Spannung zu erhalten, griff die Spielleiterin ein, als Oma Lisbeth in einer «Killeromas»-Aufführung in dem erwarteten Klempner plötzlich ihren verschollenen Gatten wiedererkannte, für den sie bereits jahrelang Rente bezogen hatte. Der Klempner drohte angesichts dieses überraschenden Anspiels in ein Spannungsloch abzustürzen, hätte die Spielleiterin nicht *kommentierend* die Situation gerettet: «Mit diesem Trick versuchen alte Leute öfter, die Reparaturrechnung zu umgehen. Da ist die Oma bei Meister Hagermann aber an den Falschen geraten, oder?»

Der Klempner begriff schnell, fing sich, lächelte Oma Lisbeth an und erwiderte: «Nee, Omi, setz mal deine Brille auf, ich bin nur dein Neffe. Und nun zeig mir deine Verstopfung!»

Eine derartig gerettete Spielsituation wirkt häufig stimulierend auf die Mitspieler, die nun ihrerseits ihre Figuren auszubauen beginnen und damit meist zu *Lockerheit und frechem Mut* (zurück)finden, eine Spielhaltung, die bereits den Darstellungsstil der Vorgruppe (ansatzweise) auszeichnete.

Allmählich bildet sich eine *souveräne Spielsicherheit* heraus, die eigenen Darstellungsmittel *bewußt und gezielt*, unter Beachtung von «Focus», Figurenentwicklung der Spielpartner, Spannung und Wirkung, einzusetzen. Nach der Spielpraxis von 2–3 erfolgreichen Aufführungen macht damit diese Altersgruppe die Spielleiterin erstmals während der Vorführung *überflüssig*, weil sie die Spielgeschichte *selbständig zu präsentieren* vermag. Doch so schnell räumt die Spielleiterin nicht das Feld, wenn ihr Möglichkeiten für ihre liebste Funktion winken: Als *begleitende und provozierende Figur* legt sie *per Zuruf* den Darstellern zusätzliche Spielhindernisse in den Weg, deren Überwindung die Spielspannung weiter erhöhen soll.

Trotz dieser positiven Erfahrungen bringen erfolgreiche Aufführungen den Jugendlichen nicht immer die nötigen *Impulse* für die *Fortsetzung der Theaterarbeit*. Einige «schnappen über», indem sie ihr weiteres Leben als freischaffende Künstler gestalten wollen (vgl. 4.4.1), andere werden wieder von ihren Selbstzweifeln überwältigt und beschäftigen sich erneut ausschließlich mit sich und ihren «Leiden an der Welt», Dritte verschwinden auf Nimmerwiedersehen.

Um den verbleibenden Kern versucht die Spielleiterin andere Jugendliche einzubinden, wohl wissend, daß der Zeitpunkt für die Einführung einer *neuen* Spielgeschichte wieder vom *günstigen Augenblick* abhängen wird. Theaterarbeit mit Jugendlichen *bleibt* von deren *Stimmungsschwankungen abhängig*, so lange die Pubertätsphase theatrale Aktivitäten bremst. Erst danach, in der Altersgruppe der 18–25jährigen, finden die meisten zu sich selbst, so daß die Spielleiterin endlich ihr Konzept des Improvisationstheaters ohne wesentliche Störungen verwirklichen kann. (Die [lohnende] Beschreibung unserer Erfahrungen mit dieser erwachsenen Theatergruppe würde den Rahmen dieses Buches sprengen. Wer hierzu zusätzliche Anregungen wünscht, möge mit uns Kontakt aufnehmen.)

«Vorhang auf!»

Die letzten drei Kapitel enthielten alle notwendigen Informationen, den Schritt in die Praxis gut vorbereitet zu wagen. Ob der sofort erfolgreich verläuft, hängt weder von unserem Theaterverständnis noch vom Zufall, sondern vor allem davon ab, wie eine Spielleiterin ihr *theaterpädagogisches Rüstzeug modifiziert und virtuos anzuwenden versteht*. Die Ausbildung dieser Fähigkeit beansprucht einige Zeit, bis sie zur Könnerschaft ausgebildet ist. Diese Tatsache sollte besonders der Anfängerin nichts von ihrer Ruhe und Gelassenheit und vor allem nichts von ihrem Spaß nehmen. Denn ob Kinder oder Jugendliche Improvisationstheater als ihr Darstellungsmittel entdecken und genießen, hängt ganz entscheidend auch davon ab, wie begeistert ihre Anleiterin ihr eigenes Vergnügen am Improvisationstheater in der Gruppe vorzuleben vermag.

Die Autoren

Volkhard Paris, Jahrgang 1944, war drei Jahre lang Schauspieler, ehe er 1969 in Berlins Märkischem Viertel ein Kinder- und Jugendtheater gründete, in dem sieben Jahre lang Improvisationstheater gespielt wurde. Nach einem Studium der Diplompädagogik und einer Dozententätigkeit an einer Erzieherfachschule leitet er seit 1979 den Fachbereich Theater an der *Jugendkunstschule Unna* (JKSU), wo er seit 1982 auch für die Spielleiterausbildung verantwortlich ist.

Monika Bunse, Jahrgang 1960, studierte nach einer Ausbildung zur Industriekauffrau zunächst Sozialpädagogik, ehe sie 1990 an der JKSU die Spielleiterausbildung absolvierte. Seitdem leitet sie drei Kinder- und Jugendtheatergruppen an, spielt selber professionelles Kinder-Mitspiel-Theater und führt Theaterprojekte an Schulen und Kulturzentren durch.

Grundlagenwerke

rowohlts enzyklopädie

rowohlts enzyklopädie wird herausgeben von Burghard König. Ein Gesamtverzeichnis finden Sie in der *Rowohlt Revue*. Jedes Vierteljahr neu. Kostenlos in Ihrer Buchhandlung.

rowohlts enzyklopädie